에너지 경제학

박중구 저

서울산업대학교
에너지기술인력양성센터
ENERGY TECHNOLOGY EDUCATION CENTER

A-JIN
도서출판 아 진

"나의 가는 길은 오직 그가 아시나니 그가 나를 단련하신 후에는
내가 정금같이 나오리라 (욥23 : 10)"

머 리 말

21세기 들어 세계적인 화두 중 하나가 에너지라고 할 수 있다. 에너지의 안정적 수급이 일상생활뿐만 아니라 경제활동의 근간이 되고 있는 반면, 이러한 활동에서 발생한 온난화 가스가 지구적 차원의 문제가 되고 있기 때문이다. 세계 에너지시장 역시 에너지 가격의 급격한 변동과 기후변화협약 이후 이산화탄소 절감의무로 대표되는 새로운 패러다임에 직면하고 있다. 이러한 패러다임의 변화에 적절히 대응하는 것이 일국 차원뿐만 아니라 세계경제 차원에서 매우 중요하게 되었다.

주요 선진국을 포함한 대부분의 국가들은 이러한 에너지 패러다임의 변화와 경제 · 사회 등에 미치는 영향, 그리고 대응방안 등을 다방면으로 분석하고 있는 것으로 알려지고 있다. 이러한 선진국들의 노력에 비해 한국에서 에너지경제학의 주제는 매우 한정적이었다고 할 수 있다. 주로 에너지 원별 연구가 많았으며, 그것도 원별 구조조정 및 그 효과에 대한 산업조직론으로 구성되어 왔다. 더구나 에너지에 대한 시각이 재생불가능 자원의 수요 · 공급에 맞추어져 있었으며, 현실적으로는 에너지원별 종사자들의 이해관계에 따른 갈등이 커서 전체적인 비전으로 제시되기 어려웠다는 점이 내재되어 있다고 할 수 있다.

그러나 에너지를 둘러싼 패러다임의 변화는 에너지를 바라보는 시각도 다양하게 이루어져야 한다는 것을 주문하고 있다. 즉 재생불가능 자원으로 보느냐, 또는 재생 가능하면서 제조업으로 보느냐에 따라 다양한 분석과 대응전략을 마련할 수 있을 것으로 생각된다.

이에 따라 에너지가 경제 · 사회 · 문화 등 전방위적으로 영향을 미치고 있는 현실을 반영하여 경제학의 주요 각론이라고 할 수 있는 주제로 확대하여 연구할 필요성은 여전하다. 이 책에서는 에너지를 기반으로 하는 미시적인 분야로서 수급구조, 산업조직, 기술개발 등을 다루고, 거시적인 분야로서 성장, 무역 및 해외자원개발, 통상, 산업입지, 금융부문 등을, 그리고 인프라스트락처(infrastructure)로서 인력양성, 문화, 사회적 책임 등을 연구하여 보고자 하였다. 이후 이러한 연구결과를 바탕으로 에너지관련 정책에 대한 시사점을 제시하여 보았다. 그리고 가능한 한 각 부문의 이론적 분석틀과 내용을 재생불가능 자원으로 바라보는 시각과 재생가능 제조업으로 바라보는 시각에 따라 달리 구성하여 보려고 노력하였다. 에너지 경제학의 연구범위를 넓히고 관련분야에서 연구가능 주제를 발굴하고자 노력한 것에서 의의를 찾고자 한다.

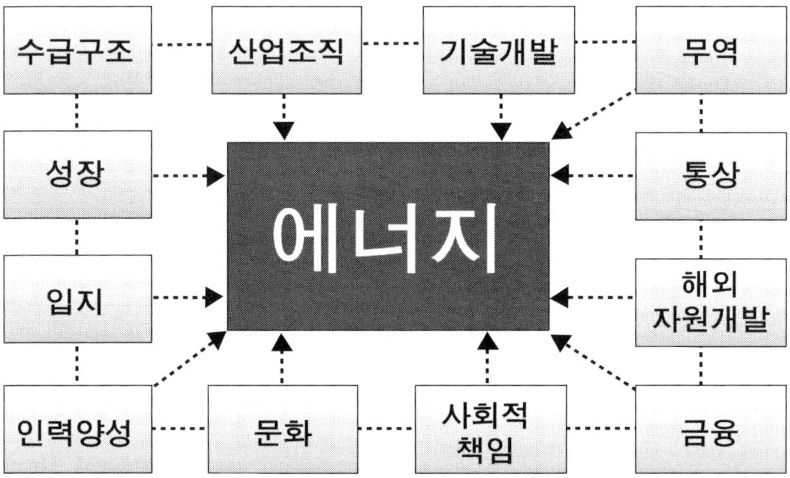

그러나 연구범위는 매우 넓은데 비해, 주제별로 한국에 대한 연구가 균형있게 이루어지고 있지 않아 한국에 대한 연구결과는 가능한 한 제외하고 선진국들의 사례와 시사점을 포함하였다. 향후 반드시 연구되어 보완되어야 할 것으로 생각한다.

에너지에 대한 기본적 통계와 분석이 부족한 척박한 연구환경에서 주제를 발굴하고 논문작성을 하는 지난한 과정을 지원하여 주신 서울산업대학교 에너지환경대학원의 김래현 교수님, 손재익 교수님, 박대원 교수님을 비롯한 교수님들께 우선 감사를 드린다. 그리고 기꺼이 연구에 동참해준 대학원생들에게도 감사를 드리면서, 특히 편집을 도와준 박성환 조교와 진보영 조교, 유태균 조교에게 감사드린다.

에너지가 국민생활 전분야에 걸쳐 중요한 만큼 에너지 경제학의 범위가 넓다는 것을 인식하고 후학들이 많이 입문하여 연구하는데 자극제가 되었으면 하는 바램을 가져본다. 이와 같이 에너지경제에 대한 연구 저변이 확대되면서 에너지경제학의 내용이 정치화되고 많은 사례들이 분석되어 풍부해지길 기원하는 마음 가득하다.

참으로 연구의 먼 길을 거쳐 왔다. 지난 여름 사상 초유의 무더위를 에어콘을 켜지 않고 후덥지근한 바람을 돌리는 선풍기 앞에서 쩔쩔 매보았다. 그러한 수고에 비해선 연구의 결과가 신통치 않은 것 같아 내심 불만족스럽기도 하다. 그러나 향후 연구를 더욱 활성화하여 한국 에너지산업과 관련된 주제들을 분석할 것을 다짐하면서 졸고를 내놓기로 결정하였다.

이런 힘든 연구과정을 지켜보면서 지속적으로 격려하여 주신 부모님과, 아내와 아이들에게 고마움을 표시한다.

2008년 가을
隨然齋에서

에너지 경제학

차 례

●●● 제1장 에너지경제의 시각조정

Ⅰ. 문제제기 ---- 3
Ⅱ. 부존자원량의 제약 하에 있는 에너지산업 ---- 6
Ⅲ. 경쟁시장 속 에너지 산업 시각 ---- 12
Ⅳ. 에너지 산업을 제조업으로 보는 시각 ---- 14
Ⅴ. 에너지 체인(energy chain) 시각 필요 ---- 16

●●● 제2장 에너지 수급

Ⅰ. 문제제기 ---- 21
Ⅱ. 세계에너지 공급구조 ---- 22
1. 세계 1차에너지 공급추이 ---- 22
2. 세계 석유 공급 구조 ---- 23
3. 에너지 공급관리 대책 ---- 26
(1). 해외자원개발 ---- 26
(2). 신재생에너지의 확보 ---- 27
(3). 에너지 국제협력 촉진 ---- 31
Ⅲ. 세계에너지 수요구조 ---- 32
1. 세계 에너지 수요 ---- 32
(1). 세계 1차 에너지 수요구조 ---- 32
2. 최종 에너지 수요구조 ---- 33
3. 에너지 수요관리 대책 ---- 35
(1). 에너지 수요추정 ---- 35
(2). 에너지 절약대책 ---- 36
(3). 에너지 수요관리(DSM) 강화 방안 ---- 36
(4). 환경친화적 소비대책 ---- 38
Ⅳ. 소결 ---- 39

••• 제3장 산업조직

Ⅰ. 문제제기 ---- 45
Ⅱ. 산업조직의 형태 ---- 46
1. 독과점적 산업조직 ---- 46
2. 경쟁적 산업조직 ---- 51
3. 프랙털 산업조직 ---- 55
4. 유한투자사업조합형 산업조직 ---- 59
Ⅲ. 소결 ---- 66

••• 제4장 에너지 기술개발 체계

Ⅰ. 문제제기 ---- 71
Ⅱ. 선진국들의 에너지 연구개발 정책 ---- 73
Ⅲ. 에너지 기술개발에 대한 이론 틀 ---- 76
1. 기술개발체제론 ---- 76
(1). 국가혁신체제(national innovation system: NIS) ---- 76
(2). 산업혁신체제(sectoral innovation system: SIS) ---- 77
(3). 지역혁신체제(regional innovation system: RIS) ---- 79
(4). 기술특화혁신체제(technology specific innovation system: TSIS) ---- 81
(5). 세계혁신체제(global innovation system: GIS) ---- 86
2. 기술경제학적 분석틀 ---- 87
(1). 기술경제학 이론 ---- 87
(2). 경영자원의존이론: 전방기업과 후방기업 간 협력정도 ---- 93
Ⅳ. 소결 ---- 94

••• 제5장 무역과 자원개발 해외투자

Ⅰ. 문제제기 ---- 101
Ⅱ. 에너지 무역 ---- 103
Ⅲ. 재생불가능 에너지자원에 대한 해외투자 ---- 108
1. Dunning의 해외투자 이론 ---- 108
2. 주요국의 에너지 자원개발 정책 ---- 110
(1). 미국 ---- 110
(2). 일본 ---- 111
(3). EU ---- 114
(4). 중국 ---- 114

(5). 러시아 ········ 116
Ⅳ. 재생가능 에너지 제조업에 대한 해외투자 ········ 118
1. 해외투자의 형태 ········ 118
2. Yip의 해외투자 이론 ········ 119
3. 경영자원 의존이론 ········ 122
Ⅴ. 소결 ········ 125

●●● 제6장 통상. 기후변화협약

Ⅰ. 문제제기 ········ 129
Ⅱ. 기후변화의 현상과 영향 ········ 129
1. 기후변화 현상 ········ 129
2. 기후변화의 정의 ········ 130
3. 기후변화의 영향 ········ 131
Ⅲ. 기후변화협약의 진행과정과 주요 내용 ········ 132
1. 기후변화 대응정책에 대한 논의 과정 ········ 132
2. 당사국총회(COP) 전개 과정 ········ 134
3. 기후변화협약의 주요 내용 ········ 137
4. 교토의정서의 주요 내용 ········ 140
5. 마라케시 합의문의 주요 내용 ········ 143
(1). 교토메카니즘 ········ 143
(2). 온실가스 흡수원(Sinks) 인정 ········ 146
(3). 정보의 보고 및 평가 ········ 147
(4). 마라케시 합의 내용 분석 ········ 148
Ⅳ. 주요국의 대응전략과 Post-Kyoto 전망 ········ 148
1. 주요국의 대응전략 ········ 149
(1). 미국 ········ 149
(2). 유럽 연합 (European Union, EU) ········ 152
(3). 일본 ········ 153
2. post-Kyoto에 대한 전망 ········ 155
Ⅴ. 주요산업에 대한 영향 ········ 156
1. 교토의정서 이행의 경제적 영향 ········ 157
(1). 교토의정서 이행이 무역에 미치는 잠재적 영향 ········ 157
(2). 산업에 미치는 영향 ········ 157
2. 대내외 환경변화에 부응한 사업화 가능분야 ········ 160
(1). 에너지절약서비스(ESCO) 산업 ········ 161
(2). CO_2배출권거래 산업 ········ 163
(3). 신에너지 산업 ········ 164
Ⅵ. 소결 ········ 166

••• 제7장 경제성장

Ⅰ. 문제제기 ---- 171
Ⅱ. 재생 불가능 차원으로서 에너지와 경제성장 ---- 172
Ⅲ. 첨단기술제품으로서 에너지와 경제성장 ---- 182
Ⅳ. 소결론 ---- 190

••• 제8장 산업입지

Ⅰ. 에너지 산업입지론 ---- 193
Ⅱ. 신에너지산업을 중심으로 지역혁신체제 구축 필요 ---- 197
Ⅲ. 주요국의 지역 에너지산업 ---- 197
Ⅳ. 주요국의 산업입지 정책 ---- 201
Ⅴ. 지역에너지산업 육성 ---- 202

••• 제9장 금융

Ⅰ. 문제제기 ---- 209
Ⅱ. 기업발전과정에서 죽음의 계곡(the Valley of Death) ---- 210
Ⅲ. 재생불가능 에너지자원의 개발을 위한 금융시스템 ---- 211
Ⅳ. 재생가능 에너지자원에 대한 금융시스템 ---- 215

••• 제10장 산업기반 인프라스트락쳐

Ⅰ. 인력 양성 ---- 227
Ⅱ. 에너지 과학기술 문화 ---- 229
Ⅲ. 에너지에 대한 사회적 수용성 제고 ---- 236
Ⅳ. 에너지기업의 사회적 책임 ---- 242

●●● 제11장 에너지산업의 발전전략의 재모색

Ⅰ. 왜 중요한가? 253
Ⅱ. 어디로 가야 하는가? 254
Ⅲ. 어떻게 달성할 것인가? 256
1. 에너지 기업의 대형화 유도 256
2. 기술기반 에너지 해결체제로 전환 257
3. 에너지 수요관리와 공급체계 간 에너지 체인 활성화 필요 259
4. 에너지·경제·생태(환경)를 종합한 지속가능 시스템 형성 260
5. 해외 에너지·자원 개발 확대 262

●●● 참고문헌

1

에너지경제의 시각 조정

에너지경제의 시각조정

제 1 장

Ⅰ. 문제제기

2003년 이후 세계 에너지시장은 고유가의 고착화와 기후변화협약 이후 이산화탄소 절감의무로 대표되는 새로운 패러다임에 직면하고 있다. 대표적인 에너지자원인 석유를 예로 들면, 현재 세계 에너지시장에서 석유의 공급능력은 제약받는 반면, 수요는 지속적으로 증대하고 있다. 석유개발협력기구(OPEC)의 생산능력은 1979년 3,800만 b/d에서 2005년에는 3,400만 b/d로 축소되고 있다. 이에 비해 선진국을 포함하여 개도국의 경제규모가 확대되고 높은 에너지소비 성향 등으로 고유가로 인한 수요억제 효과는 크지 않은 것으로 나타나고 있다.

2003년 이후 국제유가의 급상승(<그림 1-1> 참조)에 대해서는 대폭적인 수요증가에 의한 것인지, 세계적인 공급 애로에 의한 것인지 요인에 대한 분석이 엇갈리고 있다.

〈그림 1-1〉 국제 석유가격의 추이

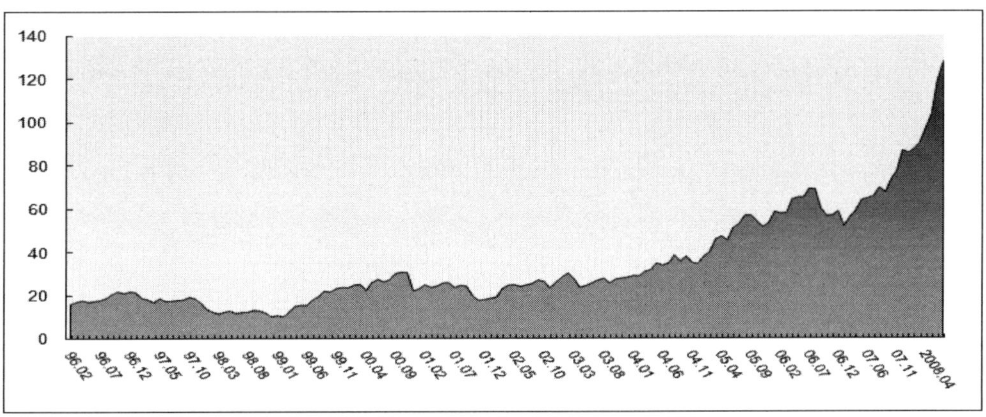

출처: 한국석유공사, Petronet

Wirl(2008)은 석유가격의 등락, 특히 2003년 이후의 고유가 추세는 세계경제의 성장에 따른 수요의 급격한 증가에 의해 일어난 것으로 설명하고 있다. 실제로 세계 석유소비의 25%를 차지하고 있는 미국과 브라질·러시아·인도·중국 등 소위 BRICs로 대표되는 신흥개발도상국 등의 경제발전이 수요주도의 고유가를 불러 일으켰다는 것이다. 한 예로, 2004년을 기준으로 중국의 석유소비량 증가는 세계 석유 수요증가의 약 35%를 차지하고 있다(<표 1-1> 참조). 여기서 Wirl은 석유개발 및 정제능력의 한계나 석유공급자간의 담합(cartelization), 또는 에너지정치(politics) 등 요인은 석유가격의 등락에 대해 거의 설명력을 가지지 못한다고 설명하고 있다.

〈표 1-1〉 2003~2007년 세계 석유수요와 증가량

(단위: 백만 b/d)

구 분		실 적				전망
		2003	2004	2005	2006	2007
수요량	세계	80.00	82.80	83.72	84.31	85.58
	미국	20.03	20.73	20.80	20.59	21.00
	중국	5.50	6.47	6.38	6.93	7.40
	기타	54.47	55.60	56.54	56.79	57.18
증가분	세계	1.54	2.80	0.92	0.59	1.27
	미국	0.27	0.70	0.07	−0.21	0.41
	중국	0.54	0.97	−0.09	0.55	0.47
	기타	0.73	1.13	0.94	0.25	0.39
미국·중국 수요증가 기여율(%)		52.60	59.60	−2.20	57.60	69.30

이에 비해 Hirsch(2008)는 유럽에 대해 파이프라인을 이용한 천연가스 공급을 중단함으로써 자원보유국의 힘을 보여준 러시아의 자원 민족주의적 행동 등 공급측면의 애로에 의해 국제유가가 급상승한 것으로 분석하고 있다. Osmundsen 등(2008)은 21세기 이후 고유가 추세는 석유·가스기업들이 단기 수익을 고려하여 장기적으로 탐사개발사업에 투자하지 않음에 따라 유발된 공급 애로에 기인한다고 분석하고 있다.

이외에 석유를 포함한 에너지의 고가격화가 에너지 자원부문의 수급문제가 아니라 세계경제의 금융적 요인에 의해 초래되고 있다는 분석도 있다. 즉 에너지 선물시장이 활성화됨에 따라 투자 및 환금성이 용이해지면서 단기수익을 노린 해외자금들이 헷징(hedging)의 수단으로서 석유상품 거래에 참여하였기 때문이라는 것이다.

21세기 들어서 석유가격의 이러한 변화는 1970년대 2차례에 걸친 석유위기가 주로 공급부문의 애로에 의해서 발생한 것이라는 분석과는 상당히 다르다. 1970년대 인류가 경험하였던 석유위기는 전쟁 등 정치적인 이유로 발생하여 3~17개월 동안 단기간에 걸쳐 공급중단으로 인한 수급 불균형으로 유가가 급상승하면서 일어났다. 1973~1974년 제1차 석유위기는 4차 중동전쟁 및 아랍산유국들의 금수조치로 다국적기업이 지배하고 있었던 석유시장이 OPEC를 중심으로 재편되면서 발생하였다. 이 때 국제유가는 1970년 배럴당 1.8$에서 1973년에는 3.01$, 1974년에는 11.65$로 폭등하였다. 다음으로 1978~1980년 제2차 석유위기는 1978년 이란의 회교혁명으로 석유수출이 중단되고 1980년 이란·이라크 전쟁으로 인해 공급차질이 발생하면서 일어났다. 이 때 국제유가는 1978년 배럴당 12.70$에서 1979년 24$, 1981년에는 34$로 폭등하였다.

이러한 수급구조로 인한 문제 외에 에너지를 둘러싸고 기후변화협약 이후 지구 온난화를 방지하기 위한 이산화탄소(CO_2) 절감은 국가 에너지 자원의 구성(mixture)에 매우 긴급한 과제가 되고 있다. 에너지 절약 노력도 중요하지만 CO_2 절감이 더욱 중요한 과제가 되었다.

이러한 세계 에너지 수급구조는 에너지 확보를 둘러싸고 세계 에너지 안전보장을 위협하는 위험요인으로 작용할 수 있다. 실제로 OPEC를 중심으로 한 석유동맹, 러시아를 중심으로 한 가스동맹 등이 나타나고 있으며, 에너지 민족주의가 다시 창궐할 가능성도 높아지고 있다.

이러한 새로운 패러다임에 대한 대응전략으로서 에너지에 대한 시각을 어떻게 가져가야 할지 큰 과제가 제기되고 있다. 에너지가 기술과 마찬가지로 경제·사회의 기반이 되어 있는데 비해, 경제적인 수요와 공급 등에 대한 대응이 어렵기 때문이다. 더욱이 에너지 가격의 변화가 경제·사회의 구조적인 문제를 초래하고 있을 뿐만 아니라 한 국가로서는 감당하기 힘든 세계적인 과제가 되고 있기 때문이다.

이러한 변화에 대응하여 에너지 정책을 종래와 같이 에너지 수급의 안정적 확보를 목표로 할 것인지, 아니면 "결코 끝나지 않을 것 같은 에너지 위기를 끝낼 수 있는" 에너지 산업내지 제조업으로 보고 육성전략을 펼 것인지에 대한 논의가 필요하다고 생각한다(Ballonoff, 1997). 선진국들은 거의 모두 에너지 효율 제고산업과 신재생에너지 산업을 육성하고 있다.

여기서 에너지시장에서 석유를 둘러싼 시장 변화뿐만 아니라 가스, 전력 등 산업도 각기 고유의 특성에 따라 고유의 시장조직을 가지고 있기 때문에 그것을 미시경제학의 시각에서 분석하는 것이 가능하다. 그러나 이러한 산업들에 공통적으로 존재하는 시장이론이 있다고 판단되기 때문에 개별적인 산업분석이 아니라 에너지경제학이라고 불리우는 접근방법을 필요로 한다.

에너지 경제학의 시각은 전통적인 경제학 방법론에 따라 시장과 경쟁기구(mechanism)를 분석하는 미시경제학의 틀(framework) 내에서 뿐만 아니라, 거시경제학의 틀 내에서 국민경제의 성장에 대한 분석, 그리고 후생경제학의 발상을 활용하여서도 분석이 가능하다고 본다.

이러한 에너지경제학 내에서도 에너지를 보는 시각에 따라 다른 분석을 하고 있다. 대표적으로 에너지 자원을 시장에서 거래하기 이전에 고갈될 수 있는 한계를 드러낼 것이라고 보는 시각과 수요와 공급의 문제로 보아 시장 균형을 달성할 것이라는 시각이 충돌하고 있다.

다음 두절에 걸쳐 2가지 시각을 검토하기로 한다.

II. 부존자원량의 제약 하에 있는 에너지산업

에너지는 구체적인 상품으로 말하면 석유, 천연가스, 석탄 등 천연자원으로 매장되어 있는 것과 이들 에너지 자원을 전기로 전환하는 전력 등이 대부분을 차지하고 있다. 즉 에너지 산업이 발전하기 위해서는 이러한 원유, 천연가스, 석탄 등이 구입이 절대적으로 필요하다. 원자력을 제외하고 천연자원에 대한 의존율은 1차 에너지 공급의 추이로 보아 약 80%에 도달하고 있다.

그런데 이들 에너지 자원은 채취 · 개발 · 사용 후에는 재생불가능하고 가채 매장량이 한계에 도달할 수 있다는 특징을 가지고 있다(<표 1-2> 참조). 에너지 산업이 고갈자원에 직접적으로 의존하고 있다는 것이 기타 제조업이나 서비스업 등과 근본적으로 다르다. 에너지산업 이외에서는 산업에 필요한 생산요소에 있어서 양적인 제약은 없는 것으로 가정되고 있다. 즉 제조업이나 서비스업에 있어서 생산요소로서 중요한 것은 자본, 노동 이외에 토지 등 자연자원이 있지만 어느 것도 단기적으로는 양적 제약이 있어도 고갈될 가능성은 고려되지 않는다.

또한 노동과 자본 등 생산요소는 재생산될 수 있고 기술진보에 의해 보다 효율성이 높아지는 질적 변화를 받아들이고 있다. 그리고 토지 역시 재생산이 불가능할 것으로 볼 수 있지만 어떤 목적으로 사용되는지에 따라 재생될 수 있다. 국토의 대부분이 농지와 삼림으로 구성되어 있지만 공업용으로 전용되어 재생될 수 있기 때문이다.

〈표 1-2〉 세계 에너지자원 매장량

	석유	천연가스	석탄
확인가채매장량(R)	1237.9 Thousand million barrels	177.36 Trillion cubic metres	847488 Million tonnes
지역별구성비(%)			
북미	5.6	4.5	29.6
중 · 남미	9.0	4.4	1.9
유럽 · 유라시아	11.6	33.5	32.1
중동	61.0	41.3	0.2
아프리카	9.5	8.1	5.8
아시아 태평양	3.3	8.2	30.4
계	100	100	100
연생산량(P)	29759.5 million barrels	2.9399 Trillion cubic metres	6395.6 Million tonnes
가채연수(R/P)	41.6년	60.3년	133년

출처: BP Statistical Review of World Energy June 2008.

이에 비해 에너지산업에서는 자연자원이 가장 중요한 생산요소가 되고 있으며, 그것도 재생 불가능할 뿐만 아니라 수명이 한정되어 있어 지속적으로 사용할 수 없다는 의미에서 근본적으로 다르다. 즉 원유, 천연가스, 석탄 등은 채취되면 그 만큼 감소, 재생이 불가능하다고 할 수 있다.

세계 에너지자원의 매장량과 연간 생산량, 가채연수 등은 추계 자체가 절대적인 것은 아니다. 확인된 매장량의 규모는 인위적으로 조작될 수 있으며, 추정된 매장량에 대해서도 채취기술이 진보할 경우 대량으로 치환할 수도 있다. 그러나 자원이 재생불가능하다고 가정되는 한 가채연수가 존재한다는 것은 변할 수 없다.

일반 제조업과 에너지산업을 비교하면, 일반 제조업에서는 생산요소의 공급은 고갈되지 않고 대체적인 공급원이 존재한다고 가정할 수 있다. 따라서 장기공급곡선이 <그림 1-2>과 같이 수평선으로 나타날 수 있다. 즉 생산요소의 한계비용이 일정하고 공급자에 의한 제한이 인위적으로 주어지지 않는 한 일정 비용으로 조달가능하다고 가정된다. 따라서 일반제조업에서 수요의 확대($D_0D \rightarrow D_1D$)는 가격인상없이($\bar{S}_0$) 생산요소를 확대할 수 있다($X_0 \rightarrow X_1$).

〈그림 1-2〉 생산요소 재생가능 시 공급곡선과 생산비용

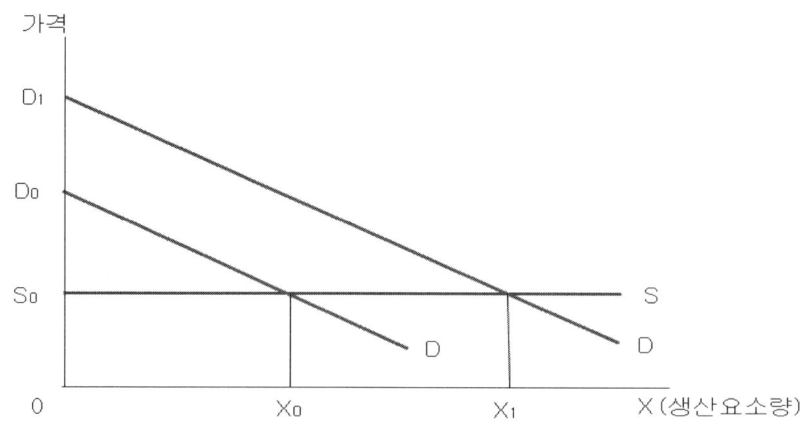

D0D, D1D: 수요곡선
S0S: 공급곡선(=한계비용=평균비용)

그러나 이에 비하여 에너지와 같이 재생불가능자원에 대하여는 <그림 1-3>과 같이 생산요소의 공급곡선이 달라질 수 있다. 재생가능자원의 매장량이 풍부하다면 공급곡선은 일반 제조업과 마찬가지로 수평하게 나타날 수 있다. 그러나 수요가 증대하면서 매장량의 제약이 자원의 희소성을 증대시키면 생산요소의 한계비용은 우상향의 곡선(S_0S곡선)이 될 수 있다. 이와 같이 장기공급곡선 중 우상향의 부분은 에너지 자원의 공급자에 의한 가격인상의 결과가 아니라 잔존매장량이 감소함에 따라 그 기회비용이 상승하고 잠재가격이 상승한 것으로 해석될 수 있다.

〈그림 1-3〉 생산요소 재생 불가능시 공급곡선과 생산비용

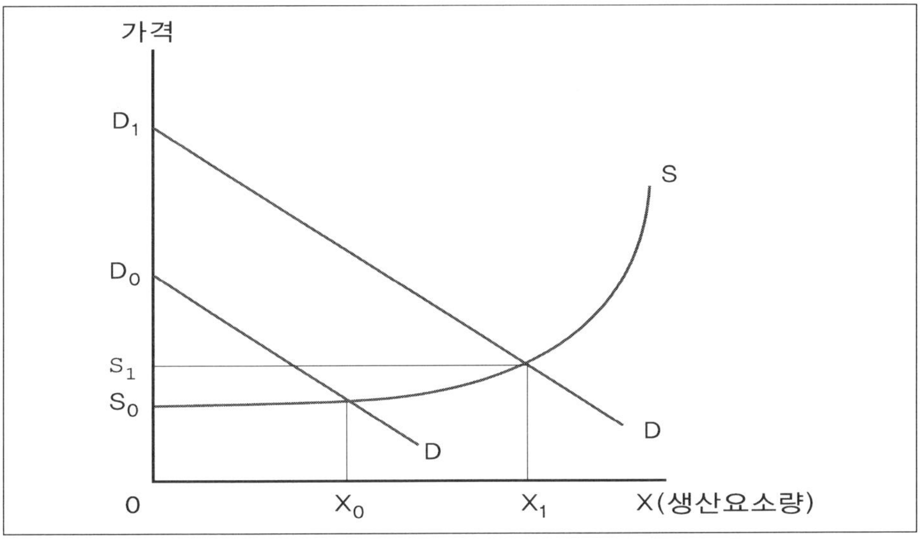

따라서 에너지산업에서는 수요의 확대가 계속될 때에는($D_0D \rightarrow D_1D$) 요소시장에 인위적인 개입이 없어도 그 가격은 상승하게 된다($S_0 \rightarrow S_1$). 그리고 이때 수요의 계속적 확대는 단순히 일국경제의 차원을 넘어선 큰 문제가 된다. 선진국의 경제성장과 동시에 발전도상국의 최근 성장은 에너지자원에 대한 수요를 세계규모로 급속히 확대하고 있다. 이러한 수요 확대가 가속요인이 되어 천연자원의 매장량 제약을 자극한다면 생산요소가격의 상승은 피할 수 없다.

에너지산업은 이러한 부존자원량의 제약에 기반을 두고 있는 한 경쟁적인 시장이라고 할 수 없다. 특히 기업들이 가격결정권한을 보유하고 천연가스와 전력에서 모두 동시적으로 상당한 정도로 힘을 가질 때, 또한 자유롭게 결합과 통합을 통해 시장 점유율을 증가시킬 수 있을 때는 더욱 그렇다. 따라서 에너지 시장이 효율적으로 작동되기 위해서는 모호하지 않은 규칙과 적당한 인프라, 주의 깊은 규제 감독 등을 통해 경쟁시장화 되도록 할 필요가 있다.

이와 같이 에너지는 공급량이 한정되어 있으며 언제나 고갈될 수 있는 한정적 자원(finite resource)이라는 전통적인 시각은 에너지의 사용량이 많아질수록 총 공급은 점점 감소하면서 결국 수요에 비해 공급부족이 극단적으로 존재할 수 있으며, 이에 따라 소비자들이 상당히 높은 가격을 지불할 수 있다고 주장한다. 이와 같은 특징을 가지는 에너지의 공급을 연장하기 위해 정부는 수요를 제한하고 매장량이 떨어지기 전에 모든 사람에게 공정분배가 이루어지도록 규제할 필요가 있으며, 실제로 규제가 이루어지고 있다.

그러나 이러한 규제가 오히려 에너지산업의 비효율성을 야기하고 있다는 비판에 따라 규제철폐에 대한 주장도 계속되어 왔다. 에너지 규제철폐는 네트워크 전력 및 천연가스산업을 경쟁친화적으로 개혁하면서 진화해 왔다. 망처럼 서로 연계된 경제 속에서 규제철폐는 에너지를 서비스라기보다는 교환가능한 재화로 재인식하고 연계된 파생적 도매시장과 소매시장을 유도하였다. 그 과정에서 계약이 조직원리로서 수직적 통합체를 대체하였고 새로운 통합적 조직이 주문 기반형 시장과 전송을 관리하기 위해 필요하게 되었다.

그러나 시장화만으로는 에너지산업의 중요한 문제들, 즉 에너지가격의 지속적 인상, 잠재적 공급부족, 부적절하고 낡은 전달 인프라 등 문제점들을 해결하지 못했다(Lambert, 2006). 통제가 사라지자 기회주의적 에너지기업들은 우세한 법적 규제와 규칙에 의해 통제받지 않고 에너지 교환을 통해 대규모의 잠재적 이익을 획득하기 위해 활동하게 되었다. 거대규모의 사기와 시장조작이 뒤따랐고 규제정책에서 야기되어 있던 많은 실패를 노정하게 되었다. 이에 따라 전송 인프라에 대한 투자가 미흡하게 되었으며,

이로 인해 시스템의 신뢰성은 떨어지고 운영비용은 증가되었다. 또한 국가는 잘 통합된 전송계획을 가지지 못하게 되었다.

2000년 에너지 대기업이었던 엔론(Enron)사가 회계부정으로 소멸되었으며, 이후 에너지 회사와 투자자, 소비자들은 시장 기만, 가격인상 등을 경험하게 되었다. 2001년 캘리포니아의 전력시장에 대한 구조조정이 예상했던 결과와는 매우 반대로, 되풀이되는 정전사태, 거대한 회사들의 기만행위, 전력 파탄 등으로 수십억 달러로 추정되는 손실을 겪었다.

이와 같이 에너지산업에서 시장화 추세가 지속되고 있고 여러 가지 형태의 남용에 대해 광범위한 규제정책이 실시되었지만, 정책의 효과는 여전히 의심스럽다고 할 수 있다. 시장 설계상 결점, 회사의 지배구조상 문제점, 공격적인 회계제도, 다양한 규제 실패 등이 이러한 결과를 초래하고 있다.

이에 따라 경쟁적 전력시장을 후원하는 컨센서스가 모아지지 않고 있다. 오히려 핵심적이지만 다양한 의견들이 나오고 있고, 열정적으로 논의되기는 하지만 대개 일치하지 않는 의견들만 난무하고 있다. 즉 경쟁적 시장에서부터 비용기반형 규제에 이르기 까지 예측가능한 모든 대안들이 나오고 있는 것이 현실이다.

미국 에너지정책법(Energy Policy Act)은 이러한 다양성을 반영하여 시장기반형 정책과 규제형 정책을 모두 포함하고 있다. 즉 단일 망, 시장을 활용하는 전달체계 확장, 공공적인 전력지주회사법(Public Utility Holding Company Act: PUHCA), 중소 업체를 위한 법적 구제조치 등까지 포함하고 있다.

미국 에너지업계의 규제철폐와 정부의 경쟁조장 정책이 실제로 다른 결과를 초래하였다는 것은 반드시 고려되어야 할 것으로 판단된다. 즉, 전력, 천연가스와 같은 네트워크 산업에서 가격과 진입에 대한 통제가 제거되자 조작, 지대 추구, 궁극적으로 규제받지 않는 독점을 초래하는 결과를 낳게 되었다. 따라서 시장의존정책은 조심스럽게 도입되어야 하며, 에너지 산업에 대한 규제철폐는 규제와 경쟁의 모순되는 내용을 혼합하여야 한다(Joskow & Schmalensee, 1983; Lambert, 2006).

III. 경쟁시장 속 에너지 산업 시각

석유, 가스 등이 응용된 제한재라는 견해는 오랫동안 되풀이되어 왔다. 이러한 한정재화 모형은 단기적으로는 사실일 수 있다. 마치 컴퓨터 칩이 현재의 생산능력만 허용된다면 제한적으로 생산될 수밖에 없는 것과 같은 논리이다.

그러나 에너지 생산은 현대적 첨단기술제품이라고 할 수 있다. 에너지 경제학은 다른 첨단기술제품에 대한 이론과 동일한 분석을 에너지산업에 대해서도 할 수 있다. 즉 기술에 의존하는 다른 재화와 마찬가지로, 석유 비용도 기술수준에 의존하며, 기술이 진보함에 따라 에너지생산비용도 감소한다. 또한 정보기술(information technology)은 에너지에 관한 정보를 활용하여 예측능력을 제고할 수 있다. 즉 정보기술을 활용하여 탐사 및 시추를 성공적으로 예측할 수 있으며, 이것이 탐사비용을 낮추고 현재 대규모 재고의 필요성을 감소시키는데 기여하고 있다. 또한 석유비용이 매장량 감소에 따라 증가할 경우에도 석유를 보다 효율적으로 활용하는 수단을 개발할 수 있다. 궁극적으로는 석유를 대체할 수 있는 새로운 에너지를 발명할 수 있다. 그리고 이러한 모든 것이 정부의 개입 없이 자유시장경제체제에서 자연적으로 발생할 수 있을 것으로 기대되기도 한다.

이와 같이 에너지산업을 첨단기술재화로 보는 시각에서는 세계적으로 에너지의 현안과제는 석유위기의 재발로 인한 공급 부족, 가파른 가격 인상 등에 대한 국민적 우려라고 요약될 수 있다. 에너지 자원에 있어서 수요와 공급의 불일치와 이에 따른 OPEC의 정치적인 힘이나 천연자원의 고갈 등과 같이 실물적 요인에 따라 일어나기도 한다.

그러나 에너지 자원에 있어서 대부분의 변동은 소비자들이 새로운 공급원을 찾거나 최종에너지 소비를 변화시키는 노력을 통해 에너지 가격에 반응함으로써 조절된다고 볼 수 있다. 또한 다양한 광물자원에 대한 부존량과 품질, 탐사-시추-개발-활용에 이르는 기술적 · 경제적 비용 등에 대하여 정보를 자세하게 획득함으로써 일부 극복될 수 있다.

Peirce(1996)는 1970년대 이래 석유위기를 분석하면서, 석유 부족에 대한 우려는 부족 그 자체보다 더 일상적인 현상이 되고 있으며, 에너지 가격의 변동을 통해 극복되고 있다고 분석하고 있다. 1970년대 석유공급의 부족현상은 짧게 끝났고, 에너지 가격의 인상은 중동지역에서 좀 더 싼 석유를 가지고 있는 거대 유전을 찾는 공급조건을 창출함으로써 극복되었다는 것이다. 그리고 원자력의 미래에 대해 낙관적인 전망을 하게 함으로써 좀 더 값싼 에너지를 제한없이 공급하고자 하는 노력들이 뒤따랐다.

1980년대 에너지 자원의 가격에 있어서 상승기조는 지속되지 않았고, 소비자들은 새로운 에너지가격에 적응하면서 소형차와 가계운영의 간소화 등을 통해 에너지 가격의 상승을 극복하였다. 그리고 미국과 OPEC를 제외한 세계 나머지국가들에서 석유를 탐사하는 전문가들의 수는 1970년대 석유가격이 인상됨에 따라 극적으로 증가하였다. 비OPEC 국가들의 생산증가 노력 역시 매우 적극적으로 추진되었으며 생산위기의 극복을 성공적으로 이루어 내었다. OPEC의 높은 가격에 대응하여 석유소비자들은 보다 싼 연료로 이동하였으며, 증가된 수요는 석유 대체재의 가격을 인상하였다. 에너지 공급기업들은 천연가스를 찾거나 보다 많은 석탄 광산을 개발하고, 나아가 태양에너지나 핵융합을 활용하는 방법을 고안하게 되었다.

1980년대 석유가격이 인하하자. 미국과 같은 고비용 지역에서는 탐사인력이나 설비들을 감축하고 에너지 효율성을 추구하는 경제에서 벗어나게 되었다. 이러한 적응과정들이 모두 경제현상이며, 에너지시장을 기반으로 하여 경제학적으로 설명이 가능하다고 할 수 있다. 즉 소비자와 기업이 소비와 생산의 형태를 변화시키는 것은 주로 새로운 가격이나 조건으로부터 이익을 극대화하거나 비용과 불편을 극소화하기 위한 욕구에 의해 동기화되는 것이라고 할 수 있다. 이와 같이 순수하게 사적인 행동들이 에너지 공급부족이라는 공공적인 문제들을 해결하고 있다.

Ⅳ. 에너지 산업을 제조업으로 보는 시각

이와 같이 에너지 시장을 수급 관계 속에서 바라보는 시각의 연장선에서 에너지 산업도 제조업에 있어서 기술 및 제품의 수명주기이론과 같은 변화를 경험하고 있다는 시각이 나타나게 되었다. 수명주기이론에 따르면, 신기술·신제품의 등장 → 첨단 일류기업의 상품화와 공급량의 증대 → 규모의 생산을 위한 부품의 범용화 → 성능의 안정화 이후 조립에 의한 상품화, 이에 따라 진입기업들의 증대 → 경쟁이 심화되면서 기술과 제품이 성숙하고 쇠퇴하는 과정을 겪게 된다.

井熊 均(2006)은 신에너지산업이 정보통신산업(information and communication technology: ICT)과 같은 과정을 거쳐 성장하고 있는 것으로 분석하고 있다. ICT산업의 발전을 대표하는 제품이라고 할 수 있는 컴퓨터의 개발과 보급을 살펴보면, 1990년대 전반에 시작되어 90년대 전반 동안에는 노트북 형의 컴팩트(compact) 컴퓨터가 등장하고, 한때 광범위하게 사용되었던 사무용 컴퓨터(office computer)는 물론, 데스크탑(desktop) 컴퓨터 등을 대체하게 되었다. 이후 90년대의 중반에는 인터넷이 등장하고, 다른 ICT 기기에 절대적인 영향을 미치게 되었다. 이 과정에서 소형으로 인터넷에 접속할 수 있는 컴퓨터를 독자적으로 만들 수 있는 것이 비교우위를 차지하였던 것은 당연하다고 할 수 있다. 실제로 매킨토시와 일본기업의 고성능 컴퓨터를 다소 비싸더라도 구입하는 소비자들이 생기게 되었다. 이후 컴퓨터의 성능을 결정하는 부품의 성능이 안정되고 범용화되면서 범용부품의 조립을 통해 제품과 성능에 있어서 일류기업과 차이가 없는 컴퓨터를 만드는 것이 가능하게 되었다. 또한 수요에서도 가격이 내릴수록 수요가 증가한다는 수요의 법칙이 통하게 되었다.

신에너지 분야에서도 제조업과 같은 부가가치창출사슬(value-chain)을 형성하면서 동일한 추세가 나타나고 있는 것으로 분석된다(<그림 1-4> 참조). 즉 첨단기술의 개발공정에서는 기술개발력이 산업발전의 요인이 되며, 상품화 이후 보급 · 양산화되고 기술과 부품의 범용화가 이루어지는 단계에서는 생산력이 주요 발전요인이 된다. 이후 셋업(set-up)화하고 저가격화가 진행되면 산업발전의 원천은 시스템 엔지니어링 능력이 되고 있다.

본격적인 수소에너지의 시대가 도래하면 이러한 흐름은 더욱 현저하게 될 것으로 전망된다. 연료전지야말로 컴퓨터와 액정 텔레비전과 같은 기본 부품에 의해서 성능이 결정되는 제품이기 때문이다. 기술의 급속한 발전단계에서는 각 회사가 독자의 기술로 제품화를 통해 경쟁하고, 연료전지의 내부를 보는 것조차 허용되지 않을 수 있다. 그러나 연료전지의 성능이 스택(stack)을 중심으로 한 기본부품에 의존하고 있기 때문에 어느 정도 기술이 성숙되면 기본 기술 및 부품이 범용화될 것으로 예상된다. 이 과정에서 고비용 구조가 타개되고 가격 인하가 가능해지면 수요도 증가할 것으로 예상된다.

〈그림 1-4〉 신에너지 산업발전 과정

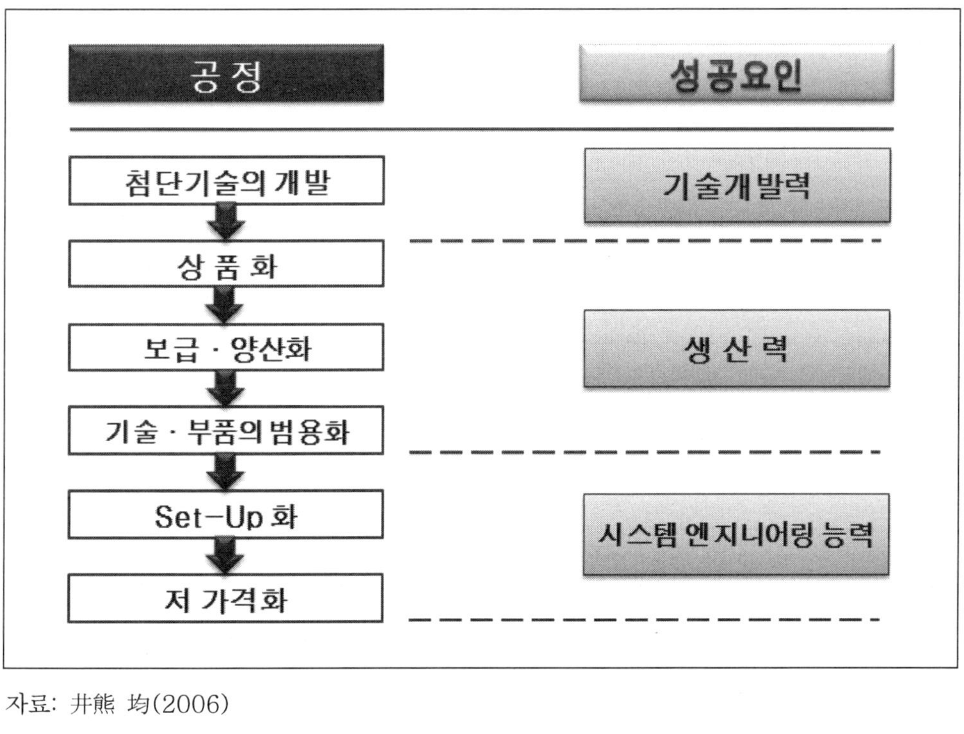

자료: 井熊 均(2006)

V. 에너지 체인(energy chain) 시각 필요

경제학의 미시영역이 경제적 효율성을 다룬다면, 에너지 시장 내에서 에너지 원별 기회비용을 평가하고 최종소비자의 편익을 제고하는 것이 최종목표가 된다. 에너지에 대한 최종소비자의 입장에서 필요한 것은 석유와 가스, 전기가 아니라 불빛, 힘, 쾌적한 공간과 온수, 산업 공정에 필요한 다양한 온도의 열, 그리고 자동차 등의 기능과 성능 등일 것이며, 그것도 저렴한 가격으로 원할 것이다. 여기서 에너지 원의 구성은 에너지 자원과 최종에너지 소비자 사이에 있는 에너지 공급시스템을 부분적으로, 그리고 전체적으로 최적화시키는 상태에서 이루어진다고 할 수 있다.

이와 같이 에너지를 에너지 수급전체를 조감하는 에너지체인 접근방식으로 볼 필요가 있다(<그림 1-5> 참조). 에너지 체인에서 1차에너지(primary energy)는 가공하지 않은 상태의 에너지(석유, 석탄, LNG, 원자력, 수력 ,지열, 태양열 등)로서 에너지원 중 직접에너지로 사용할 수 있는 것은 그 자체를 의미하며, 일정한 생산전환과정을 거쳐야 에너지로 사용할 수 있는 것은 전환과정이 완료된 산출물을 나타낸다. 1차에너지 소비는 에너지의 국내생산 및 순수입, 재고의 증감을 포함한 1차에너지 공급량과 동일한 개념으로 최종에너지소비와 전환손실을 합한 양과 동일하다고 할 수 있다. 다음으로 최종에너지(final energy)는 최종 소비부문의 에너지 이용설비에 알맞은 형태로 사용되는 에너지로서, 1차에너지 중 일정한 전환과정을 거쳐서 다른 형태의 에너지로 전환된 것을 의미한다. 예를 들어 전력, 도시가스, 석유제품 등을 말한다. 최종에너지의 소비는 소비자에게 공급된 에너지양으로 전환손실 및 에너지산업체의 자체소비는 제외되고 산정된다.

여기서 에너지 네트워크의 역할은 단순한 에너지 공급라인이 아니라 수급 총비용을 최소화하는 시스템으로서, 개별적·수시 에너지 수요를 평활화하고, 수요(부하)를 합성하며, 전체 부하율(시간 평균수요/최대 수시수요)를 안정화시키는 것이 된다. 또한 저신뢰도 에너지 원의 출력을 평활화하고, 대처하는 저장계의 효과를 최적화하며, 공급비용의 최소화 등을 동시에 달성해야 한다. 이와 같이 에너지를 에너지 체인으로 보는 시각에서 효율성을 고려하기 위해서는 에너지 안전보장, 에너지절약, CO_2삭감 등을 고려해야 한다.

〈그림 1-5〉 에너지 체인의 기본개념

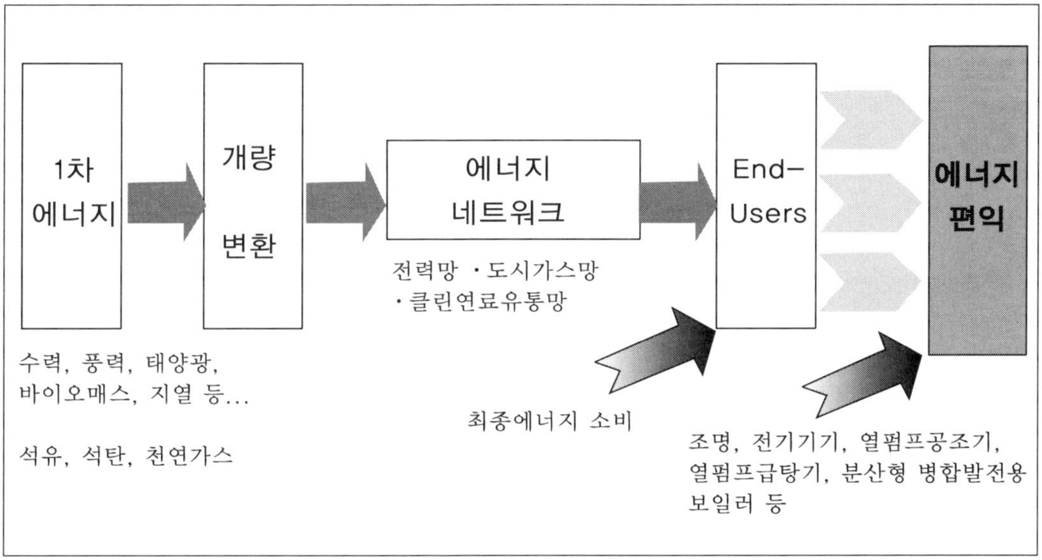

자료: 兵松照秀(2006)

2

에너지 수급

에너지 수급

제 2 장

Ⅰ. 문제제기

제1장에서 이미 언급된 바와 같이 2003년 이후 세계 석유의 수요 · 공급 상황을 보면, 세계 공급보다 수요가 많은 현상을 나타내고 있으며, 이것이 고유가의 원인이 되고 있다. 세계 석유 공급실적을 보면, OPEC의 생산능력을 기준으로 1979년 일 3,800만 배럴에서 2005년에는 일 3,400만 배럴로 감소하고 있으며, 2005년을 정점으로 지속적으로 감산되고 있는 것으로 조사되었다. 실제로 2005년 이후 2007년 까지 2년 동안 연속 0.36%씩 감산되고 있다. 이에 비해 세계 석유 수요실적을 보면, 2000~2007년 동안 연평균 1.7%씩 증가하고 있으며, 경제규모의 확대 전망에 따라 2030년경에는 현재보다 50% 증가할 것으로 예측되고 있다.

에너지 미래는 궁극적으로 석유 · 가스 시대에서 신재생에너지 시대로 전환될 것이나 전환 시기 중의 에너지공급은 불확실한 여건에 처할 가능성이 있다. 에너지기업들이 기존 화석에너지에 대한 투자와 신재생에너지의 생산, 수송 및 이용 부문에 대한 투자를 균형적으로 유지할 것으로 보기 어렵기 때문이다. 뿐만 아니라 각국 정부가 에너지시장의 투자를 조율할 수 있는 능력을 보유하고 있다고 보기도 어렵다. 그러므로 21세기 전반기의 에너지수급은 불균형적 상황을 보일 수 있으며, 이는 에너지가격의 급등락을 내포하고 있다고 할 수 있다.

이러한 에너지를 둘러싼 수급구조에 있어서 문제점들에 대한 대응방법은 재생불가능자원으로 인한 공급측 문제로 볼 것이냐? 아니면 수요 · 공급의 불일치 문제로 볼 것이냐? 아니면 에너지 체인상에서 불균형으로 볼 것이냐? 에 따라 달라질 것으로 생각된다.

II. 세계에너지 공급구조

1. 세계 1차에너지 공급추이

세계 1차에너지 공급은 2005년 현재 460 quadrillion의 규모를 나타내고 있으며, 2000년 이후 연평균 3.03%의 증가율을 기록하고 있다(<표 2-1> 참조). 에너지원별 구성비를 보면, 석유가 34.3%로 가장 많으며, 다음으로 석탄이 26.6%, 천연가스가 25.4%를 차지하고 있다. 이 외에 수력이 6.3%, 원자력이 6.0%, 그리고 지열과 기타 신에너지가 1.4% 정도를 차지하고 있다.

〈표 2-1〉 세계의 1차에너지 공급의 추이

연 도	1980	1985	1990	1995	2000	2005
1차 에너지 총공급(PJ) Quadrillion Btu	287.59	307.26	349.83	363.93	396.26	460.14
동 · 연평균증가율(%)		1.33	2.63	0.79	1.72	3.03
에너지원별구성비(%)						
석 유	44.5	37.5	37	36.7	37.0	34.3
석 탄	24.8	26.8	26.0	24.3	22.8	26.6
천연가스	20.8	22.8	23.7	24.4	25.4	25.4
원자력	2.6	5.0	5.8	6.4	6.5	6.0
수 력	6.2	6.6	6.4	7.0	6.8	6.3
지열과 그외 신에너지	1.0	1.2	1.1	1.2	1.4	1.4
계	100	100	100	100	100	100

출처: EIA(2006).

그러나 이와 같은 에너지자원은 제1장에서 살펴본 바와 같이 가채년수의 도달 및 고갈 가능성, 주요 자원보유국들의 사회정치적 불안 및 자원민족주의화 추세에 따라 세계 주요국들의 경쟁의 대상이 되고 있다. 실제로 세계 석유의 최대 공급지역인 중동지역의 혼란이 지속되고 있을 뿐 아니라, 이란의 핵무기 개발 가능성, 나이지리아의 정정 불안 등이 세계 에너지 공급에 문제를 일으키고 있다. 더욱이 러시아의 석유산업 국유화 및 에너지산업에 대한 중앙통제 강화, 남미 베네수엘라와 볼리비아의 석유산업 국유화, 중동 산유국의 자국 내 유전개발 산업에 대한 외국기업 진입제한 등 자원민족주의는 자원공급의 불안을 더욱 심화시키는 양상을 나타내고 있다.

이와 같이 자원보유국들의 정정불안과 에너지 자원산업 국유화 등을 통해 자원주권에 대한 통제가 강화되자 중국, 인도 등 거대개발도상국들의 자원 확보를 위한 무차별적 광구매입이 이루어지고 있다. 미국, 러시아 등은 자원산업과 자원물류 통제를 경제적 목적보다 국제적 패권확대를 위한 전략물자로 이용하고 있다.

2. 세계 석유 공급 구조

1차 에너지 중 가장 높은 비중을 차지하고 있는 석유산업의 세계공급구조를 보면, 2007년 현재 세계 전체적으로 1일 8,153만 3,000배럴을 생산하고 있다(<표 2-2> 참조). 이를 국가별로 살펴보면, OPEC국가들이 전체의 43%를 생산하고 나머지 57%를 비OPEC국가들이 생산하고 있는 것으로 조사되었다(<그림 2-1> 참조). 국가별로는 사우디아라비아와 러시아가 각각 12.6%를 생산하고 있으며, 다음으로 미국이 8.0%, 이어서 이란이 5.4%를 담당하고 있다. 1997~2007년 동안 세계 석유생산의 연평균 증가율은 12.9%이며, 1997~2002년 동안의 3.1%보다 2003~ 2007년 동안 더 높은 5.8%의 증가율을 보이고 있다.

다음으로 소비구조를 살펴보면, 세계 전체적으로 1일 8,522만 3,000배럴을 소비하고 있다(<표 2-2> 참조). 이를 국가별로 살펴보면, OECD국가들이 전체의 56.9%를 소비하고 나머지 43.1%를 비OECD국가들이 소비하고 있는 것으로 조사되었다(<그림 2-2> 참조). 국가별로는 미국이 23.9%로 가장 많이 소비하고 있으며, 이어서 중국이 9.3%, 일본이 5.8%, 러시아가 3.2%, 독일이 2.8%를 소비하고 있다.

〈표 2-2〉 세계 석유산업의 수급 실적

		1997	2002	2005	2006	2007	증가율(%)		
							'97~'07	'97~'02	'03~'07
공급	생산 (천 B/D)	72,231	74,478	81,255	81,659	81,533	12.9%	3.1%	5.8%
수요	내수 (천 B/D)	73,598	77,829	83,317	84,230	85,220	15.8%	5.8%	7.5%
	수출 (천 B/D)	40,890	44,613	51,182	52,561	54,824	34%	9.1%	17.3%

자료: BP(2007).
주: 수출과 수입은 통계상 일치

〈그림 2-1〉 세계 석유의 국가별 생산량

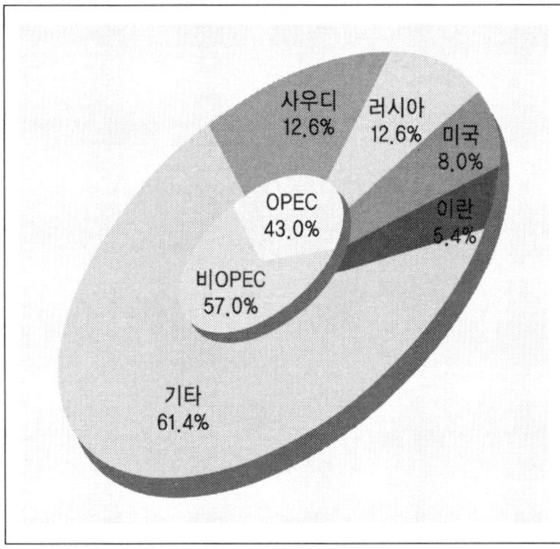

〈그림 2-2〉 세계 석유의 국가별 소비량

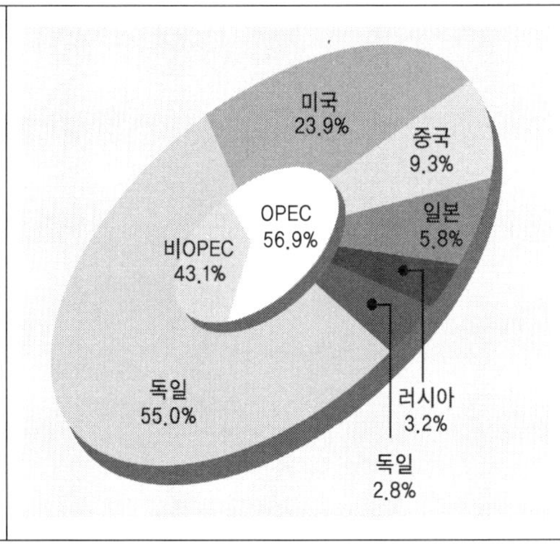

이러한 세계석유의 생산 및 소비구조는 수출입구조를 결정짓고 있다. 세계 석유의 생산 대비 수출 비중은 2007년 현재 60%에 달하고 있는 것으로 분석되고 있다. 지역별로는 아프리카의 생산 대비 수출 비중이 79.1%로 가장 높고, 다음으로 중동(78.2%) > 아시아·오세아니아주(66.7%) > 구소련(65.1%) > 중남미(53.8%) > 북미(43.0%) 순으로 높은 것으로 조사되었다(<표 2-3> 참조).

여기서 생산되어 수출되는 석유는 주로 북미 등지로 향하고 있는 것으로 조사되었다. 이러한 세계 석유의 수출입 이동경로는 <그림 2-3>과 같다.

〈표 2-3〉 세계 석유의 이동 경로 (2007년)

국 가		생산(천 B/D)	수출(천 B/D)	수출/생산(%)
중동		25,176	19,680	78.2%
유럽		17,835	2,273	12.7%
	구소련	12,804	8,334	65.1%
북미		13,665	5,871	43.0%
아프리카		10,318	8,166	79.1%
아시아 · 오세아니아		7,907	5,274	66.7%
중남미		6,633	3,570	53.8%

〈그림 2-3〉 세계 석유의 이동 경로

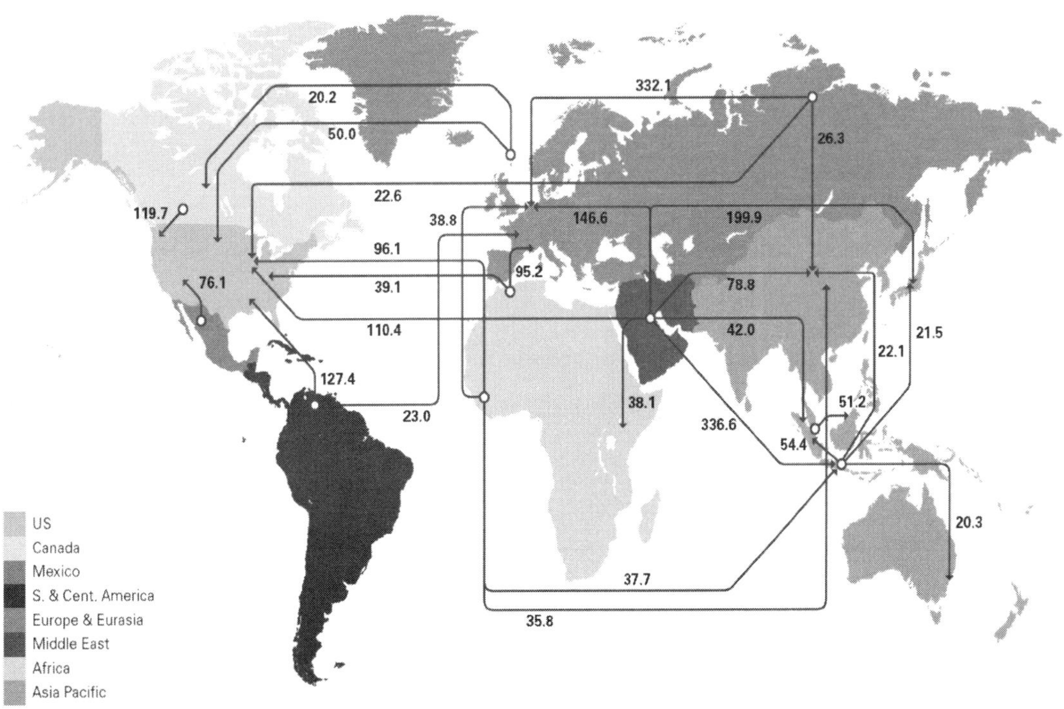

3. 에너지 공급관리 대책

위에서 논의된 바와 같은 석유자원의 한계성에 대비하고 에너지자원의 공급 기저를 확대하기 위하여 세계 각국은 여러 가지 대안을 모색하고 있다. 현재까지 제기된 대안으로는 해외자원 개발의 확대, 신재생에너지의 확보, 에너지 국제협력의 추진 등이 있다.

(1). 해외자원개발

에너지 공급관리 대안으로써 해외자원개발 노력을 살펴보면, 첫째, 세계 각국은 석유·가스 자원의 미개발 지역인 중동, 아프리카, 러시아, 중앙아시아 등과 같은 지역에서 탐사 및 개발에 커다란 관심을 보이고 있다. 이들 지역은 석유 · 가스 매장량의 81.3%를 점유하고 있는데, 특히 중동 이외의 지역이 미래의 유망 개발지역이 되고 있다. 그리고 석유자원의 형태 측면에서 oil shale, oil sands 등 비전통적 석유자원의 개발이 각광을 받을 것으로 예상된다.

둘째, 미국, 일본, 유럽연합 등 선진국은 수소를 중심으로 미래에너지 청사진을 수립하고 수소경제의 달성을 위해 노력하고 있다. 예를 들면, 미국은 Hydrogen Future Act(2001) 등 법제화를 통해 향후 2030년경을 목표로 수소경제의 실현을 추진하고 있다. 미국은 특히 2050년에 모든 자동차의 연료전지 이용을 완료할 계획이다. 수소생산비용의 저렴화가 그 성패를 좌우하는 핵심적인 요소인데, 수소의 연료 원으로 석탄수소, 제4세대 원자로 및 신재생에너지 등을 고려하고 있다.

에너지 공급의 안정적 확보에 직접적으로 관련되어 있는 에너지자원 개발 활동에 있어 또 다른 변화 중의 하나는 환경보호에 대한 사회적 인식이 제고되며 자원개발과 관련된 환경규제가 강화되고 있다는 점이다. 세계 대부분의 국가들은 자원개발 시 발생되는 환경피해를 최소화하기 위해 제도적 규제를 강화하였으며, 사회적으로는 자원개발 시 이해당사자(Stakeholders) 간의 합의프로세스를 도출하지 않고서는 자원개발 자체가 어려워지는 상황에 직면하고 있다.

(2). 신재생에너지의 확보

에너지 공급원의 안정적 확보와 관련하여 변화 중 하나는 석유와 천연가스 등 화석에너지로는 에너지 수요를 대처할 수 없을 것으로 전망됨에 따라 신재생에너지의 확보와 보급이 매우 중요하게 되었다는 점이다. 신재생에너지는 온실가스 감축, 에너지 안보, 경제 성장에 따른 청정 에너지의 수요 증가 등을 동시에 만족시킬 수 있는 기술로 각광받고 있다. 신재생에너지는 화석연료의 사용으로 인한 이산화탄소의 발생이 거의 없는 친환경에너지, 화석연료와 달리 고갈되지 않는 에너지원, 연구개발에 의해 개발되는 자원으로 각광을 받고 있다. 또한 경제성장에 따른 청정 에너지에 대한 수요 증가와 에너지 안보의 확보에도 기여할 수 있을 것으로 기대된다. 이러한 신·재생에너지로는 태양광, 태양열, 바이오, 풍력, 수력, 해양, 폐기물, 지열, 연료전지, 석탄액화가스화, 수소에너지 등을 들 수 있다.

주요 선진국의 신 · 재생에너지 공급은 지속적인 보급확대 정책에 힘입어 많이 이루어지고 있으며 향후 총 에너지 공급에서 차지하는 비중은 더욱 높아질 것으로 예상된다(<표 2-4> 참조).

〈표 2-4〉 주요 선진국의 대체에너지 공급비중 (2004)

(단위: %)

국 가	덴마크	프랑스	미 국	독 일	일 본	한 국
공급비중	14.6	6.3	4.5	4.3	3.4	2.24

주: 한국은 2006년말 기준임.

2003년 가장 높은 보급률을 보여주고 있는 국가는 덴마크로 1차 에너지의 13.3%의 비중을 보여주고 있고, 프랑스는 6.4%, 일본 3.74%, 독일 3.8%, 미국 4.5%를 보여 주고 있다(에너지관리공단, 2006). 유럽연합의 경우 2010년까지 12%의 목표를 설정하고 있으나, 보급 목표 달성에 관해서는 그리 낙관적이지 못하여, 각 국가별 2006년도 목표 달성에 관한 우려가 보도되고 있다.

Euro Observer(2006)는 EU의 신재생에너지 보급은 2002년에서 5.1%에서 2006년 5.6%로 2년간 0.5%가 증가함으로써 2010년 12% 목표 달성에 어려움을 시사하였고, 이에 따라 EU는 2010 보급률을 9% 대로 하향전망하고 있다(<표 2-5> 참조).

〈표 2-5〉 주요 국가의 신재생에너지 보급목표 및 정책 (수소경제 정책 포함)

구분	목표치 (목표년도)	정책 및 지원제도
유럽 연합	12% (2010)	• ALTENER Program – 재생에너지원의 확대보급을 위한 지원 프로그램 – JOULE–THERMIE(에너지기술 시범 및 실증연구 프로그램) – 영국: 풍력설비 보조지원(8센트/kWh) / 덴마크: 탄소세에 대한 환급금 0.1DKK/kWh) – 독일: 4센트/kWh의 지원금 및 11센트/kWh의무전력 매입 • EU H_2&FC Tech Platform 등
미국	10% (2030)	• 여러 주에서 Renewable Portfolio Standards (RPS) 법령 제정 • Solar–roof 계획(2010년까지 300만kW 태양광 발전 보급) • DOE: 풍력, 태양광발전 상업화 지원 • EPRI: 대규모 풍력단지 조성 사업비 지원 • 소득세 감면: 4센트/kWh(National Energy Policy Act) • Freedom car & Hydrogen Fuel Initiative, Future Gen • 수소 연료 전지 상용화 2020 등
일본	7% (2030)	• New Sunshine 계획(93–2020) 수립, 추진(1조 5,500억엔 투자) – 'New Earth 21' 실현을 위한 협력 프로그램으로 재구성하여 추진 중 • 분산형 발전전력 매입: 지역별 17–28엔/kWh – 태양광발전시스템에 대해 주거용 50%, 사업용 67% 보조금지원 – 7만가구 Solar–roof 계획 – RDF제조시설 및 보일러 시설비 중 ¼정률 보조 • New Hydrogen Project (NHP), WE–NET 등
독일	4% (2010)	• 10만 가구 태양광/태양열 보급 프로그램 • 재생에너지법(EEG): 재생에너지에 의한 전력생산을 2010년 12.5%, 2020년 20%까지 높임 • 풍력발전 중점 육성 등
프랑스	7%(2010) 10%(2015)	• 조력발전 • Fusion energy 육성 등

국가별 보급목표, 주력기술, 이에 따른 신재생에너지 정책은 천연자원 보유 상태, 정치 · 경제 체제 및 문화적 여건에 따라 달라질 수 있다. 또한 국가의 전력단가도 신재생에너지 보급의 상대적인 비용을 결정하는 중요한 요인이 되고 있다. 미국은 전력생산과 수송원료 생산의 주기술로 바이오매

스를 활용하고 있으며, 풍력과 태양광 보급에 많은 정책적 지원을 하고 있다. EU 국가 중에서도 상대적으로 작고 수력자원이 없는 덴마크는 2003년 21%의 전력을 풍력에서 공급받고 있으며, 세계 풍력설비의 30%를 생산하고 있어 기술 수출 효과를 보고 있다. 국가 면적 및 경제규모에서 덴마크보다 훨씬 큰 독일은 풍부한 석탄자원을 보유하고 있어 신재생에너지 보급목표는 상대적으로 낮으나 풍력과 태양광 보급용량에서 세계 1위를 차지하고 있다. 에너지 수입국인 일본의 경우 바이오매스와 폐기물의 비율이 높으며, 주된 투자 기술은 풍력과 태양광 등에 걸쳐 있다. 특히 태양광 부분의 기술 경쟁력 확보에 성공하여, 태양광 전지 생산에 세계 1위를 차지하고 있다(IEA, 2005).

신재생에너지의 개발과 보급의 중요성은 세계 각국의 의욕적인 신재생에너지 보급 목표에서 찾아볼 수 있다. 그러나 신재생에너지의 경제성 향상과 기술 향상이 동반되지 않고서는 목표 달성에 많은 어려움이 있을 것으로 보인다. 에너지 보급을 통한 단가 절약과 기술력의 향상뿐만 아니라 경제성을 고려한 균형 잡힌 신재생에너지 정책이 필요하다. 경제성을 갖춘 보급 정책을 통하여 기업의 자발적인 투자를 유도할 수 있어야 하며, 또한 탄소거래제, 절약거래제 등 시장 기능을 활용하는 방안이 강구되어야 한다.

신재생에너지의 발전기술 동향과 관련하여, 2003년 신재생에너지에 의한 발전양은 전 세계 전기 생산량의 18%를 차지하고 있고(용량은 880 GW로 추정), 이중 수력은 가장 큰 신재생 에너지원으로서 전 세계 전기 생산량의 16%를 담당하고 있다. 그 외 바이오매스를 이용한 발전량은 전 세계 전기 생산량의 1%, 지열, 태양에너지, 풍력을 이용한 발전량은 0.7% 수준으로 조사되고 있다. 각 신재생 에너지원별 기술전망을 살펴보면(<표 2-6> 참조), 수력, 지열, 해양 풍력 등과 같은 1세대 신재생 에너지들은 발전소 입지 조건에 따라 기술의 경쟁력이 결정되었으며, 해양 풍력, 바이오매스, 태양광, 태양열과 같은 2세대 신재생 에너지들은 이제 막 부분적인 보급이 시작되었으나, 비용 절감을 위한 추가 연구개발이 필요하다. 또한 바이오매스 가스화, hot dry-rock 지열, 해양 에너지와 같은 3세대 신재생 에너지들은 아직 보급이나 기술적 검증이 이루어지지 않고 있다.

〈표 2-6〉. 재생에너지원별 발전 기술의 잠재력 및 보급 장애요인

	현황/잠재력	비용	장애요인	장애요인 극복방안
수력발전	•2030년까지 경제성 있는 수력발전소의 보급 완료 •수력발전에서 소수력 발전의 비율은 5% 수준 전망	•가장 저렴한 발전원 - 신규 수력발전소: $0.03-0.04/ kwh; - 소수력발전소: $0.02-$0.10/kwh로 추정	•추가적인 기술 보급은 제한 •대규모 댐 건설에 의한 환경 파괴	•관련된 법체계 정비 •효율 향상, 설치비용 절감, 유지보수비용절감, 환경의존도 저감, 타재생에너지와의 통합, 환경영향 최소화
지열발전	•기존 지열발전소는 발전에 적정한 온도의 증기와 온수 공급가능 지역에 건설 •획기적인 신기술 개발은 지열발전 이용가능성을 높일 것임	•현 발전단가: - $0.015- $0.025/kWh •신기술 발전단가를 - $0.003-$0.008/kWh 으로 향상 가능	•긴 사업기간, 높은 실패 가능성, 높은 굴착비용 •사업의 실패로 인한 재정적인 부담	•지열발전 가능지역 확대와 생산성 향상을 위한 연구개발 •고온 건조 암반 지열 기술 •지열 저장소의 생산성 향상
바이오에너지	•재생에너지 중 가장 신뢰성이 높은 에너지원 •설비 개조를 통한 석탄화력발전 기술, IGCC 기술, 열병합발전 기술 적용 가능	•설비 개선 비용: - kW당 $50에서 $250 •복합화력발전의 발전단가: - $0.02(바이오매스무료), $3/GJ인 경우는 $0.05 •북유럽 열병합발전 전기는 kWh당 $0.04에 거래	•쓰레기 소각 열을 이용한 발전의 경우다이옥신 등의 유해물질 배출 •연료원의 제조, 운송 등에 소요되는 비용 과다	•바이오매스의 생산, 수송, 발전을 포함하는 전체시스템의 발전 필요 •바이오매스를 이용한 가스화/가스터빈 기술의 연구개발 •바이오정제 (Bio-refinery) 기술의 개발
풍력	•2030년에는 재생 에너지 중 수력에 이어 두 번째 높은 비중을 차지할 것으로 전망 •IEA 국가들에서 풍력발전의 보급은 매년 평균 23%씩 증가	•투자비용: - kW당 $1,000, 해양풍력은 35%-100% 가량의 추가 비용 소요 추정. •발전비용: - 최적의 해양풍력 kWh당 $0.03-$0.04; 그러나 지역에 따라 $0.20 까지 소요	•높은 발전단가 •풍력의 간헐성 •유지보수비용이 운영비용의 1/3	•연간 이용율 25% 이상 지역 확보 •터빈의 대용량화 •수요관리시스템, 전력저장시스템 등에 대한 연구개발 •하이브리드 풍력발전기술의 보급 •금융, 건설비용 저감, 저리 금융 조달
태양에너지	•태양광발전(PV): PV시스템의 효율은 셀의 종류에 따라 6%에서 15% 사이 •운영 및 유지관리비용은 투자비용의 1%에서 3% •Concentrating Solar Power (CSP)는 PV에 비하여 대규모 보급에 더 근접	•태양광 전지 모듈 - $2,000- $3,000 수준 •지중해연안 PV의 발전단가는 kWh당$0.35-$0.45, 최적조건에서 $0.10-$0.15/kWh수준 •CSP 발전단가: 10년 안에 $0.05-$0.08/kWh목표	•높은 투자 비용과 위험도 •획기적인 기술발전이 없다면 2030년 이전에 대규모 보급에는 한계가 있음.	•박막 태양광전지와 같은 신기술이 개발 •kWp당 $1,000 이하의 계통연계형 태양광 전지 시스템을 개발 •신재료 개발, 전환 효율 향상, 설계 개선 등에 대한 연구개발에 의한 비용 감소
해양에너지	•조류, 파도, 지중 조류 •해양 지열에너지, 염도차를 이용한 다양한 기술 •조력발전을 제외한 대부분의 기술들이 R&D상태		•비용, 기술, 재정적 위험 •파이롯 플랜트 설치의 경우에도 실제크기를 대상으로 연구가 진행되어야 함. •최근 수십년 동안 R&D 투자가 거의 없음.	

자료: OECD/IAE(2006), Energy Technology Perspectives, Scenarios & Strategies to 2050.

(3). 에너지 국제협력 촉진

에너지자원의 안정적 확보와 에너지안보를 위해서는 국가 내지 지역간 에너지자원 협력이 매우 중요하다. 중요한 에너지자원 국제협력사업 중 화석에너지 자원 및 전력망 연계사업으로는 석유·가스·광물자원에 대한 탐사개발·생산, 역내 에너지 자원의 수송망 및 전력망 연계 건설, 그리고 석유공동비축 등이 추진되고 있다. 신재생에너지·원자력·절약·환경 협력은 시장의 확대를 통해 관련 사업의 경제성을 제고하고, 효율적·환경친화적·안정적인 에너지 수급구조의 달성을 추구하고 있다. 구체적으로는 신재생에너지의 기술개발·이전과 시장 확대, 원전폐기물의 공동처리와 원자력 에너지 및 관련 시장의 확대, 그리고 에너지 절약 및 환경 관련 기술 개발·이전과 시장 확대 등이 추진되고 있다.

에너지 협력 참여국의 경제적 상호편익을 현실화하기 위해서는 에너지 협력이 향후 에너지시장의 개방, 투자 및 교역 자유화, 그리고 에너지 및 관련 서비스의 자유로운 통과보장 등 시장제도와 연계, 추진되어야 할 것으로 분석된다. 에너지시장의 자유화는 가격경쟁력 제고, 자원배분의 효율성 증대, 그리고 에너지 산업과 자원집약형 산업의 국제경쟁력 강화 등을 통해 역내 국가들의 경제적 편익에 기여할 수 있을 것으로 추정된다.

반면, 국가간 에너지협력 사업은 장기간에 걸쳐 지속적으로 대규모 투자를 해야 하는 특성으로 인해 높은 투자위험성을 수반한다. 따라서 에너지 투자의 위험을 감소시키고, 원활한 에너지 투자 및 교역의 증진을 위한 제도적 장치의 마련이 필수적이다. 또한 에너지사업의 월경성 (transboundary or cross-border) 특성으로 국가간 정부차원의 협력이 무엇보다 요구된다. 에너지자원 협력국들이 정부간 협의체를 통해 추진할 수 있는 정책협력 분야는 에너지 정보·통계시스템의 구축 및 운영, 정부간 협의체와 역외국가 및 국제기구와의 관계 정립, 국가간 에너지사업의 추진을 위한 정책 및 관련 규제에 대한 협력, 투자재원의 조달을 위한 지원 등 다양할 것으로 예상된다. 이와 같은 정부차원의 협력은 국가간, 지역간에 존재하는 제도적, 역사적, 정치적 그리고 경제 체제적 차이점과 격차를 완화하여 궁극적으로 에너지협력의 원활한 추진에 기여할 수 있을 것이다.

III. 세계에너지 수요구조

1. 세계 에너지 수요

(1). 세계 1차 에너지 수요구조

2004년 현재 1차 에너지에 대한 세계 수요는 112억 toe이며, OECD 국가들이 50%, 개도국들이 50%를 차지하고 있는 것으로 조사되고 있다. 국가별로는 미국 > 중국 > 러시아 > 일본 > 인도 순으로 많은 양을 수요하고 있는 것으로 조사되었다(<표 2-7> 참조).

〈표 2-7〉 국가별 에너지 소비 순위(2006)

구 분	1위	2위	3위	4위	5위	6위	7위	8위	9위	10위
에너지소비	미국	중국	러시아	일본	인도	독일	캐나다	프랑스	영국	***한국***
(백만toe)	2,326	1,698	705	520	423	329	322	263	227	***226***

자료: EIA(2006).

다음으로 국민 1인당 에너지 사용량을 살펴보면, 미국이 7.89 toe로써 OECD 평균 4.74 toe를 초과하고 있으며, 다음으로 한국, 스페인, 일본 등이 비슷한 4 toe 수준인 반면, 멕시코가 낮은 것으로 조사되었다(<표 2-8> 참조).

〈표 2-8〉 주요국별 1인당 에너지 사용량

구 분	한국	미국	일본	멕시코	스페인	OECD
1인당 에너지사용량(toe/인)	4.43	7.89	4.15	1.68	4.40	4.74
- 1인당 가정부문 소비량	0.38	0.91	0.43	0.17	0.35	0.62
- 1인당 수송부문 소비량	0.66	2.19	0.73	0.45	0.93	1.10
1인당 전기소비량(kWh/인)	7,779	13,640	8,233	1,859	6,147	8,365
1인당 GDP('00 US천$/인)	13.2	37.1	39.1	6.0	15.7	24.24

자료: IEA(2007).

1차 에너지원별 소비구조를 보면(IEA, 2006), 2004년 현재 석유가 39억 4천만 toe, 석탄이 27억 7,300만 toe, 가스가 23억 200만 toe, 바이오매스가 11억 7,600만 toe, 원자력이 7억 1,400만 toe, 수력이 2억 4,200만 toe, 그 밖의 신재생에너지가 5,700만 toe를 차지하고 있는 것으로 조사되고 있다(<그림 2-4> 참조). 향후에도 1차 에너지원에서 차지하는 원별 구성비는 변화없이 지속적으로 증가할 것으로 전망된다.

〈그림 2-4〉 1차에너지 원별 세계 소비량

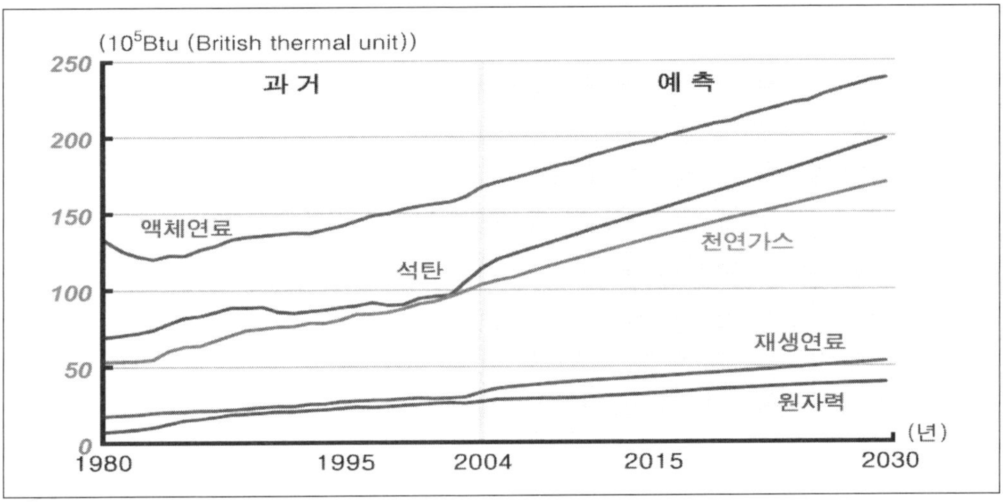

자료: 과거- EIA(2006).
예측- EIA(2007).

2. 최종 에너지 수요구조

세계 최종에너지에 대한 수요는 2005년 현재 OECD 전체로 38억 5,300만 toe이며, 이중 산업용이 35%, 수송용이 34%, 가정 · 상업 · 공공 기타부문이 31%를 차지하고 있는 것으로 조사되었다(<표 2-9> 참조). 이중 미국은 수송용이 41%, 산업용이 30%, 가정 · 상업 · 공공 기타부문이 29%를 차지하고 있는 것으로 조사되었다. 일본과 한국은 산업용 > 가정 · 상업 · 공공 기타부문 > 수송용의 순으로 많은 비중을 나타내고 있다.

〈표 2-9〉 주요국의 최종에너지 수요의 부문별 구성비 (2005)

(단위 : 백만toe, %)

	한국		일본		미국		OECD	
		비중		비중		비중		비중
산 업	94.37	55.2	141.6	40	477.2	30	1366.7	35
수 송	35.56	20.8	93.0	27	648.4	41	1298.8	34
가정,상업,공공	40.93	24	116.2	33	472.5	30	1187.3	31
합 계	170.85	100	350.9	100	1598.1	100	3852.8	100

자료: IEA(2007).

이와 같이 국가의 경제활동에 투입된 에너지 소비의 효율성을 평가하는데는 에너지 원단위 지표가 활용되고 있다. 2005년 에너지 원단위, 즉 GDP 1,000달러당 1차에너지 소비량(TOE)은 OECD 평균으로 0.2이며, 일본이 0.11, 영국이 0.15로써 평균보다 낮은 반면, 미국은 0.22, 한국은 0.34로써 평균보다 높은 것으로 분석되었다(<표 2-10> 참조). 이러한 에너지원단위가 높을수록 경제성장과정에서 철강, 석유화학, 시멘트업종 등 에너지 다소비산업의 비율이 높은 것으로 조사되었다(<표 2-11> 참조). 또한 산업부문 에너지를 소비하는 보일러가 노후화되고 전력을 소비하는 전동기의 고 효율화 제품의 보급률이 낮은 것으로 분석되었다. 그리고 가정 · 상업부문에서도 대기전력, 조명, 가스냉방 등의 고 효율화가 부진하고 소득수준의 향상에 따른 전기난방 수요와 가전기기의 대형화 등이 진행되고 있는데 기인한다.

〈표 2-10〉 주요국의 에너지원단위 수준 비교 (2005년)

구 분	한국	일본	미국	영국	OECD	중국
부가가치 원단위(toe/천$)	0.335	0.106	0.213	0.143	0.195	0.83
일본(=100)	(316)	(100)	(201)	(135)	(184)	(783)

자료: EIA(2007).

〈표 2-11〉 에너지 다소비업종의 소비비중

구 분	2001	2002	2003	2004	2005
한 국	31.6	31.1	30.2	28.9	28.3
에너지소비비중[1]	75.0	74.9	75.2	74.9	75.3
일 본	24.8	24.2	23.0	21.6	20.9
미 국	24.3	25.7	25.1	26.0	24.6

주 1: 에너지소비비중=(에너지 다소비업종 소비에너지/제조업전체 소비에너지)

그러나 2000~2005년 동안 달성된 에너지 원단위의 개선율은 인도가 3.0%, 한국이 1.8% 등으로 OECD 평균 1.0%을 초과달성하고 있으며, 일본은 0.7% 개선율을 보인 것으로 조사되었다. 반면 중국은 오히려 0.6%가 증가하는 실적을 나타내고 있는 것으로 조사되었다.

〈표 2-12〉 주요국의 연평균 원단위 개선율(2000~2005)

(단위: %)

한 국	일 본	OECD	중 국	인 도
△1.8	△0.7	△1.0	0.6	△3.0

자료: IEA(2007).

3. 에너지 수요관리 대책

(1). 에너지 수요추정

에너지 수요모형은 국가경제를 부문별로 나누어, 각 부문에 대하여 활동(activity)수준과 에너지원단위(intensity)를 곱하여 그 부문의 최종에너지 수요를 전망하고 있다. 활동수준은 경제성장, 산업구조 및 에너지사용기기 보유량으로 추정한다. 각 부문의 단위당 경제활동에 필요한 에너지소비량을 나타내는 에너지원단위는 과거의 추이, 소비행태의 변화 등을 감안하여 전망한다.

이와 같이 전망되는 최종에너지 소비량은 에너지전환부문의 모형 내에서 1차에너지(총에너지)를 추정하는 자료로 활용된다. 에너지전환부문은 발전, 가스제조, 열에너지생산으로 구성되어 있다.

에너지 소비구조의 변화 속에서 중장기 적정 에너지믹스는 에너지정책의 주요이슈로 부각되고 있다. 구체적으로 에너지절감 잠재력, 신·재생에너지의 가용성, 원자력의 적정 역할 등이 주요한 정책과제가 되고 있다.

(2). 에너지 절약대책

세계 각국은 에너지절약정책을 석유위기에 대한 대응, 에너지의 안정적 공급확보, 그리고 지구적 온실가스 감축 등의 수단으로 추진하고 있다. 미국은 2006년에 "에너지효율 국가행동계획"을 채택하였으며, 유럽연합은 2005년에 "에너지효율 정책 녹서"를 마련하였고, 일본은 "뉴선샤인 계획"을 수립하였다.

석유자원이 경제적 의미에서 고갈되어 감에 따라 경제의 석유의존은 감소될 것이나, 그 중에서도 수송부문의 탈석유는 필수적인 요건이다. 이를 위해 선진국은 수소연료전지의 개발·보급을 통해 수송연료의 혁신을 도모하고 있다.

(3). 에너지 수요관리(DSM) 강화 방안

최근 선진국의 에너지수요관리는 효율향상(energy efficiency)과 수요대응(demand response) 프로그램을 통하여 추진되고 있다. 즉 효율향상 프로그램은 에너지 사용 기자재에 대한 최저효율 기준의 시행을 위해 단계적으로 고효율기자재를 보급·확대하는 것을 목표로 하고 있다. 그리고 수요대응 프로그램은 종전의 부하관리프로그램에서 진화하여 공급의 신뢰도 향상을 목표로 계절별, 실시간 요금제가 주류를 이루고 있다.

미국은 EERS(energy efficiency resource standard)를 통해 에너지공급자의 효율향상 의무화를 시행하여 공급자별 절감목표를 지정하고, 시장경제에 거래시스템을 통해 목표를 달성할 수 있도록 유도하고 있다. 영국은 에너지효율공약(energy efficiency commitment)을 제정하고(2001), 전력 및 가스 판매업체들에게 주택용 에너지 효율향상 목표를 달성토록 의무화하였다. 프랑스도 에너지법을 개정하여(2005) 전기, 천연가스, 가정용 연료, 정치형 냉난방 판매업체들을 대상으로 3개년(2006~2008) 동안 에너지사용량의 1%를 절감하는 목표를 부여하였다.

〈표 2-13〉 주요 선진국 에너지효율향상 프로그램

	주요 에너지절약 프로그램
E U	• 에너지효율 Green Paper ('05.6) • 열병합발전 진흥 지침('04. 2) • Energy Days 2006
미 국	• 에너지정책법(EPAct) 개정 : '20년 10% 절감 • Energy효율향상 목표의무화(EERS) • Easy Ways to Save Energy ('05.10)
일 본	• Top-Runner Program • 주택성능표시제 및 우수 건물마크제

선진국의 에너지정책은 규제, 인센티브, 제도 · 시스템 개선 등을 적절히 조화시켜 체계적이며 장기간 지속가능한 시스템에 의해 에너지이용합리화를 추진하고 있다. 최저효율제 목표설정을 통한 전략적 고효율 시장전환을 위해서 효율등급제와 최저효율제 대상범위의 확대 및 효율기준 강화 등 각종 수단(요율조정, 융자, 세액공제, 리베이트, 기준갱신 등)을 전략적으로 연계·추진하고 있다. 선진국들은 에너지수요 감축을 위하여 에너지공급자가 효율향상을 위한 노력을 강화하도록 EERS 등 규제측면의 제도를 도입 · 강화하는 추세이다. 또한 공익자금을 확대하여 고효율성장비 투자에 대한 인센티브를 강화하는 에너지효율향상사업을 체계적으로 지원하고 있다.

에너지 수요관리 측면에서는 고급에너지인 전력의 피크(peak)관리 및 효율향상을 위하여 주택용에도 전자식 계량기에 의한 시간대별 요금제를 도입하는 에너지원별 가격 및 요금체계를 추진하고 있다. 또한 에너지안보 등 국가이익차원에서 신축건물의 단열기준 강화, 건물의 열량계 설치의무화, 에너지관리대상 사업장 확대 등 에너지손실을 최소화하기 위한 강제적인 에너지효율화정책을 강화하고 있다. 이를 통해 사회전반의 흐름이 자연스럽게 에너지이용 효율화로 갈 수 있도록 제도 · 시스템의 개선이 지속적으로 추진되고 있다.

(4). 환경친화적 소비대책

주요 선진국들은 에너지 저소비형 또는 환경친화적 산업구조를 형성하기 위해 많은 노력을 기울이고 있다. EU는 통합제품정책(integrated product policy)의 도입을 통해 제품, 생산공정, 서비스 등을 동시에 고려하는 통합적, 시스템적 환경정책을 실시하고 있다. 구체적으로 EU, 일본, 미국, 캐나다 등은 자원생산성 향상을 배가하고 오염물질 발생을 최소화하는 'Factor 4'의 실천과 '생태·경제의 효율성' 및 '생태 · 경제의 효과성' 향상을 통한 지속가능한 생산기술개발 및 자원순환형 경제시스템 구축을 실천하고 있다.

또한 미국, 일본, 독일, 덴마크 등은 자원절약형, 환경친화적 산업단지 조성을 위한 '생태 · 경제적 산업공단(eco-industrial park)' 조성을 위한 사업을 실시하고 있다. 특히 선진기업들은 온실가스 저감과 에너지 절약을 가져오는 신기술의 개발과 청정개발체제(CDM)사업에 대한 진출 등을 통해 교토의정서 체제를 새로운 이윤창출의 원천으로 인식하고 있다. EU 등 선진국에서는 신재생에너지자원의 확보와 기후변화협약 대응방안으로서 원자력발전에 대해 새로운 역할에 대한 논의가 사회적 현안과제로 부각되고 있다.

Ⅳ. 소결

세계적인 에너지자원에 대한 수요의 증가와 공급의 제약에 따라 세계 에너지가격은 증가세를 보이고 있으며, 향후 근본적으로 상승세를 나타낼 것으로 전망된다. 또한 원유가격이 상승하면 LNG, 석탄 등 다른 에너지원의 가격도 동반 상승하므로 에너지원의 대체를 통한 부담 완화는 기대하기 어려울 것으로 보인다(<표 2-14> 참조). 향후에도 에너지 수요는 국가별 경제성장, 에너지 효율성의 진보, 산업구조의 변화, 그리고 온실가스 감축 등 정책여건에 의해 결정될 것이다. 미래 에너지 가격 역시 에너지수요를 결정하는 이들 요소에 적지 않은 영향을 미칠 것이다.

〈표 2-14〉 원유가와 천연가스, 석탄 등 가격간 연동 추세

구분	원유($/bbl)	LNG($/백만BTU)	석탄($/ton)
2000	26.20	4.72	35.99
2006	61.50	7.14	63.67
인상률(%)	134.7	51.2	76.9

자료: BP(2007).
주: 1. 원유 : 두바이유기준 2. LNG : Japan CIF(Cost+Insurance+freight)
3. 석탄(유연탄) : 북서유럽 시장가격기준
4. BTU(British Thermal Unit) : 1BTU = 1055.06J = 252.04cal = 0.252kcal

이에 따라 국제유가의 상승세가 구조적이고 장기적 지속가능성을 고려하여 신고유가 시대에 대응한 시스템의 혁신에 주력하여 석유중심 공급시스템의 다원화와 원별 수요시스템의 혁신을 통해 국민경제의 지속가능성을 확보할 필요성이 있다.

에너지의 안정적 공급을 확보할 수 있는 체계를 갖추고, 선진국들의 에너지정책과 환경정책이 산업의 발전과 환경보전을 동시에 달성할 수 있도록 통합되고 있는 산업·환경정책을 예의주시할 필요가 있다. 이에 대한 대응책으로서 에너지 구성(mixture)에 대한 논의를 다시 활성화할 필요가 있다. 환경에 대한 관심 증가로 에너지원으로서 가스, 신재생에너지 등의

중요도나 소비가 증가할 것으로 전망되기 때문이다. 또한 경제상황과 특수성에 부합되는 온실가스 감축방안을 마련하여, 지구온난화를 완화하려는 국제공동 노력에 동참하고, 중장기적으로 온실가스 저배출형 사회 및 경제구조로 전환을 촉진할 필요가 있다.

수요관리정책은 기후변화협약 및 환경규제 강화에 부합하는 방향으로 시행되어야 한다. 장기적으로 에너지소비에 있어서 화석연료에 대한 의존도를 줄이고 에너지 이용 효율을 증대시켜 온실가스의 배출을 줄이는 에너지수요관리 정책이 도입되어야 할 것이다. 그리고 산업구조 측면에서도 에너지다소비 산업의 비중을 감소시킬 수 있도록 고부가가치, 저에너지소비형 구조로의 전환을 유도하는 방향으로 수요관리정책이 시행되어야 한다.

이 과정에서 한 가지 유의해야 할 점은 기후변화 등과 같은 지구적 환경문제에 대응하여 에너지 구성 등이 변화하여야 하는데도 불구하고 기존 행위자들의 기득권이나 규제, 산업구조 등에 묶여(locked-in)있거나 변화에 대한 불확실성 등에 기인한 경로의존성(path dependence)에 지배를 받을 수 있다는 점이다.

여기서 네덜란드의 에너지전환정책이 주는 시사점을 고려할 필요가 있다(<표 2-15> 참조). 네덜란드는 2000~2050년 까지 에너지 전망을 다룬 「2050년의 에너지와 사회」에서 새로운 천연가스, 연쇄효율성, 바이오매스, 지속가능한 교통, 지속가능한 발전 등 에너지 전환의 플랫폼을 확정하고 있다. 그리고 이러한 플랫폼 별로 전환경로를 구체적으로 확정하여 추진하고 있다. 네덜란드 에너지정책의 특징은 이런 경로를 따라 곧바로 정책을 집행하는 것이 아니라 변화하는 상황에 맞춰 지속적으로 전환한다는 것이다. 즉 에너지 전환을 실시할 경우 기존의 에너지 정책의 틀이 일상적인 문제해결에 대해서 의미를 갖고 있다고 인정하면서 새로운 실험들을 특정한 방향으로 추진하려는 노력을 지속적으로 시도하고 있다. 에너지전환은 기존의 에너지정책을 변화시키는 것 까지 고려하면서 새로운 틈새들을 확대하고 새로운 사회·기술적 패러다임을 만들어 가기 위해 지속적으로 노력한다는 것이다.

〈표 2-15〉 네덜란드 에너지전환의 플랫폼, 목표, 전환경로

플랫폼	목 표	전환경로
새로운 천연가스	▪ 유럽에서 가장 지속가능한 천연가스 국가	• 분권화된 발전 • 에너지 효율적 온실 • 녹색 가스수소 • 청정 화석연료
지속가능한 교통	▪ 신규차량의 온실가스 배출을 현재의 1/2수준으로 감축(2015년) ▪ 모든 차량의 온실가스 배출을 현재의 1/3 수준으로 감축(2030년)	• 하이브리드 카 • 바이오 디젤 • 수소 자동차 • 지능형 교통시스템
녹색자원	▪ 2030년까지 에너지 자원의 30%를 녹색자원으로 충당	• 바이오매스 생산 • 바이오매스 수입선 확보 • 바이오매스 생산의 효율화 • 합성 천연가스 • 지속가능한 화학
연쇄 효율성	▪ 2030년까지 생산과정의 효율성을 20~30% 향상	• 폐기물관리 최적화 • 정밀 농업 • 복수의 교통시스템 • 공정 효율화 • 벌크 생산물의 처리 • 폐기물의 재순환 • 소규모 열병합 발전 • 에너지 효율적 제지
지속가능한 전력	▪ 보다 지속가능한 전력	• 재생가능한 에너지원 • 탄소 저장 및 열병합발전 • 전력인프라스트럭처 • 전력소비절약
건조환경	▪ 에너지효율성을 높이고 새로운 혁신을 장려	• 건조환경의 에너지효율성 개선 • 혁신의 장려와 적용 • 제도적 장벽의 제거

자료: 네덜란드(2004).

3

산업조직

산업조직

제 3 장

Ⅰ. 문제제기

21세기 들어 에너지 산업에 종사하는 기업 및 산업조직에서 변화가 일어나고 있다. 에너지 산업 내에서 기존의 화석자원 이외에 새로운 자원을 활용하는 변화가 일어나고, 기후변화협약에 따라 에너지 산업이 제조업과 같은 특징을 나타내면서 새로운 산업기회를 창출하고 있기 때문이다.

그동안 에너지 산업은 막대한 초기투자를 필요로 하는 특성으로 인해 자연독점적 산업조직을 나타내 왔다. 주로 공급자원의 제약 하에 있는 석유, 가스, 석탄, 전력 등 자원개발산업(extractive industry)에서 자연독점적 산업조직이 존재해 왔다. 또한 이러한 독점으로 인한 사회적 손실을 줄이기 위해 많은 국가들은 에너지가격을 정부가 직접 규제하여 온 것도 사실이다.

그러나 신재생에너지 산업에서 보는 바와 같이 자유경쟁시장에서 활동하는 경쟁적 산업조직도 나타나고 있다. 이는 Ⅰ장에서 설명된 바와 같이 에너지를 보는 시각을 경쟁시장 속에서 수요와 공급의 법칙에 따라 결정된다고 분석하고 있는데 기인한다. 또한 자연독점과 경쟁적 산업조직의 중간 형태로서 유효경쟁적 산업조직도 나타나고 있다. 그리고 최근에는 에너지 산업의 부가가치사슬망에서 공정별 전문기업이 나타나고 그들을 연계하여 전주기적 부가가치를 제고하는 프랙털(fractal) 산업조직도 출현하고 있다. 21세기 들어서는 에너지 산업을 구성하는 주체들로 구성된 생태계 내에서 각 공정을 담당하는 주체들 간 콘소시엄 형태로 Limited Liability Company 또는 유한책임사업조합 등과 같은 새로운 지배구조(governance)를 창출하는 산업조직도 나타나고 있다.

II. 산업조직의 형태

1. 독과점적 산업조직

에너지 관련 산업조직에 대한 전통적인 견해는 에너지 공급이 제한되어 있으며 재생불가능하다는 전통적 시각에 따라 자연독점적 조직이 되고 있다는 주장이다. 전통적으로 전력, 가스, 열에너지 등 소위 망에너지는 장치산업적 특징을 나타내면서 공급량이 증가함에 따라 평균비용이 감소하는 추세를 보였다. 이는 소위 자연독점 요인으로서 하나의 기업이 그 시장의 공급자 역할을 전담하는 것이 사회 전체적으로 비용경제적이라는 분석을 이끌었다. 특히 자연독점기업은 에너지 공기업의 형태로 운영되었으며, 망에너지의 생산, 수송 및 분배 기능이 수직적으로 결합된 공급시스템을 소유하기도 하였다.

에너지 기업들은 우하향하는 수요곡선에 맞추어 이윤을 극대화하기 위해서 한계수익(marginal revenue: MR)와 한계비용(marginal cost: MC)가 같아지는 생산량을 공급하게 된다(<그림 3-1> 참조). 이때 에너지 시장의 가격은 이와 같은 생산량을 수요하는 수요곡선과 만나는 점에서 설정되며, 한계비용을 초과하게 된다. 특정시장에서 에너지원 간 경쟁이 상당히 있다 하더라고 에너지기업은 가격 설정자(price setter)가 되며, 가격 수용자(price taker)라고는 할 수 없다.

〈그림 3-1〉 독점시장

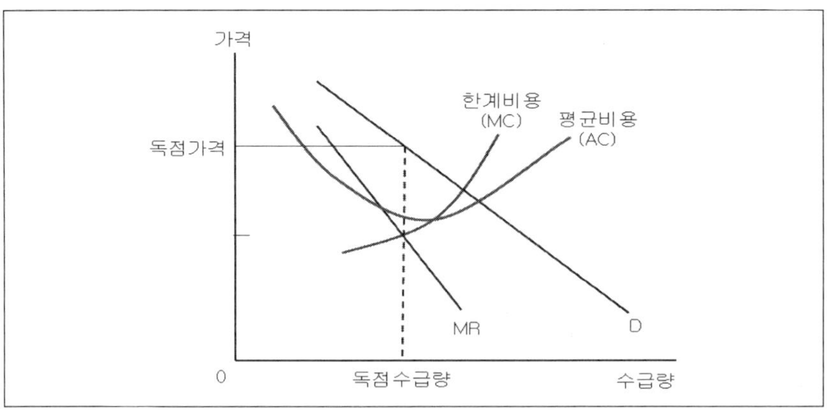

최근까지 에너지 시장가격은 평균비용으로 수렴하지도 않고 오히려 실질적으로 확산되고 있다. 사적 한계비용(private marginal cost: PMC)을 초과하는 가격의 편차는 외부비용(external cost)으로부터의 편차와 반대 방향으로 작용한다. 정부규제가 없다면 기업이 인식하고 있는 비용은 환경오염 비용을 포함하지 않기 때문에 사회적 한계비용(social marginal cost: SMC)보다 낮을 것으로 예상된다($PMC_X > SMC_X$). 에너지가 가지는 사회적 공공재의 특성이 주어질 경우 생산량을 줄이게 된다. 여기서 사회적 적정생산을 위해서는 규제가 필요하게 된다.

또한 에너지원을 중동으로부터 수입에 의존하는 경우 에너지 안보문제는 외부비용으로 작용한다. 따라서 에너지 산업에서 규제가 필요하게 되며, 규제의 목표는 가격을 평균비용(average cost: AC)과 일치시키는 것이 된다.

〈그림 3-2〉 생산의 사회적·사적 비용간 관계

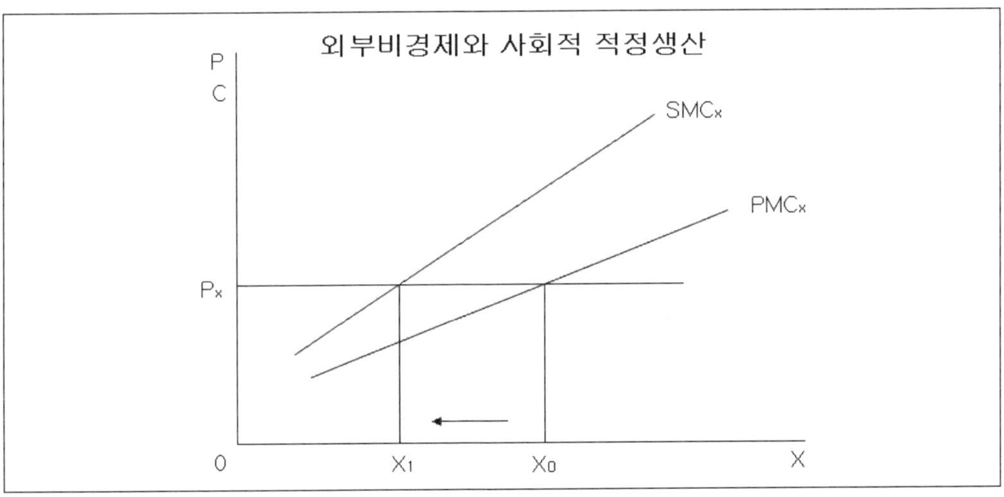

Demsetz(1968)는 전력비용(utility costs)으로 보아 자연독점적 규모의 경제가 존재한다고 인정하고 있다. 따라서 정부의 규제가 없다면 매우 고가에 매우 소량을 생산할 것으로 예상되며, 이러한 독점의 폐해를 극복하기 위해 정부의 규제가 필요하다고 주장하고 있다. 다만 Demsetz는 이러한 전력 독점에 대한 대안으로서 지역단위의 전력공급 권리를 주기적으로 경매하는 시장원리를 도입하는 것을 제안하고 있다. 이에 비해 Ballonoff (1997)는 상대적 규모의 경제가 매우 크지는 않으며, 특히 자연적 독점 규모는 아니라고 주장하고 있다. 독점으로 보고 실시하는 비효율적인 규제에 대신하여 반독점을 해법으로 제시하고 있다.

다른 사례로써 실제 해외 석유개발기업의 산업조직상 변천과정을 보면, 50% 이상의 자주개발율을 달성하고 국제경쟁력을 갖춘 석유개발기업으로 성공한 기업들은 석유 및 가스관련 기업을 국영으로 운영하다가 상 · 하류 부문을 수직통합하고 효율적인 운영을 통해 국제경쟁력을 제고한 것으로 분석된다. 이들은 탐사 · 개발과 함께 인수합병을 적극적으로 추진하였다.

프랑스는 Total사와 Elf사를 국영으로 설립하였다가, 1992년 지분매각을 통해 민영화하였지만 2000년 다시 합병하였다. 이탈리아는 국영으로 설립 · 운영되던 AGIP, ANIC, SNAM 등을 통합조정하여 ENI로 개편하였으며 1995년 민영화하였다. 스페인은 Hispanoil, Eniepsa 등 석유부문을 통합조정하여 INH를 설립하였다가 INH 산하의 상 · 하류 부문을 통합하여 Repsol을 설립하였으며, 이후 민영화하고 1999년 YPF와 합병하였다. Repsol은 YPF의 인수를 통해 석유 탐사·개발·구매에 있어서 국제적인 회사로 성장하였다.

1990년대 후반 이후 EU 가스기업들은 대규모 구조조정을 극복하기 위해, 수평 및 수직 통합을 포함하는 인수합병(M&A)을 통해 기존에 수행해 왔던 에너지원을 벗어나 타 에너지까지 사업을 다각화하고 있다(Finon and Midttun, 2004). 현재 가스도매기업들은 천연가스 부가가치사슬망에서 전방연관사업들에 대해 투자하면서 가스생산 등 후방연관사업과 전기생산 및 공급 등 관련사업에 대해서도 투자하고 있다. 전기회사들 역시 전력산업의 모든 부문에 걸쳐 수직통합하면서 가스공급사업에 진입하고 있다.

EU 석유 및 가스시장에서 상류부문을 담당해오던 주요기업들인 BP, Exxon, Hydro, Shell, Statoil, Total 등은 천연가스 공급 사업, 즉 전방연관사업과 전력생산에 진입하는 전략을 추진하고 있다(Eikeland 등, 2004). 수익률과 상류부문 자산시장에서 안전성 확보와 마케팅에서 규모의 경제효과 등이 동기가 되었다. 구체적으로 각 회사들이 천연가스시장의 하류부문을 마케팅하고 있는 국가들을 살펴보면, 유럽의 모든 주요시장을 목표로 하지 않고 있으며, 수익이 많은 산업용과 상업용 시장에 치중하고 있는 것으로 분석되었다(<표 3-1> 참조).

〈표 3-1〉 주요 회사들의 하류부문 활동지역 및 부문(1990~2005)

	BP	Exxon	Hydro	Shell	Statoil	Total
영국	1	0	1	1	1	1
독일	1	1	0	1	0	1
이탈리아	1	0	0	0	0	0
네덜란드	1	1	1	1	0	1
프랑스	0	0	0	0	0	1
스페인	1	0	0	1	0	1
터키	0	0	0	0	0	0
기타 비핵심국가	0	0	0	1	1	0
유럽 전체	5	2	2	5	2	5
산업용 및 상업용	5	2	2	5	2	5
가정용	0	0	0	0	0	0

또한 국제에너지기업의 산업조직상 특징을 보면, 독자적으로 탐사·개발 등을 추진하기 보다는 합병을 통한 대규모화를 추진하고 있는 것으로 조사되었다(<표 3-2>참조).

〈표 3-2〉 해외 에너지기업의 인수·합병 사례

연도	사 례
1988	BP: Amoco와 합병; Exxon: Mobil과 합병
1999	Repsol: YPF와 합병; Total: Petrofina와 합병
2000	BP: Atlantic Richfield 인수; Totalfina: Elf와 합병
2001	Chevron: Texaco와 합병
2002	Conoco: Phillips Petroleum와 합병
2005	Chevron Texaco: Unocal 인수
2006	ConocoPhillips: Burlington Resources 인수

그러나 이러한 추세는 EU가 1998년 가스 독점시장이 상품의 자유 이동에 관한 규정에 어긋난다는 이유로 천명하였던 첫 번째 Gas Directive와는 반대로, 에너지기업들이 오히려 독점을 강화해버린 결과를 초래한 것이라고 해석될 수 있다.

첫 번째 Gas Directive는 소비자와 생산자 모두에게 저비용으로 에너지 수요, 공급을 보장하는 경쟁적 에너지 시스템을 확보할 필요가 있다는 원칙을 천명하고 있다. Gas Directive는 첫째, 모든 에너지기업들이 회원국가 내뿐만 아니라 EU 전체 가스시장 내에서 유통망에 자유롭게 접근할 수 있고 이전에 폐쇄되어 있던 국가 및 지역시장을 가로질러 투자할 수 있도록 하는 목적을 나타내고 있다. 둘째, 에너지 소비자들이 국내뿐만 아니라 EU 전체 시장에 걸쳐 에너지공급기업을 자유롭게 선택할 수 있도록 하는 목적을 나타내고 있었다.

그러나 2001년 이후 3개의 벤치마킹 보고서(Benchmarking Reports on the Implementation of the Internal Electricity and Gas Markets)는 국적별 회사 간 경쟁이 심각하게 왜곡되어 있으며 경쟁적이며 통합된 시장으로 발전하지 못하고 있다고 분석하고 있다. 이에 따라 2003년 제2차 시장자유화 계획(Liberalization Package)이 수립되었다.

그러나 EU(2004) 보고서에서는 회원국가 내에서 현재 기업의 지배력이 지속되고 회원국가간 상호연계정도는 적절하지 못하다고 분석하고 있다. EU는 2004년 회원국가들의 국내시장에서 소비자들의 타 회사로 전환율이 낮고 신규진입에 대한 장애가 상당히 높으며 시장구조가 매우 집중적이고 유럽에너지 단일시장은 이루어지지 않고 있다고 비판하였다. 즉 에너지공급의 안보를 이유로 반독점정책이 너무 신중하게 집행되고 있으며 수직통합이 지속되고 있다고 분석하고 있다. 오히려 에너지 대기업들은 가스 탐사 등 상류부문 프로젝트에 참여함으로써 사업의 위험을 감소시키고 있으며, 하류부문의 소비자들을 장기계약으로 묶고 있는 것으로 나타났다.

2. 경쟁적 산업조직

다음으로 에너지 관련 산업조직이 독과점적이라기 보다는 경쟁적일 수 있다는 주장이 대두되고 있다. 이러한 주장은 에너지산업을 재생불가능하지 않으며, 제조업으로 볼 수 있다는 시각에 기반을 두고 있다.

최근 에너지산업을 둘러싼 대내외적 환경이 급변하고 있고, 또한 네트워크형 에너지 산업은 이미 성숙한 단계에 진입해 있으므로 경쟁을 저해하는 각종 제도에 대한 전면적인 개선이 필요한 것으로 분석되고 있다. 즉 규제된 독점과 시장자유화 사이에서 애매한 상황에 있다 할지라도 국제 에너지 수급 상황에 유연하고 효율적으로 대처하기 위해서 국내의 경쟁력 있는 시장 및 산업조직이 형성될 필요가 있다는 것이다. 에너지산업의 초기단계에서는 자연독점이 있을 수 있지만, 중기적으로 컴퓨터 칩(chip) 생산공장의 생산성을 높이고 장기적으로는 컴퓨터 칩 공장을 더 지을 수 있는 것과 같이 에너지산업에서도 같은 논리가 가능하다는 것이다.

만약 에너지 산업이 완전경쟁시장 조직을 나타내고 있다면 수요와 공급이 교차하는 점에서 가격이 형성될 것이다. 수요자는 가격과 한계효용이 일치하는 점에서 소비하고, 공급자도 한계비용과 한계수익이 일치하는 양까지 생산을 증가시킴으로써 수익을 극대화한다. 완전경쟁시장에서 공급자가 가격수용자라면 한계수익을 가격과 일치시킨다. 이것은 에너지 기업의 공급곡선이 한계비용곡선이라는 의미이다.

이러한 공급과 수요가 만나는 시장에서 사회적 한계비용(social marginal cost: SMC)은 사적 한계비용(private marginal cost: PMC)와 일치하게 된다. 이것이 바로 가격이며, 가격을 통해 한계효용을 일치시키게 된다. 이로써 제품 마지막 한 단위를 생산할 때 사용된 자원은 소비자들이 비용을 들여 소비함으로써 얻게 되는 수익만큼 생산한다. 가격이 소비자들에게는 한계 수익의 척도가 되면, 사회에는 한계비용의 척도가 된다. 완전경쟁시장이 달성된다면 한 재화의 화폐적 비용은 사회적 비용이 되며, 그 재화의 판매가격은 사회적 가치가 되기 때문이다. 여기서 문제는 에너지 상대가격의 변화 이후 새로운 최적점을 찾기 까지 기계와 건물 등을 적응하는데 필요한 긴 시간, 많은 에너지 원을 개발하는데 드는 긴 리드 타임(lead time), 자연자원 산업의 내재적인 불확실성 등이라고 할 수 있다.

〈그림 3-3〉 경쟁시장

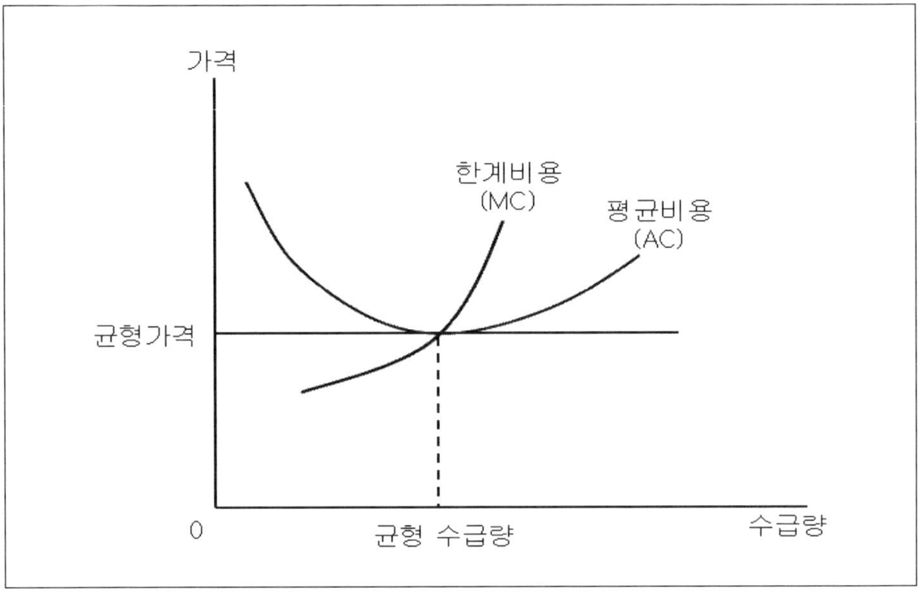

이전에 주로 논의되었던 에너지시장의 수직결합적, 자연독점적 특성에 변화를 가져온 동인은 자연독점의 경제적 비효율성, 기술진보 그리고 경제의 세계화 추세로 요약해 볼 수 있다. 특히 자연독점기업이 지니는 투자 및 경영의 비효율성은 끊임없이 비판의 대상이 되었다. 그러나 비효율성에 대한 이러한 평가는 에너지산업의 비용체감적 장점을 뒤집을 수는 없었다.

이 같은 상황에 변화를 가져온 동인은 기술진보인데, 새로운 기술은 에너지산업의 비용체감적 특성, 즉 자연독점적 요소를 배척할 수 있는 계기로 작용하였다. 예를 들면, 독립적인 전력회사(independent power producer)는 가스복합발전 등 새로운 발전기술을 적용함으로써 기존의 자연독점 공기업과 경쟁할 수 있게 되었다. 그리고 소형원자로, 가정용 열병합발전(CHP) 등에 의한 에너지공급은 향후 전통적인 독점기업과 경쟁할 수 있을 것으로 보인다. 이밖에도 미국은 기존의 자연독점 에너지네트워크가 아닌 여러 가지 형태의 도서형 에너지공급시스템을 실험하고 있다. energy park 등 여러 형태의 분산형에너지자원(distributed energy resources)이 도서형 에너지공급시스템의 예에 해당한다.

그리고 정보기술(IT)의 진전은 발전소의 가동 · 정지 · 운영을 용이하게 할 뿐만 아니라 에너지시스템의 자동화에 기여하는 바가 크다. 정보기술의 진전은 또한 주요 선진국이 운영하는 전력 및 도시가스 도매시장의 운영에 결정적인 역할을 담당하고 있다.

이와 같이 에너지 관련 기술진보와 자연독점 공기업의 경제적 비효율성 과제는 전통적인 네트워크 에너지 시장에서도 경쟁의 가능성을 보여주고 있다. 세계화 추세는 그러한 가능성에 모멘텀을 제공하는 요소가 되고 있다. 세계화는 정치, 경제, 문화, 사회적 현상을 아우르는 포괄적인 개념이지만, 경제적인 측면에서 보면 정보, 인력, 자본(투자) 등 생산요소와 생산물의 국가간 흐름이 확대되는 것을 의미한다. 세계무역기구(WTO) 및 자유무역협정(FTA) 협상은 다른 재화 및 서비스에 비하여 많은 예외를 인정하고 있는 것은 사실이지만 서비스무역에 관한 일반협정(General Agreement on Trade in Services: GATS)체계 내에서 에너지상품과 관련 서비스 시장의 개방과 교역자유화를 주요 의제로 다루고 있다.

위와 같은 여러 요소의 결합작용으로 인하여 세계 주요국은 전력, 가스 및 열에너지 시장의 구조개편을 추진하였거나 진행 중에 있다. 전력산업의 구조개편은 1990년 영국을 시작으로 현재 40여개 국가가 추진 중에 있으며, 가스산업구조도 미국, 유럽, 호주, 일본 등에서 개편되는 추세이다(에너지경제연구원, 2003). 망에너지산업의 구조개편은 자연독점기업의 에너지 생산(수입), 수송 및 판매의 결합상태를 기능별로 분리하여 경쟁이 가능한 생산과 판매부문에는 경쟁을 도입하고 수송부문에 대해서는 자연독점

체제를 유지하는 것으로 요약될 수 있다. 이러한 개념의 산업구조개편은 생산 및 판매 기능으로 분리된 공기업의 부분적 민영화와 인위적으로 조직화된 도매시장의 개설을 주요 내용으로 포함한다.

또한 대부분의 에너지 시장에서 경쟁에너지가 존재한다고 할 수 있다. 일부 산업용 연료는 철강생산에 특화되는 석탄이나 특정 화학제품 생산에 소요되는 석유와 같이 매우 특화되어 있다. 그러나 연료간 경쟁은 전력이나 산업부문에서도 강하다고 할 수 있다. 예를 들면, 열 생산과 관련하여 석탄, 천연가스, 석유 등이 경쟁적으로 사용될 수 있다. 기업들은 한 연료를 다른 연료로 쉽게 대체할 수 있으며, 그것도 짧은 시간 안에 가능하다. 1970년대 후반 청정하고 편리한 연료에게 자리를 내주었던 석탄이 보일러용 연료로 다시 각광을 받은 사례도 있다. 천연가스가 석탄이나 석유와 매우 경쟁하고 있는 사례도 있다. 이러한 연료 간 경쟁은 동일제품을 생산기업 간 경쟁을 촉진시키는 기능으로서 작용하고 있다.

1990년대 들어 천연가스 산업은 가솔린이나 디젤로부터 자동차연료시장을 빼앗아 오기 위해 노력하였다. 전력은 유용성과 통제의 용이성으로 인해 많은 경우 기술적으로 가능한 선택이 된다. BTU당 가격이 높아 사용에 제약을 받고 있지만 가격 차별화가 줄어든다면 응용이 가능하다.

그러나 한편으로 석유와 가스는 때때로 매우 다른 가격으로 판매되기도 한다. 이것은 시장균형이 이루어지지 않았다는 것을 의미한다. 대부분의 가정에서 열 생산을 위해 가스와 석유를 동시에 사용하지 않는다. 그러나 석유와 가스 등에 대한 구매나 소비 시 BTU당 가격을 고려하는 가정은 거의 없다.

또 다른 사례로서 신에너지산업은 석유, 가스 등 대규모 집중형 산업에 비해 대형회사가 아니며 중소규모의 기업이 주축을 이루고 있다(<표 3-3> 참조). 대규모 독점적 집중형 산업이 특별 용도의 제품을 현지 수요에 맞게 생산하는 반면, 신에너지 산업은 범용품을 조립·가공하여 생산하고 있다. 또한 상품의 유통 및 마케팅 역시 대규모 집중형 산업이 자주적 네트워크를 형성하는 반면, 신에너지산업은 시장에서 조달되고 있다.

〈표 3-3〉 에너지 산업내 비교

	대규모 집중형 산업	신에너지 산업
연구개발	특수주문	범용품 유용
산업조직	대형회사	중소규모기업
유통	자주적 개발	시장조달
상품형태	현지 건설	완성품 셋업
인재	기능별 전문직	다기능 엔지니어

3. 프랙털 산업조직

에너지 산업조직과 관련하여 세 번째 유형은 에너지 관련산업에 있어서도 제조업과 같이 부가가치사슬망을 구성하는 각 공정들이 해체되어 공정별 핵심능력을 가진 기관들과 네트워크를 구성하며 이를 전체적으로 조정·운영하는 프랙털 시스템(fractal system)이 작용하고 있다는 것이다.

프랙털 시스템에 대한 분석은 주로 제조업을 중심으로 이루어져 왔다. 선진 다국적기업은 급변하는 경영환경 변화에 대응하고 경쟁력을 강화하기 위해 종래 '연구개발-부품조달-생산조립-판매'에 이르는 부가가치사슬망(value-chain)을 선형적으로(linearly), 또는 동시적으로(concurrently) 결합시키던 방식에서 탈피하여, 각 단계가 전문적인 역량을 갖춘 기업들에게 분화하고(de-centralized) 나중에 연계(network)하는 형태로 변화시키고 있다. 사례로서, 독일기업들은 1990년대 후반 조직을 구조조정함으로써 상당한 생산성 증가를 달성하였는데, 이는 value-chain의 탈집중화·분산과 자기조직적 협력기업(self-organizing units)의 형성 등을 통해 막대한 규모의 비용감소를 달성한데 기인한 것으로 분석되고 있다(Westkamper, etc., 2000). Warnecke (1993)는 부가가치사슬망에 관련된 전문회사들이 자체적 유사성(self- similarity)을 도입하고 공통의 목표시스템에 맞춰 잘 배열된 회사체제를 Fractal Company라고 부르고 있다. 여기서 각 전문회사들은 조립, 부품조달 등을 독립적으로 운영하면서, 생산 및 공정의 책임을 분산하거나 보조적 공정을 거의 자동적으로 (semi-autonomous) 통합함으로써 공정개선을 지속적으로 달성하고 있는 것으로 분석된다. 더 나아가 1990년대 이후 진행 중인 산업조직 변형의 요점은 탈수직화(deverticalization)의 과정이라기보다는 혁신관련 행위(innovation-related activities)에서 생산관련 행위(production-related activities)를 분리(delinking)하는 것으로 보인다(Sturgeon, and Lee, 2001).

제조업에서 이러한 산업조직적 변화가 에너지산업에서도 발생하고 있다. 예를 들어, 신에너지산업 내 산업조직이 생산공정, 정제 · 유통공정, 설비공급공정, 발전공정, 서비스공정 등으로 분해되고 각 공정에 특수한 전문적 기업들이 나타나고 있다. 또한 이들 공정 내지 기업들이 통합연계하여 하나의 신에너지 비즈니스를 완결시키고 있다(<표 3-4> 참고).

〈표 3-4〉 신에너지 비즈니스 연쇄

공정		내용
생산공정	➡	• 메탄가스, 에탄올, 수소드의 축출 • 연료의 패키징
정제·유통공정	➡	• 신에너지 연료의 정제 • 신에너지 연료의 운송, 유통
설비공급공정	➡	• 신에너지 전용 기기의 생산 • 신에너지 이용을 위한 장치개발
발전공정	➡	• 신에너지 발전, 전기 공급 • 신에너지 열공급
서비스 공정	➡	• 신에너지 어레인지 • 신에너지 부가가치활용

이와 같은 산업조직의 변화는 종래 슘페터적 경쟁(Schumpeterian

competition)에서 주장해온 산업조직론을 바꾸고 있다. 슘페터적 경쟁론은 시장점유율을 확보한 혁신기업이 제품 특수적 생산설비를 대규모로 갖추고 신규진입에 대한 장벽을 설정한다고 분석하고 있다. Nelson and Winter (1982)는 위 Schumpeter의 혁신개념을 따라 산업진화의 동태적 과정은 성공적인 혁신기업으로 하여금 경쟁기업을 따돌리고 신규진입을 못하도록 생산능력에 대한 대규모 투자를 가능하게 함으로써 보다 대규모기업들을 창출하고 시간이 흐름에 따라 보다 집중화된 시장구조를 형성하는 경향을 나타낸다고 분석하고 있다.

그러나 최근 진행되고 있는 부가가치사슬망의 분화, 혁신공정과 생산공정의 분리 추세는 혁신능력과 기업의 규모와 범위, 진입조건 등의 관계에 대해서 다른 관점을 제공하고 있다. 제조공정상 많은 부분을 외부조달(outsourcing)하고 있는 기업들은 더 이상 생산과 관련된 고정자산에 재정적, 관리적, 기술적 투자를 하지 않으며, 혁신에 집중하면서 조직적으로나 지리적으로 보다 유연한 구조를 형성하고 있다(Sturgeon, 2000).

지배적 기업들의 시장위치는 생산설비에 대한 대규모의 기업특유적 투자에 의해 보호되지 않으며, 시장진입도 기존기업이 대규모 회사내(in-house) 고정자산에 의한 경쟁압력에 의해 더 이상 보호되지 않고 있기 때문에 유연하게 바뀌고 있다. 진입장벽은 경쟁기업이 기존기업들과 같은 모듈화 생산기반(modular supply-base)을 활용할 수 있고 선도력을 갖춘 생산능력에 대해 쉽게 접근할 수 있게 됨에 따라 낮아지고 있다. 이에 따라 선도기업간 경쟁은 보다 제품혁신에서 이루어지고 있으며, 제품개발, 브랜드개발, 마케팅 분야에 대한 압력을 증가시키고 있다. 또한 혁신과 마케팅에 보다 집중되면서 상승한 비용은 선도기업이 회사 내 생산능력 증대에 대한 투자를 불가능하게 하고 있다. 이와 같이 조립기업(original equipment manufacturers: OEMs)과 공급기업(suppliers)간 네트워크를 활용하여 역동적인 환경에 대해 최고 수준의 대응력을 달성하고 린(lean) 생산방식과 민첩한 대응(configuration)을 조화하면서, 수요조건의 변화에 따라 주문형 대량생산을 하기 위해 새롭게 등장한 생산방식이 프랙털 산업조직(fractal manufacturing system: FMS)이다.

Warnecke(1993)에 의해 처음 도입된 FMS는 제조업이 환경변화에 재빨리 적응할 수 있는 능력을 가진 작은 부문들, 즉 fractal objects들로 구성되어 있다고 생각한다. 여기서 각 프랙털은 목적을 위해 통합조정, 개별적, 동시적, 일치하는 시스템을 가지고 있다. 그리고 프랙털 공장은 소속된 각 부가가치창출 조직(workgroup)들이 자신만의 독특한 능력을 가지고 자체규제적 조직(self-regulating organizational)으로 형성되는 것으로 설정된다.

이러한 프랙털 산업조직은 린 생산방식과 민첩성을 제고할 수 있는 플랫(flat)한 조직을 촉진할 수 있는 환경 조성에 기여하고 있다. 운영방식은 기능간 작업팀을 활용하는 셀룰러(cellular) 조직구조를 포함한다. 이 조직은 경영진의 감축과 공장set-up시간의 감축, 공정개선 등에 기여하고 있다. 또한 지식공유와 동기부여 등의 이점은 조직의 생산성을 제고하고 있다.

그러나 프랙털 산업조직도 장기적으로 파트너쉽이 증가할수록 통합된 파트너로서 성공하는데 필요한 신뢰관계가 손상가능하다는 단점을 가지고 있다. 역사적으로 좋게 형성된 관리 및 노동조합 관계와 거대한 공급기업들이 프랙털 통합을 방해할 가능성도 있다. 공급기업들이 conveyor 배달, 혹은 향후 통합된 제품개발에만 헌신하는데 그칠 수 있기 때문이다. 추가적으로 얼마나 많은 기업들이 상호감염 없이 한 지붕 아래에서 문화와 경영철학까지 통합할 수 있는지에 대한 문제점도 여전히 남아있다.

FMS가 성공하기 위해서는 OEM과 공급기업간 상당한 정도의 통합과 신뢰가 필요하다. FMS는 린 생산방식의 물류특징(Bergstorm, 1994)과 민첩한 네트워크 능력(agile network capabilities)의 전략적 배치(configuration)를 결합하여 설계된 생산방식이라고 할 수 있다. 회사는 더 이상 부품 및 소재 공급업체와만 협력하는 폐쇄적 시스템으로 간주되지 않는다. 제품개발 및 제조과정에서 전체적인 가치창출과 정보공유공정 등이 고려되어야 한다. 회사는 더 이상 공정상 고립적인 부분이 아니며, 오히려 경쟁기업, 공급업체, 소비자들과 소재의 흐름상에서 뿐만 아니라 정보수준에서도 끊임없이 상호교차(interface)하는 기업이 되어야 한다.

기업은 각 기업의 개별적 능력과 사회적 틀을 활용하며 적절한 정보의 흐름과 제조공정을 할당하는 네트워크 구조의 부분으로 활동하게 된다. 즉 한편으로는 독립적인 기업과 같이 행동하면서 네트워크의 부분이 되거나 혹은 독립적인 단위로 분산되어 있으나 지속적으로 통합조정되는 단위로서 역할하게 된다. 다른 한편으로는 기술적 도약이나 시장의 중요한 변화과정에서 발생하는 중요한 네트워크 구조조정 공정에 착수하거나 통제하기도 한다. 공급기업을 제품개발 초기단계부터 최종 조립과정에 까지 포함시키는 것은 제품개발 시간을 줄이고 제조경비를 삭감하면서 제품품질을 개선하는데 도움이 된다. 실제로 성공적인 기업들은 자신의 내적 강점을 평가하고 그들의 핵심역량에서 우수성을 달성하는데 노력을 집중하는 한편, 핵심역량이 아닌 사업은 제품을 완성하는데 필요한 전문성과 능력을 가진 공급기업들에게 이전한다. 이와 같은 분담전략은 높은 수준의 헌신, 팀웍(team-work), 신뢰, 그리고 완전한 통합을 필요로 한다.

에너지산업을 진흥하기 위해서는 부가가치사슬망의 해체와 이후 전문기관의 형성 및 네트워크화 추세에 대응하여 부가가치사슬망에서 각 공정을 담당할 수 있는 기관의 양성을 촉진하고, 이들간 네트워크의 강화를 통한 신규제조방식의 도입을 촉진할 필요가 있다. 이러한 신규제조방식의 원활한 도입을 위해서는 표준화된 생산방식의 개발이 선행되어야 한다. 즉 디자인 공정 및 조달시스템의 표준화와 함께 업종별 품질 표준화를 추진할 필요가 있다. 이러한 신규제조방식의 베스트 프랙티스(best practice)를 확산하기 위한 국가시스템의 구축을 산 · 학 · 연 · 관 공동으로 추진할 필요가 있다.

4. 유한투자사업조합형 산업조직

에너지 산업에서 국제경쟁력을 갖춘 에너지·자원 전문기업으로 성장하기 위해서는 ① 탐사-개발-생산-유통 등 전주기에 걸쳐 사업을 추진할 필요가 있으며, ② 규모의 경제효과를 거둘 수 있어야 하며, ③ 기존 광권의 매입과 인수합병(M&A)을 적극 추진할 수 있어야 하며, ④ 의사결정의 신속성을 도모할 수 있어야 하고, ⑤ 개발권 확보를 위해 국가적 차원에서 총체적인 지원을 받을 수 있어야 할 것으로 분석된다.

그러나 이러한 과정을 한 기업이 담당하기는 어려우며, 부가가치창출사슬망에서 각 기능별 전문기업이 참여하는 방식으로 추진될 필요가 있다. 즉 해외 가스 및 에너지 자원을 확보하기 위한 전주기적 사업을 수행하기 위해서는 유한책임조합(limited liability partnership: LLP)이나 유한책임회사(limited liability company: LLC) 등과 같은 새로운 산업조직을 형성할 필요가 있다. 이와 같은 LLP나 LLC는 이미 자원보유국의 회사형태, 특히 외국인투자기업의 형태로서 존재하고 있다. 예를 들어 오만의 국영가스회사인 Oman Gas LLC 등을 들 수 있다.

LLP나 LLC는 다음 3가지 특징을 가지고 있다. 즉 ① 출자자가 출자한 금액만큼 책임을 지는 유한책임제이며, ② 이익이나 권한의 배분이 출자금액의 비율에 구속되지 않으며, 이사회나 감사역과 같은 경영자에 대한 감시기관의 설치를 강요하지 않는 내부자치원칙을 실시하고, ③ LLP에 과세되지 않고 출자자에게 직접 과세되며, LLP에 법인 과세가 부과된 후 출자자의 이익분배에도 과세되지 않다는 원칙을 설정하고 있다.

기존 회사법상 주식회사와 비교하면, ① 주식회사가 불특정 다수의 투자자로부터 자본을 조달하여 구성된 물적회사임에 반해, LLP는 기술 등 전문적 기능을 가진 사람들의 참여가 가능한 인적회사의 성격을 가진다. ② 주식회사가 불특정 다수로부터 대규모 자본을 조달하여 대기업으로 성장하는 데에 적합한 특성을 가진데 비해, LLP는 소수의 사원 간 상호 정보공유가 용이하여 위험도가 높아 전문성을 요구하는 기업에 적합하다. ③ 주식회사에서는 소유지분인 주식의 자유로운 매매와 양도가 가능한데 비해, LLP에서는 지분의 양도가 자유롭지 못하고 주식 및 사채 등 유가증권을 발행할 수 없다. ④ 주식회사의 투자자는 임의로 시장에서 주식을 매입할 수 있고 임의로 주식 매각을 통해 투자금을 쉽게 회수할 수 있으므로 대규모 자본의 조달에 유리한데 비해, LLP는 지분양도의 제한과 유가증권 발행을 금지함으로써 외부자금의 조달에서 주식회사에 비해 개방도가 낮음으로써 도덕적 해이의 발생이 낮아지는 특성을 가지고 있다. ⑤ 주식회사는 소유와 경영의 분리로 인하여 대리인 비용(agency cost)을 발생시키지만, LLP는 소유와 경영이 일치되어 있고 사원간 정보공유가 가능하여 대리인 비용을 발생시키지 않는다. ⑥ 주식회사에서는 불특정 다수의 주주 대리인인 경영자에게 경영이 위임되므로 이를 통제하고자 주주총회, 이사회, 감사 등 통제기관의 작동에 대한 법적 장치가 정교하게 수립되어야 하고 이들 기구간 운영에서 비용이 발생하는 문제가 존재한다. 이에 비해 LLP에서는 사원총회만이 필요기관이며 원칙적으로 주주와 경영진이 분리되지 않고 감사가 임의기관으로 규정되는 등 기업내부의 통제조직이 간소하다. ⑦ LLP에서는 사원들 간의 상호견제로 충실의무가 준수되고 주식회사에 비해 경영의 유연성을 대폭 확보할 수 있다.

일본경제산업성은 「유한책임사업조합 계약에 관한 법률」을 제정하고 공동사업을 위한 새로운 조직으로서 LLP 제도의 창설을 실시하고 있다. 2005년 6월 29일 일본의회를 통과하여 7월 26일 공포된 신회사법에서 도입한 '합동회사(合同會社)'는 일본판 LLC이지만 노무출자 가능성이나 법인 및 배당에 대한 과세에서 미국의 LLC와 차이가 있다(<표 3-5> 참조).

〈표 3-5〉 미국 LLC와 일본 합동회사 간 비교

	미국 LLC	일본 합동회사
법인격	유	유
노무출자	인정	불인정
과세	법인과세나 구성원과세 중 선택할 수 있음	법인과세

자료: 大浦勇三, 『圖解 日本版 LLP/LLC まるわかり』(PHP 硏究所, 2005) 155면의 원자료를 조인호, "한국에서 폐쇄적인 중소기업에 적합한 회사형태의 모색"(한국개발연구원, 2005)에서 발췌정리한 내용을 재인용

현재 한국에서 위 LLC 등과 유사하게 추진되고 있는 회사형태가 투자운용전문회사이다. 그러나 한국의 경우 창업투자회사(주식회사)가 일반적으로 「자본금계정」을 통한 직접투자와 「투자조합」(업무집행조합원)을 통한 간접투자를 병행하고 있어 투자비율 및 종목결정 등에서 창업투자회사 주주의 이익과 개별조합원의 이익이 상충되는 경우가 발생하고 있다. 소속 펀드매니저의 성과보수도 일부가 창투사 및 주주에게 배분되어, 펀드운용을 통한 수익창출의 인센티브가 약한 편이다. 이에 비해 미국의 투자조합은 대부분 전문벤처캐피탈리스트가 직접 설립한 LLC가 업무집행조합원(GP)으로 참여하고 조성한 펀드를 통해서만 투자하여 유한회사의 주주(벤처캐피탈리스트)와 조합출자자간 이해가 일치하고 있다(<표 3-6> 참고).

한국은 유한회사의 적극적 활용이 가능할 수 있도록 회사관련 세제에 대한 개편을 통하여 미국식 LLC의 도입 가능성을 열어줄 필요가 있다고 생각된다. 또한 LLC나 LLP 등이 적대적 M&A에 처할 가능성에 대한 대책을 사전적으로 마련할 필요가 있다. 한국은 이와 같은 노력의 일환으로 현재 E&P 사업에 지원하고 있는 성공불 융자사업을 특정 에너지 · 자원개발사업에 참여하는 최우수 LLC에 대해 출자지원하는 방식으로 전환할 필요가 있다고 판단된다.

〈표 3-6〉 주식회사(창투사)형과 유한회사형 펀드운용사 비교

주식회사(창투사)형 (우리나라)	유한회사형 (미국)
• 자본금 중심의 투자재원 확대	• 펀드 중심의 투자문화 유도
• 주주≠벤처캐피탈리스트	• 주주=벤처캐피탈리스트
• 주주와 펀드 출자자간 이해상충	• 펀드를 통해서만 투자하므로 이해상충의 소지가 없음.
• 자본금 투자로 인해 벤처투자 본연의 모험적 초기투자 곤란	• 높은 투자수익을 겨냥한 모험적 초기투자 지향
• 성과보수가 상당부분 회사 및 주주에게 배분	• 높은 수준의 성과보수가 투자 전문가에게 직접 배분
• 주주와 조직의 신뢰를 바탕으로 대규모 자금조달 용이	• 주식회사보다 안정성·신뢰성이 낮아 자금조달에 어려움

에너지 · 자원개발과 관련된 구체적인 사업사례로서 일본의 사례 3가지를 들 수 있다. 그 중 하나는 공동연구개발을 활성화하기 위한 사례로서 연료 전지를 사용한 가정용 발전 장치의 공동 연구개발 사례이다(<그림 3-4> 참조).

〈그림 3-4〉 일본의 연료전지 사용 가정용 발전장치 공동연구개발 사례

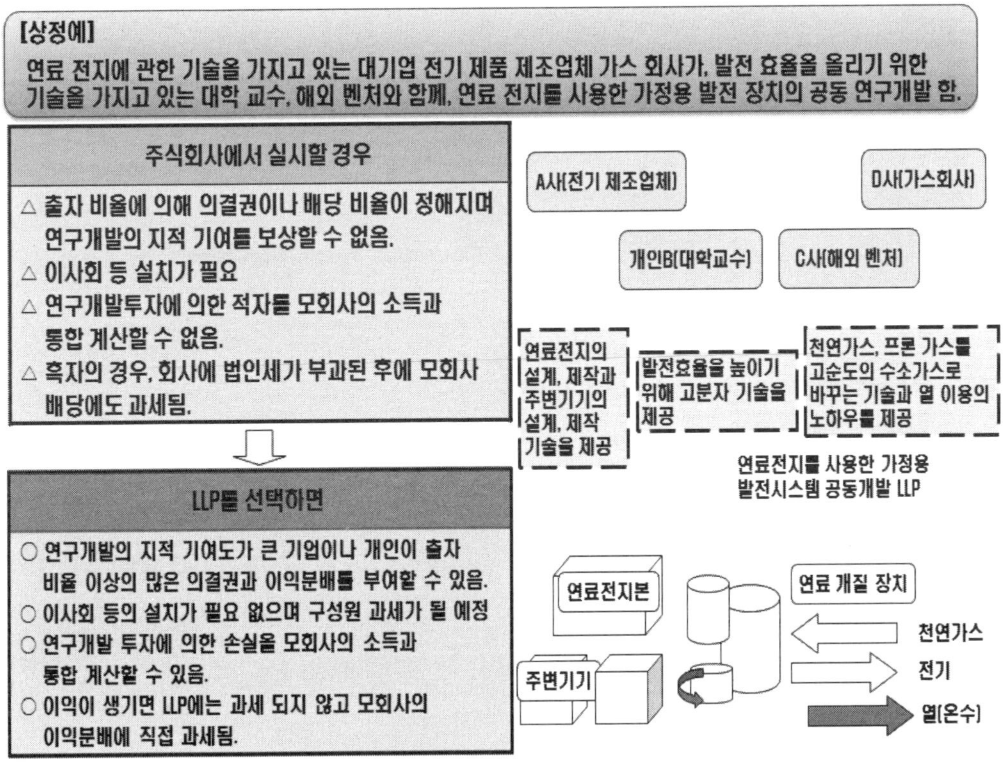

두 번째 사례로서 일본 석유업계의 석유생산설비에 관한 효율적 이용 사례를 들 수 있는데, 이는 유한책임사업조합을 통해 일본 석유산업의 재편을 지원하기 위한 목표를 가지고 있었다(<그림 3-5> 참조).

〈그림 3-5〉 일본석유업계의 석유생산설비 이용 사례

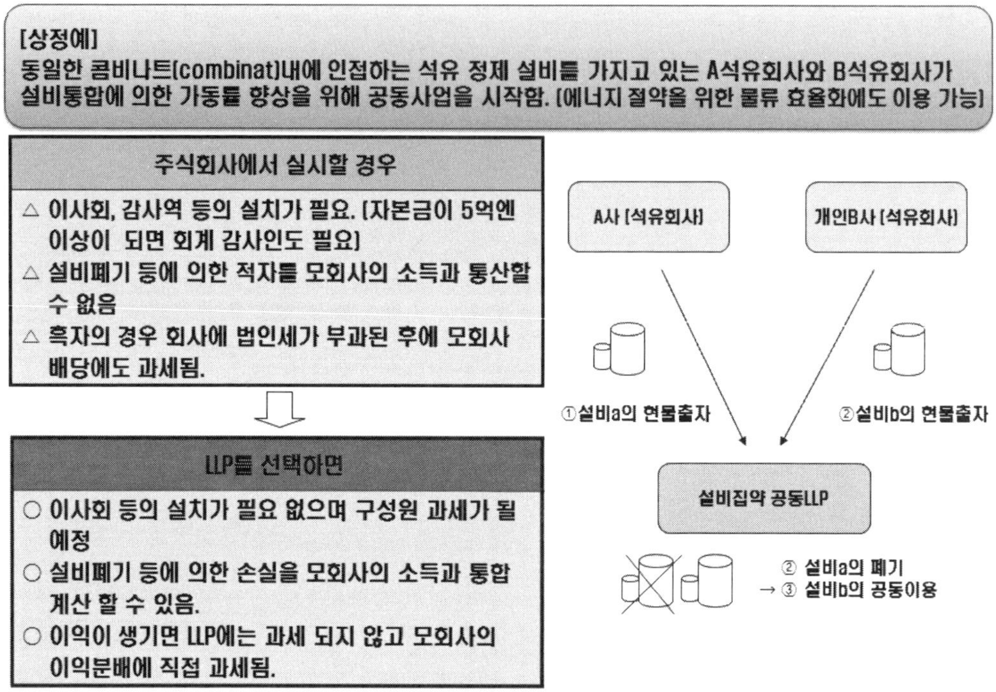

세 번째 사례로서, 일본의 바이오매스 연료공급을 위한 유한책임사업조합을 들 수 있다. 일본은 에너지자원에 대한 수요 증가와 이에 대응하는 에너지자원의 공급제약 등과 같은 과제를 해결하기 위해 「환경과 경제의 양립」을 목표로 기술혁신 등을 통하여 과감하게 혁신하고 있다. 일본 석유업계는 이와 같은 문제의식 하에 에너지자원의 다양화, 환경부하의 저감, 순환형사회로 전환 등과 같은 사회적 요청에 공헌하는 것을 목적으로, 식물 등을 원료로 하는 바이오에탄올을 석유계 가스와 합성하여 바이오 ETBE(Ethyl Tertiary Butyl Ether)로서 가솔린에 혼합하여 이용하기로 결정하였다. 바이오에탄올로 대표되는 식물 등을 원료로 한 바이오매스 연료는 생육과정에서 대기 중의 CO_2를 흡입하기 때문에 그것을 연소시켜도 전체로서 대기 중의 CO_2를 증가시키지 않는다고 하는 우수한 환경특성을 가지고 있다. 그러나 한편으로 에너지로서 요구되는 공급의 안정성과 경제성의 측면에서 바이오매스 연료가 원료를 농작물 등에 의존하고 있기 때문에 생산량이 작고, 생산성이 낮으며 생산이 불안정하다는 등 금후 해결하지 않으면 안 되는 과제를 안고 있다. 이러한 과제를 극복하기 위해서 기술개발 이외에 공급에 지장을 가져오지 않는 일정 범위에서 석유정제·원매회사가 공동으로 바이오에탄올, 바이오 ETBE를 수입, 조달하고, 바이오 ETBE를 가솔린에 혼합하여 공급함으로써 국민경제적 관점에서 공급 안정성의 확보, 공급 코스트의 삭감 등을 추진하기로 하였다. 이와 같은 상황 인식을 기반으로 일본 석유정제·원매회사는「바이오매스 연료공급 유한책임사업조합」을 설립하여 조합원 간의 공평한 운영의 투명성을 확보하면서 바이오매스 연료의 안정적, 효율적인 조달을 목표로 하는 계획을 세웠다. 구체적으로, 일본석유연맹(2006. 12.20)은 석유연맹 가맹 각사가 2010년 바이오 에탄올의 도입 목표를 확실히 달성하기 위하여 2006년 11월 이사회의 결정을 통해 「바이오매스 연료공급 유한책임사업조합」이라는 신조직을 결정하기로 하였다고 발표하였다. 여기서 설정된 「바이오 에탄올에 관한 기본방침(2006)」을 보면, 석유연맹 가맹 각사는 수송용 연료로 바이오에탄올을 이용하는 것을 적극적으로 계획하고, 2010년에는 가솔린 수요량의 20% 상당분에 대하여 일정량의 바이오 에탄올을 ETBE (약 36만 KL/연: 원유 환산 약21만 KL/연)로서 도입하는 것을 목표로 세우고 있다. 위 조합에 출자하는 조합원은 석유연맹가맹 10사 (단독 또는 각 그룹을 대표하는 회사), 즉 출광흥산, 태양석유, 부사석유, 코스모 석유, 구주석유, 소화쉘 석유, 신일본석유, 재팬 에너지 등이며, 향후 극동석유공업, 엑슨모빌 등 2개사가 참가할 예정으로 되어 있다. 출자금액은 극동석유공업, 엑슨모빌이 참여한 후 4억엔으로 추정된다. 사업내용으로는 바이오매스 연료(바이오에탄올, 바이오ETBE)의 수입 및 국내조달 업무를 담당한다. 조합원에 대하여 바이오매스 연료의 판매 및 출하업무를 수행하게 하고 있다. 직무집행자로는 각 조합원으로부터 직무집행자를 선임하며, 직무집행자 전원으로 구성된 집행위원회를 설치하여 조합업무를 담당하고 있다.

III. 소결

이제 새로운 형태의 에너지산업조직에서 중요한 것은 부가가치사슬망에서 생태계를 구성하는 주체들간 콘소시엄의 구성을 경쟁적으로 할 수 있도록 하고 콘소시엄을 관리할 수 있는 지배구조(governance system)를 어떻게 구축하느냐라고 할 수 있다(<그림 3-6> 참조).

〈그림 3-6〉 에너지자원개발 전문기업의 모델

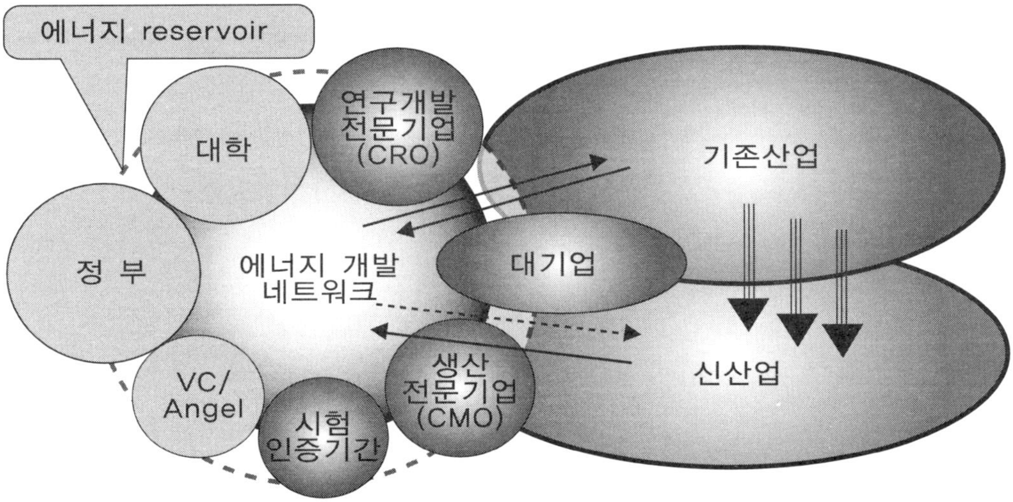

이러한 구조 속에서 이전까지는 서로 배타적이고 낯설었던 기술의 유입과 산출을 각 산업별로 공급할 수 있는 독립적인 매개체 역할이 필요하다. 이 네트워크의 구성원들은 크기, 형태, 기술적 특성, 협력형태 등에 있어서 다양한 모습을 가지며 탄력적이고 유동적으로 움직일 수 있어야 한다.

우리나라는 현재 에너지산업의 자유화를 완결짓지 못한 채, 전세계적으로 급변하는 에너지환경 변화에 직면하고 있다. 이와 같은 상황 하에서 정부는 신속히 자신의 역할을 재정립하는 노력을 기울여야 한다. 우선 시장에 맡겨야 할 부분과 정부의 역할로 남겨 두어야 할 부분에 대한 명확한 구분을 해야 한다.

특히 21세 초 현재 중단되어 있는 전력, 가스 및 열에너지에 대한 구조개편에 대하여 합리적인 방향이 모색되어야 할 것인데, 과거의 공기업체제로 회귀하거나 현 체제를 유지하는 것은 불가능할 것으로 판단된다.

지난 1960년대 이후 수십 년간 에너지의 공급안정성 확보를 위한 정부의 노력은 긍정적 외부효과를 가져 왔다는 점을 부정할 수 없다. 그러나 이제는 가스, 전력, 석유 분야의 공급 인프라 구축은 각 사업자들의 몫으로 돌려야 할 때가 되었다고 생각된다. 선진국의 경험에 비추어 볼 때, 에너지 산업의 구조개혁을 위해서는 이해 관계자의 논란이 많은 민영화보다는 자유화에 초점을 맞추어 실행가능하고 확고한 일정표를 수립하는 것이 오히려 바람직할 것이다. 민영화는 성공적인 자유화의 필요조건이 아닌 반면, 독립적이고 전문성을 지닌 규제기관의 설립이 반드시 필요한 조건이 될 것이다. 따라서 에너지 산업의 구조개편을 추진하기 전이라도 에너지시장의 경쟁촉진을 위해 할 수 있는 일은 시장참여자들이 동등한 조건으로 자유롭게 경쟁하는 장(level playing field)을 마련해 줄 필요가 있다. 경쟁이 가능한 영역에서는 진입규제 철폐 및 기업분할 등과 같은 경쟁촉진 수단이 적극 도입되어야 할 것으로 분석된다.

4

에너지 기술개발 체계

에너지 기술개발 체계

제 4 장

Ⅰ. 문제제기

20세기 말 이후, 특히 기후변화에 의해 제기된 문제들과 관련하여 공공부문의 에너지 연구개발투자의 추세에 대해 많은 관심이 쏠리고 있다(PCAST, 1997; Margolis and Kammen, 1999).

20세기에는 에너지 자원탐사 및 추출기술에 대한 연구개발(R&D)이 중심이었으며 부가적으로 에너지 전환 및 활용방법의 개선에 대한 R&D가 이루어졌다. 이러한 R&D에 있어서 에너지 관련기업도 중요한 역할을 수행하였지만, 각국 정부의 에너지 분야에 대한 R&D 지원이 성과를 거두었으며 핵심적인 역할을 한 것으로 분석된다. 이에 따라 에너지 분야, 특히 공공재와 서비스의 생산 및 보전에 관한 영역에서는 정부의 R&D 지원이 정당화되기도 하였다(PCAST, 1997).

그러나 신·재생에너지에 대한 기술개발과 활용 역시 에너지의 생산과 소비에 있어서 보다 청정하고, 보다 효율적인 형태로 전환하는데 중요한 역할을 하여 왔으며 향후에도 중요할 것으로 전망된다. 이러한 신기술·신제품의 개발 및 산업화는 제조업적 특징을 나타내고 있다고 할 수 있다. 에너지 제조업은 에너지 분야의 궤적을 다양하게 변동시켜가면서 지구적 기후변화 등과 같은 환경문제에 대응하는 기반이 되고 있다. 대기중 온실가스 비중을 기후시스템을 유지하는데 장애요인을 극복하는 수준에서 안정화시키는 것은 국가에너지 궤적의 상당한 재구성을 필요로 하기 때문이다.

에너지 기술개발에 대한 필요성은 특히 세계 에너지 환경변화를 고려할 때 더욱 절실하다. 2006년 세계에너지위원회(IEA)는 "에너지기술전망

(Energy Technology Perspectives) 2050"을 발표하였다. 이 보고서는 2005년 G8정상회담과 IEA회원국 에너지장관회의에서 제기된 환경친화적이고 경쟁력 있는 에너지 기술확보를 위한 기술개발시나리오 및 전략을 반영하고 있다. 특히 지속가능한 에너지 미래를 위해 최우선적으로 고려하여야 할 전략으로 에너지 효율향상 기술을 역설하고 있다. 이에 대한 기술개발강화시나리오(accelerated technology scenarios)에 의하면, 에너지 효율향상을 통해 산업, 건물, 수송 분야에 발생하는 현재 에너지 사용량을 2050년까지 17~33% 절감할 수 있으며, 이러한 효율향상기술은 2050년 CO_2배출량의 45~53%까지 절감할 수 있다고 강조하고 있다.

또한 최근 OECD국가에서 에너지절약 부문에 대한 관심을 줄이고 있는 점을 지적하며, 이러한 분위기는 분명히 반전되어야 한다고 주장하고 있다. 빌딩, 산업, 수송부문에 보다 효율이 좋은 기술을 도입함으로써 에너지 절약을 통해 엄청난 양의 에너지 사용을 감소시킬 수 있기 때문이다. 이러한 에너지절약기술에 대한 강조는 OECD 회원국이 아닌 중국, 인도, 브라질 등 경제개발국들을 대상으로도 이루어지고 있다. 이들 국가들은 에너지 절감 잠재량이 커서 에너지 효율향상 기술에 많은 투자를 할 수 있고, 이로 인해 보다 큰 효과와 기회를 가질 수 있기 때문이다.

에너지 · 자원분야의 기술력 확보는 국내 에너지 수급의 안정적 확보와 국제환경규제 대응 등 에너지 여건변화에 대처하는 근본적인 방안이라고 할 수 있다. 에너지이용 효율향상을 통한 에너지 저소비형 경제 · 사회구조로의 개편을 위한 핵심 수단이 에너지 기술개발이기 때문이다. 그러나 이를 해결하지 못할 경우, 에너지 공급의 안정성 상실, 산업경쟁력 약화, 경제적·기술적인 종속의 심화 등 경제정책 및 에너지정책의 심각한 난항이 초래될 것으로 예상된다.

II. 선진국들의 에너지 연구개발 정책

선진국들은 에너지 기술개발의 필요성을 인식하고 에너지기술에 대한 과감한 연구개발 및 보급정책 등을 추진해 오고 있다. 미국의 부시행정부는 2006년 1월에 「Advanced Energy Initiative」를 발표하여 2025년까지 에너지기술개발을 통해 석유수입량의 75%이상을 대체하고, 에너지효율 개선을 통한 기후변화 대응을 위해 DOE 및 EPA 공동으로 「Energy Star Program」을 수립·추진 중에 있다. 2005년에는 기후변화협약 대응으로 30억달러 투자계획인 기후변화 기술 프로그램(The Climate Change Technology Program)을 추진하고 있다.

유럽연합의 Altener Program은 재생에너지원의 확대보급을 위한 지원프로그램으로서, 2010년까지 EU에서 재생에너지원 점유율을 당초 6%에서 12%로 상향 설정하고 있다. Save Program의 경우 2012년까지 EU에서 온실가스 배출의 8% 저감을 목표로 건물, 수송, 산업, 열병합발전(CHP), 수요관리(DSM), 정보보급 등 에너지효율향상을 위한 실증사업지원과 VA관련 법규연구 및 에너지효율향상을 위한 모니터링 지원 등을 주요수단으로 활용하고 있다. 또한 에너지이용합리화 및 신재생에너지 개발, 에너지환경 문제해결을 위한 에너지기술 기반 연구프로그램인 JOULE Program을 추진하고 있으며, JOULE 프로그램 연구성과 중 유망 신기술을 선정하여 이를 실용화하거나, 보급, 확산하기 위한 에너지기술분야 실증연구 프로그램인 THERMIE Program 등을 추진하고 있다.

EU집행위원회는 2008년 미래 에너지 패러다임의 전환에 대비하여 "에너지전략기술계획(European Strategic Energy Technology Plan20/20 by 2020)"을 수립하고 있다. 동 계획은 2020년 까지 에너지 효율을 20% 제고하고 온실가스를 20% 감축하면서 전체 에너지의 20%를 재생에너지로 대체하는 것을 골자로 하고 있다. 보스톤 컨설팅 그룹(BCG)은 이 EU에너지전략기술계획과 연계하여 단기적으로는 에너지 효율증가, 재생에너지 자원확보 및 대체연료 개발에 집중하면서, 장기적으로는 에너지 패러다임의 전환에 대비하는 에너지 전환기술의 확보에 주력하는 비전과 실천 전략을 제시하고 있다. 이 과정에서 EU 정책수립자들이 과학기술을 통한 에너지 패러다임의 전환에 집중할 필요가 있다고 권고되고 있다. 구체적으로 EU는 에너지 신기술들의 융합에 중점을 두고 유럽지역의 에너지 신기술 개발을 지원하고 에너지분야의 인력을 양성하는 역할을 담당해야 한다는 것이다. 이러한 EU 차원의 계획에 따라 EU 각국은 자국의 에너지 목표달성을 위해 기술능력과 비용, 그리고 제약조건 등을 반영하여 필요한 기술의 우선순위를 확정하는 과정을 구축하게 된다.

〈표 4-1〉 주요 선진국 기술개발 프로그램 현황

	주요 기술개발 프로그램
E U	• ALTENER Program • JOULE Program • THERMIE Program • European Strategic Energy Technology Plan 20/20
미 국	• Advanced Energy Initiative • Energy Star Program • CCTP(The Climate Change Technology Program)
일 본	• New Sunshine 계획 • 新국가에너지전략 • Cool Earth 에너지 혁신기술계획

일본은 1990년대 들어 환경을 고려한 종합 에너지기술개발계획인 「New Sunshine 계획」을 수립하여 1993년부터 2020년까지 1조 5,500억 엔을 투자하는 계획을 발표하였다. 2006년에는 고유가 및 세계 에너지 정세에 대응해, 에너지 안보를 골자로 한 「신국가에너지전략」을 수립하여 에너지효율을 제고하고 석유의존도 감축 및 원유개발 확대 등의 핵심전략을 공표하였다. 이어 2008년에는 「Cool Earth – 에너지혁신기술계획」을 수립하여 기술을 바탕으로 지속가능발전을 이룩하고자 하는 정책을 수립하였다. 일본은 동 계획을 통해 1974년 이후 진행되어온 Sunshine(에너지절약 기

술개발)계획과 1978년 이후 Moonlight(대체에너지 기술개발)계획, 1993년 이후 Sunshine계획과 Moonlight계획을 통합한 New Sunshine계획에 의해 개발된 기술을 개선하고 보급하면서 혁신적인 기술개발을 서두르고 있다. 특히 동 계획을 통해 2050년 까지 온실가스 배출량을 1990년 대비 50%로 줄여 저탄소사회를 실현할 것을 목표로 제시하고 있다.

이와 같이 주요 선진국은 기후변화협약과 관련하여 이산화탄소 감축의무를 준수하고 지속가능한 경제발전을 위해서는 기술개발이 필수적이라는 인식 하에 에너지절약 및 신재생에너지 기술개발에 중점투자하고 있다. 2005년 주요 선진국의 에너지분야기술개발 정부지원금을 보면, 미국은 한국보다 26.7배, 일본은 23배 투자하였다. 또한 국가 총R&D 투자금액 중 에너지분야 비중도 일본은 20.7%인 반면, 한국은 4.1%수준으로 열악한 실정이다.

〈그림 4-1〉 최근 주요 국가별 R&D 예산 규모비교(2005)

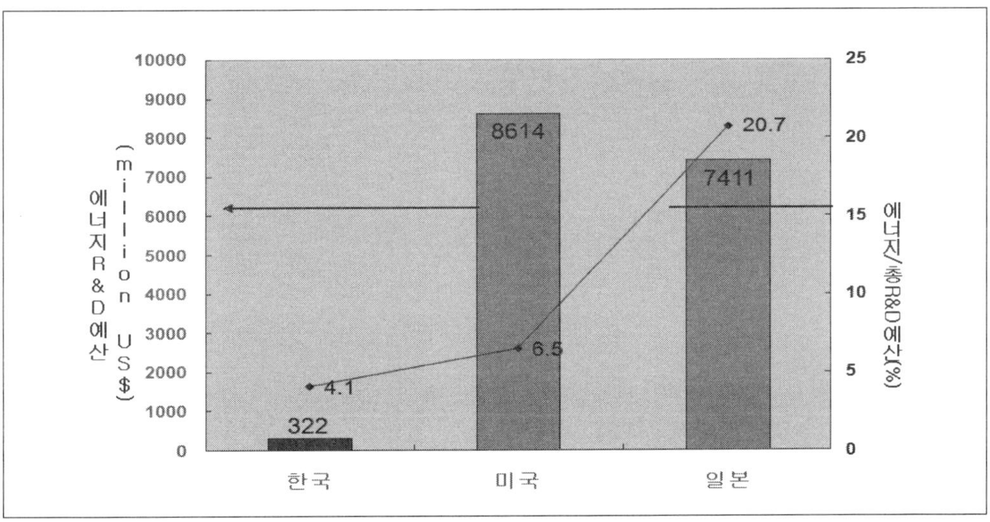

또한 각국은 경제규모 및 에너지 수급여건에 따라 중점기술개발 분야를 선정하여 기술개발 프로그램을 대형/복합 및 시스템화 프로젝트 형태로

중 · 장기계획 하에서 추진하고 있다. 경제규모가 작은 대부분의 OECD 선진국들은 각국의 실정에 따라 실현가능성이 높고 파급효과가 큰 분야에 한정된 재원을 집중 투자하고, 장기간 대규모 투자가 요구되는 첨단미래 기술에 대해서는 공동연구방식을 취하고 있다.

이와 같이 선진국의 에너지기술개발 프로그램은 에너지사용의 효율적 측면뿐만 아니라 지구온난화의 주범인 이산화탄소 저감측면에서도 기후변화협약에 대응하는 중요한 전략 수단으로 인식되고 있으며, 기술개발부터 보급정책까지 정부주도로 장기적이면서 지속적으로 추진하고 있다.

Ⅲ. 에너지 기술개발에 대한 이론 틀

1. 기술개발체제론

에너지 기술개발과 혁신에 관한 이론은 전통적인 시스템(system)적 분석방법론을 원용할 수 있다. 전통적인 기술개발 및 혁신 시스템은 분석의 단위, 시스템의 범위, 시스템의 동태성 등을 고려하여 아래와 같이 대략 5가지의 개념적 틀로 설명되고 있다(성태경, 2005를 수정 · 보완함).

(1). 국가혁신체제(national innovation system: NIS)

NIS는 국가 단위에서 거시적으로 기술혁신의 제도적 측면을 다루고 있다(Freeman, 1988; Lundvall, 1992; Nelson, 1993). Freeman은 NIS를 "공공 및 민간부문의 기술혁신활동과 이들간 상호작용을 통해 새로운 기술을 창안하고 도입하며 수정 · 확산시키는 다양한 제도들간 네트워크"로 정의하고 있다. 즉 NIS는 기술혁신을 위한 제도적 하부구조로서, 민간 및 공공연구기관, 대학, 기술연구센터, 금융시스템 등 혁신지원기관 등으로 구성된다. Lundvall은 기술의 창안 및 확산뿐만 아니라 탐색(searching) 및 학습(learning)에 관련된 모든 조직들을 포함하는 개념으로 확장하였다. 이로써 NIS의 구성요소로 과학자, 엔지니어, 숙련기술자, 숙련노동자 등을 공급하는 교육 · 훈련시스템, 생산시스템 등도 포함되게 되었다. 이후 OECD(1999)는 NIS 내 구성요소로 민간기업의 혁신을 조장하는 정부 외 과학기술정책 수립 기관과 정보통신 하부구조를 포함시키고 있다(<그림 4-2> 참조).

〈그림 4-2〉 국가혁신체제(NIS)의 구성요소

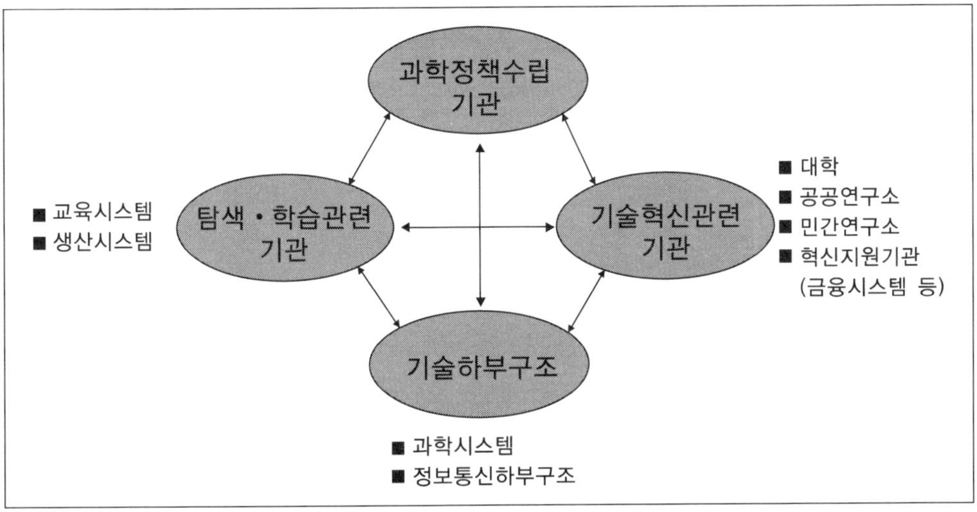

그리고 NIS의 효율성을 높이기 위해서는 위 구성요소들 간 네트워크가 중요하다고 강조하고 있다. 그러나 NIS는 장기적이면서 일반적인 혁신정책을 제공하고 있는 반면, 제도적인 측면을 너무 강조하면서 국가와 세계 혁신시스템 간 상호 의존성을 경시하고 있다는 비판을 받고 있다.

(2). 산업혁신체제(sectoral innovation system: SIS)

SIS는 특정기술과 산업정책을 분석단위로 하고 있다. SIS는 NIS가 산업별로 다르게 진행되는 기술혁신을 다루지 못한다는 문제점을 극복하기 위해 도입되었다. 즉 한 국가 내에서도 상이한 산업들 간에 기술적 기회 및 전용성, 기술지식의 특성 및 누적 정도 등 기술적 체계(technological regime)에 따라 기술혁신 과정에 차이가 있다는 것이다(Malerba, 2004).

Malerba는 "섹터(sector)는 공통된 지식기반을 가지고 수요를 충족시키는 제품집단에 의해 통합되는 경제활동의 집합"이며, "SIS는 섹터의 기술을 활용하여 특정제품을 개발 · 생산하는 기업들의 시스템"이라고 분석하고 있다.

SIS는 지식(기술), 활동주체 및 네트워크, 기관 및 제도 등을 중시하고 있다(<그림 4-3> 참조). SIS를 구성하는 지식(기술)은 특정 산업은 특정한 지식기반(knowledge base)과 기술(technology)을 가진다는 특성을 가지고 있다고 전제하고 있다. 다음으로 기술혁신 활동주체들인 기업, 대학, 연구기관, 정부, 금융기관 등은 기술개발 및 상업화 등과 연관되는 지식의 창출과 교환을 실시하고 체계적인 상호작용을 하고 있다. 여기서 네트워크의 유형은 SIS마다 지식기반의 특징, 학습과정, 기초기술, 수요특성, 연결고리 등에 따라 다르게 나타나고 있다. SIS 내에서 기관 및 제도는 기술혁신활동 주체들의 인식이나 행동, 그리고 상호작용을 규정하는 법과 규범, 관례 등을 의미한다.

〈그림 4-3〉 산업혁신체제(SIS)의 구성요소

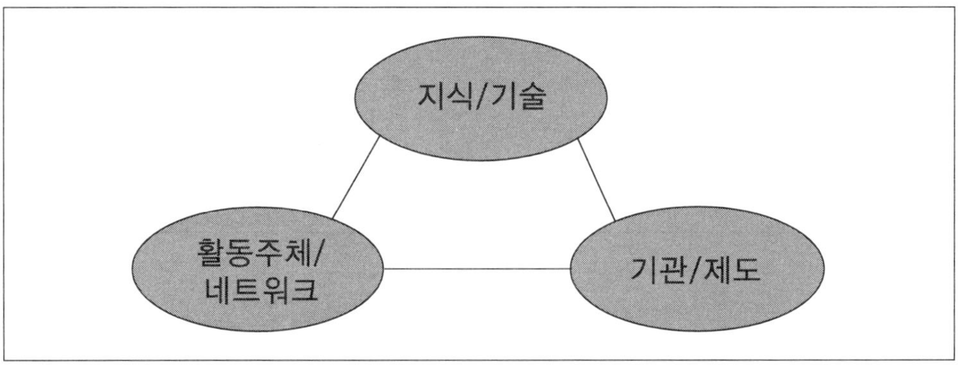

SIS는 NIS와 달리 동태적인 특성을 가지는 시스템이다. Malerba(2004)는 위와 같은 산업별 지식기반과 기술에 있어서 다양성의 창출과 선택이 산업의 진화에 영향을 미치고 SIS간 차별화를 발생시키고 있다고 분석하고 있다. 나아가 산업별 차별화는 SIS 자체의 진화를 유발하고 있는데, 진화의 과정에서 기술적 체계와 학습체계가 변화하고 있다.

이러한 체계의 변화는 다시 혁신유형을 변화시키게 된다. 혁신유형은 Schumpeter Mark Ⅰ과 Schumpeter Mark Ⅱ 등 2가지로 구분된다. Schumpeter Mark Ⅰ은 기술적 기회, 전유성, 누적성 등의 정도가 모두 높은 상태에서 혁신활동의 집중도가 높고, 소수의 혁신전문가들이 활동하며, 진입장벽이 높게 나타나는 혁신형태를 의미한다. Schumpeter Mark Ⅱ는 기술적 기회는 높으나 전유성과 누적성이 낮은 수준일 때 혁신활동의 집중도가 낮아지고, 다수의 혁신전문가가 활동하며 진입장벽이 낮게 나타나는 혁신형태를 말한다. 획기적인 혁신, 즉 기술과 시장이 기존경로와 단절될 때에는 Schumpeter Mark Ⅱ유형의 혁신활동이 Schumpeter Mark Ⅰ유형에 의해 대체될 수 있다. 이와는 달리 시장 및 기술지배적 제품으로 진화하는 경우에는 Schumpeter Mark Ⅰ유형에서 Schumpeter Mark Ⅱ 유형으로 변화되기도 한다.

그리고 SIS는 NIS와 달리 국가와 국가 내 지역, 또는 세계혁신시스템 간 상호 의존성을 경시하고 있다는 비판을 받고 있지는 않다. 즉 국가, 지역, 세계 등 범위가 모두 적절한 범위가 될 수 있다. Breschi 등(1997)은 기술적 체계의 관점에서 SIS의 지역적 범위를 분석하고 있다. 예를 들어, 전통적인 산업은 기술적 체계, 즉 기술적 기회, 전유성, 누적성 등이 약하고 지역적으로 분산되어 있는 반면, 마이크로 컴퓨터, 소프트웨어 등 첨단기술산업은 기술적 체계가 강하고 지역적으로 집중된 상태에서 국내 지역뿐만 아니라 세계적(global) 지식을 기반으로 발전하고 있다.

(3). 지역혁신체제(regional innovation system: RIS)

RIS는 NIS가 기술혁신에 있어서 지역이나 지역국가적 차원을 간과하고 있다는 문제점을 극복하기 위해서 제기되었으며, 기술혁신활동의 지역간 차이를 강조하고 있다(Braczyk et al., 1998). Cooke(2002)는 "RIS는 어떤 지역에서 기업들의 혁신성과를 촉진하기 위해 상호작용하는 네트워크와

제도, 그리고 한정된 지리적 범위 내의 기술혁신 조직들의 결합체"라고 정의하고 있다. 따라서 RIS는 지역 내 기업, 대학, 연구소 등 기술혁신주체들과 지역 내 문화, 가치체계 등 집단적 지식 및 제도, 그리고 노동시장, 산업조직 등 경제산업적 여건, 지방정부의 혁신정책 등으로 구성된다고 할 수 있다(<그림 4-4> 참조). 이들 구성요소 간 상호작용 관계는 NIS와 본질적으로 같다.

〈그림 4-4〉 지역혁신체제(RIS)의 구성요소

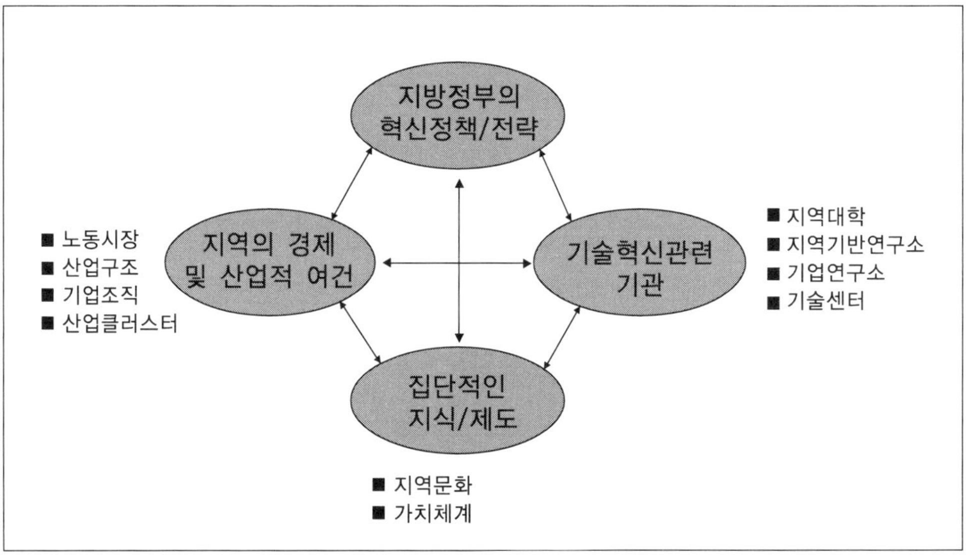

Audretsch 등(1994)은 지역적인 집중이 전문화된 기술인력 시장의 기반을 제공하고, 산업이 현지화되면 해당 산업에 특유적인 거래 불가능한(non-tradable) 생산요소나 전문화된 부품 등이 제공될 수 있으며, 암묵적인 지식이 지역에 내재화되어 정보 및 지식파급의 경제성을 향유하고 있는 것으로 분석하고 있다. 그러나 특정 지역에 중점지원산업을 선정하고 인위적으로 혁신시스템을 창출하는 것이 시장선택과 어울리지 않는다는 비판을 받고 있다.

(4). 기술특화혁신체제(technology specific innovation system: TSIS)

TSIS는 기술기반 혁신이 이루어지고 발전해가는 과정에 초점을 맞추고 있는 틀로서, 시스템을 구성하고 있는 부문뿐만 아니라 시스템 전체의 동태적 변화를 분석하고 있다. SIS가 정태적이고 이미 정립된 산업을 분석하는데는 기여하지만, 신기술 및 융·복합기술 등과 같이 기존 혁신체제가 급변하는 경우를 설명하기는 어렵다는데 착안하고 있다.

TSIS는 기술혁신주체들이 경제적 가치를 가진 기술을 창출·확산·활용할 수 있도록 하는 시스템이라고 할 수 있는데, 이를 위해서는 지식(능력), 산업적 네트워크, 그리고 제도적 하부구조 등을 분석할 필요가 있다(<그림 4-5> 참조). 여기서 지식(능력)은 경제적 혹은 기술-경제적(techno-economic) 능력을 말하는데, 기업경영의 기회를 규정하고 이용하는 능력을 의미한다. 경제적 능력은 시장, 제품, 기술, 조직 등 모든 측면에서 혁신적 선택을 하는 선택적 (혹은 전략적) 능력, 전체 목표 달성을 위해 조직 내의 자원 및 경제적 활동을 조직 (혹은 조정)하는 능력, 기술을 개발하고 시장에서 효과적으로 활용하기 위해 TSIS 내 다양한 기능들을 효율적으로 수행하는 기술능력, 그리고 시장과 기술 등을 학습하는 능력을 포함하고 있다. 다음으로 산업네트워크는 제품 혹은 기술의 공급자와 수요자가 상호작용하는 네트워크를 의미한다. 이것은 기술혁신활동에 있어서 투입-산출(input-output)관계, 지역 내 기술혁신활동 주체들간 네트워크인 산업군집, 그리고 경쟁과 협력하는 문화 등을 포함한다. TSIS는 기술혁신을 동태적으로 해석하고 있으며, 진화과정은 TSIS 내 구성요소들 혹은 기술혁신주체들간 상호작용의 결과로 보고 있다. 그리고 제도적 하부구조는 기술창출과 확산의 과정을 지원하고 통제하는 법과 조직들을 포괄한다. 여기에는 교육기관, 공공 혹은 민간연구기관 등 지식의 생산과 유통에 관한 하부구조와 기술혁신에 내재하는 불확실성과 위험을 극복하는데 도움이 되는 금융시스템과 특허제도 등 정책이 포함되고 있다.

〈그림 4-5〉 기술특화혁신체제(TSIS)의 구성요소

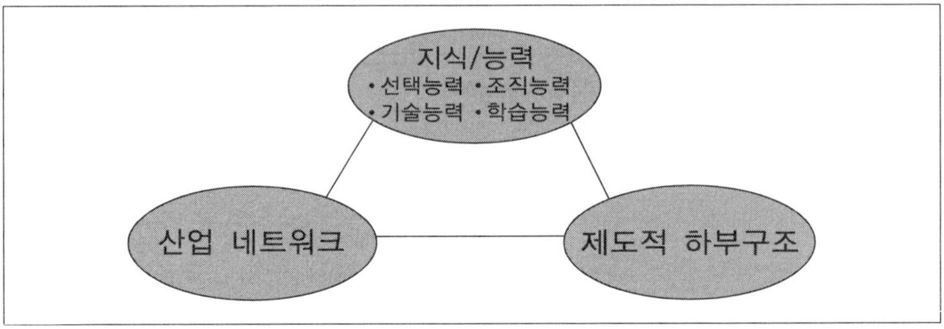

이러한 TSIS는 철도, 전기망, 통신시스템, 에너지 산업 등을 분석하는데 유용한 것으로 분석되고 있다(Carlsson & Stankiewicz, 1991; Hughes, 1993). 특히 1970년대 에너지 위기와 1990년대 기후변화에 대한 인식은 화석연료를 대체할 수 있는 대안 에너지원으로서 신재생에너지를 찾기 위한 기술혁신체제를 연구하는데 활용되었다. Jacobsson & Bergek(2004)은 신 바이오매스(biomass) 기술의 성공은 기술적 특징뿐만 아니라 기술의 개발, 확산, 사업화 또는 기각시키는 사회적 시스템에 의해 결정된다고 분석하고, 이러한 사회 · 기술적 시스템을 기술특화혁신체제(technology specific innovation system: TSIS)라고 명명하고 있다. 이 TSIS의 활성화는 기업가활동(entrepreneurial activities), 지식개발 및 학습(knowledge development & learning), 네트워크를 통한 지식확산(knowledge diffusion through networks), 기술선택(guidance of the search), 시장형성(market formation), 자원동원 가능성(resources mobilization), 우호연계세력의 지원(support from advocacy coalitions) 등에 의존하고 있는 것으로 분석되고 있다. 위 시스템 기능들이 서로 독립적으로 기능하지 않고 무수한 상호작용을 통해 비선형적이면서 긍정적인 인과관계를 형성할 때 TSIS는 성과를 실현하게 된다.

Carlsson & Stanckiewicz(1991)은 TSIS를 "구체적인 경제 · 산업환경 속에서 특별한 제도적 기반을 갖고 상호작용하는 기관들의 동태적 네트워크이며 기술의 창출-확산-활용에 영향을 미치는 체계"로 정의하고 있다. Unruh(2000)는 TSIS는 고착화되면 대체하기 어렵고, 대안기술이 기존체계를 개선할 수 있다 하더라도 오랫동안 채용되지 않는다고 분석하고 있다. 즉 현재 산업경제는 경로의존적이면서 규모에 대한 수확체증의 법칙에 의해 추동된 기술적·제도적 진화의 과정을 통해 화석연료에 기반을 둔 에너지체제에 고착되어 왔다고 분석하고 있다. Unruh는 이러한 환경을 "Carbon Lock-in"으로 명명하고 있다. 즉 탄소절약적(Carbon-saving) 기술이 가지고 있는 기술적·경제적·환경적 이점에도 불구하고, 이러한 기술의 확산을 방해하는 시장과 정책 실패들이 지속적으로 일어나고 있다는 것이다. Unruh는 고착화는 기술체계와 지배적 제도들 간 종합·상호작용을 통해 발생하고 있으며, 환경에 대한 외부불경제 효과와 비용중립적 또는 비용효율적 개선방법이 있음에도 불구하고 화석연료에 기반을 둔 산업기반이 유지되고 있다고 설명하고 있다. Schot 등(1994)은 현재 시스템을 해체할 수 있는 요인을 발견하기 어렵고, 환경이 현재의 지배적 기술로는 해결할 수 없는 새로운 도전을 만나서 현재 시스템이 생명력을 잃을 때나 가능하다고 설명하고 있다.

이에 비해 Jacobsson & Johnson(2000)은 재생에너지 기술의 발전은 신기술의 개발과 공동진화하는 새로운 TSIS의 개발을 분석함으로써 가능하다고 주장하고 있다. Jacobsson & Bergek(2004)는 새롭게 등장하는 TSIS는 형성단계(formative phase)와 발전단계(developmental stage)를 거치게 된다고 분석하고 있다. 즉 형성단계에서는 시장규모는 작은데 비해 경쟁적인 디자인(design)이 존재하고 신규진입자가 많으며, 기술·시장 · 규제 등 불안정성은 높게 나타나며, 이를 극복하기 위해서는 해당 신기술이 개발되어 수요자에 의해 평가를 받고 경제적·환경적 우수성이 증명되는 틈새시장을 형성할 필요가 있다(Kemp. et al, 1998). 발전단계는 형성단계를 통과한 신기술이 지배적 디자인으로 선택되어 시장이 빨리 성장하며 생산비용이 빠른 속도로 낮아지는 특징을 나타내고 있다. 여기서 현재 에너지 시스템의 고착상태를 풀려면 여러 TSIS들이 성공적으로 개발되어 현재 시스템의 일부를 넘겨받아야 하는 것이 중요하다. Jacobsson & Bergek(2004)는 TSIS를 구성하는 혁신기능간 상호작용을 통해 현재 시스템 속에서 창조적 파괴과정을 창출할 수 있는 동력(momentum)을 설정하고 선순환적 사이클을 형성하는 것이 중요하다고 설명하고 있다.

특히 에너지 시스템처럼 경로의존적(path dependent)이며 고착화된(locked-in) 기술시스템을 기술·사회적으로 바람직한 새로운 시스템으로 전환하기 위해서는 기술개발에 있어서 전략적 틈새관리(strategic niche management)가 중요하게 되었다(박동오·송위진, 2008; Kemp et al., 1998).

전략적 틈새관리는 개념적으로 <표 4-2>와 같이 기술의 선택 → 실험의 선택 → 실험의 설치 → 실험의 확대 → 보호·해체의 순으로 이루어질 수 있다(Kemp et al., 1999).

〈표 4-2〉 전략적 틈새의 설치와 해체 5단계

(1) 기술의 선택(choice of technology) - 상당한 기술적 기회가 있는 기술, 폭넓은 가지치기와 확대가 가능한 기술 - 일시적인 이익이나, 경제적으로 학습효과를 보여줄 수 있는 기술 - 조직의 유지, 관리, 그리고 주요 사용자의 요구와 가치가 경쟁하는 기술 - 특정한 분야에서 상당히 효용성이 있으며, 높은 가치가 있는 것으로 평가 받는 기술
(2) 실험의 선택(selection of an experiment) - 환경오염과 같은 특정한 문제를 안고 있어, 새로운 기술이 크게 의미가 있는 곳이며, 신기술의 불편함이 최소화 될 수 있는 지역 - 물리적으로 일정한 공간으로서 지리학적, 법률적으로 구획된 지역 - 환경적 다양성이 있으며, 새로운 기술을 매력적으로 받아들일 수 있는 지역
(3) 실험의 설치(set up and implementation of the experiment) - 보호(protection)와 선택 압박(selection pressure)의 비중의 조절 - 경제적 보호(비용 구조 개선), 기술적 보호(핵심 기술 개발 촉진), 사회적·제도적 보호
(4) 실험의 확대(scaling up of the experiment) - 정부의 지원 여부 결정 - 정부가 이 기술을 꼭 지원해야 하는가 등의 문제제기
(5) 보호 해체(breakdown or protection by means of policy) - 해당 기술이 자립하거나, 탈락됨

자료 : Kemp et. al(1998)에서 재구성

Mourki et al.(2006)은 전략적 틈새를 확장하는데 있어서 좀 더 치밀한 기획이 필요하다고 분석하고 있다. 즉 새로운 기술을 선택할 때 현재의 기술로는 해결하지 못하는 사회적 문제를 분명하게 해결하고 기술적, 경제적, 사회적으로 신뢰성과 의미를 충족시키는 것이 중요하다는 것이다. 또한 Caniels & Romijn(2006)은 전략적 틈새관리가 성공적으로 정착하기 위해서는 이와 관련된 기술, 과학, 정책, 사회문화, 사용자 및 시장 등의 제반 환경, 사회적 요소들 간 네트워크가 정교하고 치밀하게 활성화될 필요가 있다고 분석하고 있다. 특히 전략적 틈새기술의 시장을 형성하는 문제와 관련하여 적절한 마케팅 기법의 활용이 필요하다고 주장하고 있다. 신기술로 전환하는 과정에서 적절한 마케팅이 이루어지지 않을 경우 신기술의 존폐가 결정되기도 하기 때문이다. 신기술의 확산과 관련하여 도입을 위한 할부 지원 등 금융적 지원도 중요한데, 이러한 방법들이 시장에서 기업이 금융적 지속가능의 상태를 담보해 주는데 기여하기 때문이다. Rotmans 등(2001)은 이러한 전략적 틈새관리를 통해 한세대 정도에 걸쳐 사회 내에서 점진적이고 지속적인 구조적 변화과정을 통해 사회·기술체제의 전환을 이룩할 수 있을 것으로 내다보고 있다.

이러한 전략적 틈새관리에서 정책적 시사점은 첫째, 시스템적 전환을 모색할 필요가 있다는 것이다. 기존의 에너지 기술 패러다임에서 고려되던 기술적 요인뿐만 아니라 기술과 관련된 조직, 제도 등과 같은 사회적 요인들 까지 고려하여야 한다. 만약 그렇지 못할 경우 현재의 비용구조에서 화석연료 등 기존 기술들의 효율성을 개선하는 활동이 신재생에너지를 활용하는 기술개발을 지원하는 것보다 훨씬 경제적이고 효과적인 정책수단이 될 수도 있기 때문이다. 둘째, 새로운 정책의 형성과 집행과정에서 기존의 방식과 같이 전문가들만 참여하던 방식에서 산 · 학 · 연, 시민단체, 그리고 정부 등 이해관계자들이 생태계를 구성하면서 적극적으로 참여하는 참여적 지배구조(governance)를 구축할 필요가 있다. 이러한 참여적 지배구조를 통한 정책사례로서 네덜란드의 에너지 전환정책을 들 수 있다. 네덜란드는 에너지 전환과 관련하여 전략적 틈새관리와 시스템 전환을 위해 이해관계자들 모두가 참여하는 플랫폼(platform)이라는 중간조직을 구축하고 각 분야에서 기술발전의 궤적에 대한 전망과 다양한 실험(experiment)활동을 기획하는 작업을 수행하고 있다(Netherland Ministry of Economic Affairs, 2004). 예를 들어, 지속가능한 전기 플랫폼에서는 2030년 까지 전력공급과 관련된 새로운 사회·기술시스템에 대한 비전을 형성하고 이를 달성하기 위한 다양한 실험들을 기획하고 있다. 셋째, 전략적 틈새관리 시스템으로 전환정책은 기존과 달리 20~30년 후 지속가능한 사회·기술시스템에 대한 비전을 형성하고 그 비전 하에서 5~10년 단위의 정책을 되짚어 보는 백캐스팅(backcasting)하는 접근방식을 취하고 있다. 이에 비해 기존의 전통적인 방식은 5~10년 단위로 현재까지의 발전추세를 반영하여 비전을 작성하고, 그 결과에 따라 다음 단계의 정책목표를 설정하는 포캐스팅(forecasting)방식을 취해 왔다. 이에 따라 전통적인 정책들은 과거의 궤적과 현재의 제약조건에서 벗어나기 어려웠으며 목표도 기존활동의 연장선 상에서 설정되어 왔다. 정책의 실행에 있어서도 전통적인 정책들은 과거와 현재의 기술발전 추세에 따라 미래를 구축하는데 비해, 전략적 틈새관리정책은 지속가능성이 구현된 바람직한 시스템을 구축하려는 의지에 의해 구성되고 있다(Kemp & Loorbach, 2006).

(5). 세계혁신체제(global innovation system: GIS)

분석의 단위가 초국가적 틀로서 NIS나 SIS로 적절히 분석하기 어려운 혁신동력을 찾는데 기여할 수 있다. 예를 들어, 유럽공동체 혁신체제로서 European Innovation System (EIS) 등을 들 수 있다. Godoe 등(2006)은 노르웨이의 수소기술 개발시스템을 연구하는 과정에서 SIS와 결합된 EIS 관점이 유효한 것으로 분석하고 있다.

2. 기술경제학적 분석틀

위에서 분석한 기술혁신시스템들은 기술혁신과정을 분석하는데 유용한 방법론이라고 할 수 있다. 그러나 이것들은 공식적인 이론이라기 보다는 개념적인 틀로서 이해되어진다. 따라서 산업별 기술혁신활동에 대한 구체적인 분석을 위해서는 기술경제학적 분석틀을 도입할 필요가 있다. 기술경제학적 틀에서 에너지기업들의 연구개발 효율성은 현재의 기술수준과 이를 결정하고 있는 독자적인 기술개발 요인과 전방기업과 후방기업 간 협력관계 등에 따라 결정될 수 있다. 여기서 전방기업과 후방기업은 국가에너지위원회(2006)의 국가에너지기본계획에 정의된 대로, 전방기업은 엔지니어링회사, 중전기기회사, 정유업계, 발전사 등과 한전, 석유공사, 가스공사 등을, 후방기업은 신재생에너지사업자, 도시가스회사, 구역전기사업자, 에너지절약전문기업을 포함한다.

기술개발활동에 대한 기존이론은 크게 기술경제이론과 경영자원의존이론(resource dependence theory)으로 나눌 수 있다. 기술경제이론에 따르면, 에너지 기업의 기술수준은 규모의 경제, 연구개발투자, 연구개발인력, 국내시장의 경쟁정도, 기업규모 등의 영향에 따라 결정된다. 한편, 경영자원의존이론에 따르면, 에너지기업의 기술수준은 종사하고 있는 산업고유의 시스템적 특정을 고려하여 전방기업과 수많은 후방기업 간 상호의존관계에 따라 달라진다.

(1). 기술경제학 이론

모든 산업에서 기술수준은 기업들의 자체적인 기술개발 노력에 크게 의존한다. 에너지기업들은 경쟁적으로 연구개발투자를 늘리고 연구개발인력을 확보하여 자사의 기술영역(technological frontier)을 확대함으로써 신기술, 신제품을 개발하거나 생산하고자 한다. 이를 통해 시장점유율을 확대하고 매출액을 증대시키며, 또 여기서 창출된 수익으로 연구개발투자를 증대시킴으로써 신기술·신제품의 개발 및 상업화를 촉진하고 있다.

따라서 어느 한 기업이나 한 산업, 한 나라의 성장과 기술개발은 상호 긍정적인(+)효과가 있는 것으로 분석된다(Gomulka, 1990; Fagerberg, 1994). 더 나아가, Dosi(1988)는 기술개발능력(technological capability)의 차이가 기업 간, 국가 간 성장률 및 소득격차를 유발한다고 주장하고 있다.

이와 같은 기술경제이론에 따르면, 에너지기업들의 독자적인(endogenous) 기술개발을 결정하는 요인들은 연구개발투자, 연구개발인력, 기업규모, 규모의 경제, 국내시장 경쟁정도 등으로 설정될 수 있다.

① 연구개발(R&D)투자 비중

연구개발투자는 Schumpeter가설의 검정을 위한 모델의 종속변수, 즉 기술혁신을 나타내는 대리변수지표로 널리 이용되고 있다. 그러나, 엄밀히 말하면 R&D 투자액은 기술혁신 그 자체라기보다는 Scherer(1980)의 분석에서와 같이 이를 달성하기 위한 투입지표라고 할 수 있다.

일반적으로 연구개발투자의 비중이 높을수록 기술혁신의 성과지표라 할 수 있는 기업(또는 산업)의 생산성 증가율이나 매출액 증가율, 특허 건수 등은 크며, 해당 기업의 기술수준이 다른 기업들에 비해 높다고 할 수 있다. 에너지산업에서도 공공 에너지R&D투자가 에너지부문에 상당한 영향을 미치는 혁신적인 기술을 개발하는데 기여한 것으로 나타나고 있다. 그러나 주요 선진국의 과거 추세와 마찬가지로 공공 에너지R&D투자가 국가 에너지집약도(에너지소비/GDP)나 에너지 소비 당 탄소배출량과 같은 상관지표의 변화와는 분명한 상관관계를 나타내지 못하고 있다(Sagar and Zwaan, 2006).

미국, 일본 등 에너지R&D집약도(공공 에너지R&D투자/GDP)가 높은 국가들이 그렇지 않은 국가들에 비해 에너지집약도의 개선율이 더 낮은 것으로 분석되었다. 캐나다, 네덜란드 등은 공공 에너지R&D투자가 상대적으로 낮은 수준이지만, 에너지 효율성과 탄소 효율성에서는 오히려 성공적이었던 것으로 분석된다.

이제 중요한 것은 공공R&D투자가 신에너지기술의 개발을 시작하거나 후원하면서 신기술을 시장으로 가져가는 노력도 추가적으로 지원할 필요가 있다는 것이다. 현재까지 기술혁신의 전주기에서 상업적 활용 이전의 단계인 연구개발은 활성화되어 있지만, 이 단계 이후 상업적 활용이 뒤따라오지 않는 경우가 많은 것으로 조사되었다. 이것은 에너지 관련 신기술이 최초로 실용화되는 순간부터 일어나면서 성숙단계에 이르기 까지 지속되어야 하는 학습(learning-by-doing)이 이루어지지 않기 때문인 것으로 분석되었다.

에너지 신기술은 기술적 타당성이 증명된 후에도 비용, 기반수요, 자본스톡 회전율, 시장조직, 정보 및 파이낸싱 제약 등과 같은 많은 장애에 직면하게 된다(IEA, 2000, 2003; Sagar, 2004). 특히 개발도상국에서는 정보와 파이낸싱의 제약이 매우 크다. 이러한 장애요인들을 해결하기 위해 공공부문의 장애 극복노력이 매우 필요하다.

학습은 R&D를 통해 개발된 신기술의 조기 산업화를 추진하는데 중요한 요인이라고 할 수 있다. 학습은 신기술을 생산하거나 활용하는데 있어서 시간이 흐름에 따라 비용감축에 기여하는 많은 기제들을 포함하는 총체적 개념이라고 할 수 있다. 기술이나 기술시스템의 미래비용 감축은 여러 방법, 예를 들어 기술상세평가, 제작비용을 예상되는 기술혁신의 함수로 분석될 수 있다(Turkenburg et al., 2000). 학습 또는 경험 곡선(learning curve)은 신기술이 개발되고 산업화되는 과정에서 비용감축을 누적생산 또는 설치능력의 함수로 표현하는데 특별히 적합한 방법이다(IEA, 2000). 학습을 통한 에너지기술 혁신체제의 효율성 제고는 한 기업이나 산업 내에서, 또는 여러 산업에 걸쳐 learning-by-manufacturing을 통해 이루어질 수 있다. 예를 들어 태양광기술의 경우 태양광 모듈의 조립과정에서 얻어진 경험은 시간이 흐름에 따라 생산비용을 감축시키는데 기여하고 있다. 학습 및 경험들은 연구개발 전주기 공정에 피드백(feedback)되면서 에너지 기술개발 및 산업화 공정을 강화하고 거래비용을 감축시키는데 기여할 것으로 보인다.

여기서 한 가지 유의해야 할 점은 R&D와 학습을 위한 투자가 기술변화에 필요하지만 R&D투자와 학습투자 간에는 금전적 trade-off가 있다는 것이다. 제한된 자원을 최적으로 활용하기 위해서는 R&D와 학습을 위한 활용을 통해 얻을 수 있는 수익에 따라 분리하는 것이 필요하다. 또한 기술의 종류, 단계, 지역에 따라 R&D와 학습을 위한 연속적인 투자를 적정화하는 것도 중요하다. 전형적으로 R&D가 활용보다 앞서지만 그들을 상호작용시켜 동시적으로 반복적으로 발생시키는 것이 중요하기 때문이다.

② 연구개발인력 비중

기술개발을 위한 환경요인으로서 연구개발인력의 중요성은 아무리 강조해도 지나침이 없다. 특히 우리나라 에너지기업이 종래의 자본주도형에서 한 단계 더 나아가 선진국과 같은 혁신주도형 단계에 진입하는 시점에서는 더욱 그러하다.

즉, 산업발전의 후발개도국(기업)으로서 선진국(기업) 기술의 모방단계를 벗어나 재래기술의 혁신을 효율적으로 추진하고 중요 첨단기술을 독자적 역량으로 개발하기 위해서는 그 주역이라고 할 수 있는 우수한 연구개발인력의 확보가 매우 중요하다. 기술개발인력을 충분히 확보하고 있는 기업은 국내외 경쟁업체에 비해 신기술을 개발할 수 있는 능력을 갖추고 있기 때문에 경쟁력을 한층 더 강화할 수 있다고 말할 수 있다.

③ 기업규모

기술혁신에 관한 산업조직론적 분석은 대기업과 중소기업 중 어느 규모의 기업이 보다 효율적으로 기술개발을 수행하고 있는지에 초점이 모아져 있다.

Schumpeter(1942), Galbraith(1956) 등은 대기업이 신기술을 빨리 이용할 수 있는 생산설비, 마케팅 및 자금조달능력 등을 확보하고 있기 때문에 기술혁신 과정에서 중소기업보다 더 유리한 입장에 있다고 분석하고 있다. 즉, 기술개발에는 막대한 연구개발투자가 필요한 반면, 결과의 불확실성이 크기 때문에 이를 감당해 낼 수 있는 대기업이 중소기업보다 더 효율적이라는 것이다.

반면, Scherer(1980) 등은 중소기업이 기술개발에 보다 효율적이라는 반론을 제기하고 있다. 즉 기술개발에 대한 투자결정시 중소기업이 대기업보다 혁신적 기술에 신축적으로 대응할 수 있으며, 연구개발에 있어서도 최소 효율규모가 존재한다고 주장하고 있다. Greer(1992)는 Scherer(1980)의 실증분석을 인용하면서, 기업규모의 증가가 임계점(critical point)에 도달하면, 이후 연구개발 활동에 별로 영향을 미치지 못한다는 분석이 다수라고 주장하고 있다. 즉 기술혁신은 수많은 작은(minor) 발명들이 모여 이루어지는데, 이러한 작은 발명은 대기업보다 관료적이지(bureaucratic) 않고 혁신지향적인 중소기업에서 훨씬 더 많이 이뤄지고 있다는 것이다.

Sturgeon 외(2001)는 산업조직의 변화요인으로 혁신관련 행위(innovation-related activities)가 생산관련 행위(production-related activities)와 분리(delinking)되는 현상을 제기하면서 Schumpeter의 대기업형 산업조직보다 분산형 중소기업 산업조직이 기술경쟁에서 우위에 서고 있다고 분석하고 있다. 최근 들어 모듈형 산업조직(modular industry organization)이 활성화되면서 혁신능력과 기업의 규모와 범위, 진입조건 등의 관계에 대해서 다른 관점을 제공하고 있다. 즉 제조공정상 많은 부분을 외부조달(outsourcing)하고 있는 기업들은 더 이상 생산과 관련된 고정자산에 재정적, 관리적 투자를 하지 않으며, 기술혁신에 집중하면서 조직적으로나 지리적으로 보다 유연한 구조를 형성하고 있다는 것이다. 시장지배적 기업들의 시장위치는 생산설비에 대한 대규모의 기업특유적(firm-specific) 투자에 의해 보호되지 않으며, 시장진입도 기존 기업이 대규모의 사내 고정자산을 활용하여 장벽을 쌓을 수 없게 되어 유연하게 바뀌고 있다.

국내의 선행연구를 살펴보면, 이원영 · 정진승(1985), 김적교 · 조병택(1989) 등은 한국 제조업의 경우 기업의 절대적 규모가 커질수록 기술개발 집약도는 감소하는 것으로 분석하고 있다.

그러나 현재 위와 같이 대립되는 견해 중 어느 것이 더 타당한 것인지에 대해서는 일반적 이론체계가 확립되어 있지 않다. 결국 기술개발의 특성에 대한 추정기간 · 시점, 업종별 특성, 표본기업의 수·규모별 분포 · 연령 등 미시경제적 접근방법에 따라 달라질 수밖에 없을 것이다.

④ 규모의 경제

에너지 기업이 수익을 극대화하기 위해서는 생산량이 증가함에 따라 단위생산비용이 감소하는 규모의 경제효과를 거둘 필요가 있다. 실제로 세계적인 에너지 기업들은 규모의 경제효과를 거두기 위해 연구개발 및 생산에 대한 투자를 증대시키고 있다. 또한 안정된 시장의 확보와 경쟁력 강화를 위해 적정규모의 기술투자를 하고 있다.

⑤ 국내시장 경쟁정도

Schumpeter(1934, 1942)는 19세기 말 유럽의 산업구조를 연구한 결과 새로운 아이디어, 신상품 및 신공정 등의 개발에 의해 시장에 진입한 혁신적 기업은 생산 · 조직 · 유통 등에서 기존의 방식을 탈피하여 독점적 준지대(quasi-rent) 내지 초과이윤을 획득하게 된다는 사실을 발견했다. 나아가 Schumpeter는 기술혁신에 의한 이러한 독점적 준지대 내지 독점력의 획득이 기업들로 하여금 기술혁신을 하도록 하는 촉진요인이 되는 동시에 독점이윤을 획득한 기업은 연구개발 자금을 조달하는데 더 유리하다고 보았다. 한편, Scherer(1980)는 1964~1978년의 미국 에너지기업 87개 업종을 표본으로 한 Schumpeter 가설 검정에서 연구개발변수와 시장집중도 간에 상당히 높은 상관관계가 존재하고 있다고 분석하고 있다.

반면, Arrow(1962)는 동일한 초기비용과 수요조건 하에서는 시장구조가 독점적일 때보다 경쟁적일 때 기술진보에 대한 인센티브(incentive)가 더 크다고 주장했다.

최근 들어 Schumpeter가설의 검정에 관한 연구동향을 살펴보면, 분석대상산업의 수명주기(life cycle) 관점에서 파악하는 경향이 두드러진다. 즉, 산업의 초기단계에서는 경쟁적 시장에 진입한 중소기업의 기술혁신이 더 활발한 반면, 성숙단계에 진입하면 독과점적 시장에서 대기업의 기술혁신이 더 활발하게 이루어지고 있다고 분석하고 있다.

(2). 경영자원의존이론: 전방기업과 후방기업 간 협력정도

산업의 기술개발에 관한 기술경제이론은 산업고유의 시스템적 특성이라고 할 수 있는 전방기업과 수많은 후방기업 간 상호의존관계를 간과하고 있다. 예를 들어, 자동차나 전자제품은 무수히 많은 부품을 조립하여 생산하게 되는데, 이때 이들 제품의 품질과 가격은 완제품 조립기업과 부품 제공기업간의 종합적인 기술개발 및 상호이익이 되기 위해서는 연구개발에서 디자인, 제조, 마케팅에 이르기까지 부가가치를 창출할 수 있는 공급사슬(supply chain)의 모든 과정에서 자본·정보 등 경영자원을 교환, 공유하는 것이 매우 중요하다(Banerji & Sambharya, 1996). 특히, 협력관계가 장기간 지속적으로 이루어지면서 상호 신뢰관계가 형성되고 공동투자, 자산의 전용성 등을 통해 상호 의존관계가 심화되는 것을 '系列(게이레쓰)관계'로 발전한 것으로 볼 수 있다(Gelach, 1993).

Lyons 외(1990) 등은 조립 대기업과 부품공급 중소기업 간에 협력관계를 맺음으로써 양자 간에 가질 수 있는 유리한 점과 불리한 점을 분석하고 있다. 특히, 기술개발과 관련하여 조립 대기업은 기술적으로 앞서 있는 전문 부품업체들로부터 첨단부품을 공급받을 수 있으며, 부품기업은 조립대기업의 개발계획에 부응하는 연구개발을 수행함으로써 그 효과를 높일 수 있다고 분석하고 있다. Womack 외(1993) 등은 일본 완성차기업의 경우 신제품 개발 모델변화를 추구할 때, 개발구상 단계부터 필요부품의 생산을 담당하는 부품기업들과 공동개발체제를 구축하고 있다고 분석하고 있다.

한편, Helper(1987)는 미국 완성차기업의 수직적 통합정책 및 외부 부

품공급기업과의 퇴출시스템(exit system)에 기초한 거래관계는 부품기업의 기술진보를 유도하는데 성공하지 못했다고 주장하고 있다. 이는 완성차 기업과 부품기업 간 관계가 퇴출 시스템보다는 신뢰의 증대, 계약기간의 장기화, 정보공유의 확대 등에 바탕을 둔 협력시스템(voice system)으로 변화해야만 부품업체의 기술진보에 긍정적인 영향을 줄 수 있다는 것을 시사하고 있다. 1990년대 이후 미국의 자동차 '빅3' 과 유럽(EU)의 자동차산업도 일본 기업과의 경쟁에 뒤지지 않기 위해 조립기업과 부품공급기업 간 효율적인 계열시스템 구축 등 업계 간 공조체제를 강화하고 있다.

에너지산업에 있어서도 향후 기술추격의 가능성과 기술융합화 요구, 신기술개발의 난이도 등을 고려하여 관련기업 간 공동개발이나 전략적 제휴를 통해 공동발전(coevolution)을 촉진하는 기업문화가 조장되어야 한다(Eisenhardt and Galunic, 2000)

Ⅳ. 소결

21세기는 첨단기술을 바탕으로 하는 환경친화적인 새로운 에너지산업이 등장하여 에너지산업의 변혁을 불러올 것으로 예상되고 있다. 오늘날 우리 사회는 "지속가능한 발전(Sustainable Development)"을 추구하는 사회적인 목표를 가지고 빠른 경제발전을 하고 있다. 그러나 국제사회의 기후변화협약 등 환경에 관한 규제 강화는 산업경제 발전의 원동력이었던 기존 화석에너지에 대한 사용규제로 이어져 국내 경제활동에 매우 큰 영향을 미칠 것으로 예상된다.

기술개발을 통한 에너지기술의 확보는 산업의 부가가치 생산에 필요한 절대 에너지소모량을 감소시키고, 화석에너지원을 신재생에너지로 대체시킴으로써 에너지자원의 안정적인 확보를 도모할 수 있다. 따라서 기술개발의 효용성을 높이기 위해서 산업체에서 필요로 하는 현장의 애로기술과 국제에너지환경여건 변화에 대응할 수 있는 체계적이고 장·단기적인 에너지기술개발정책의 수립이 필요하다.

이러한 시점에서 에너지 · 자원 기술개발을 종합적 혁신체계로 추진하기 위해서는 에너지기술정책의 목표를 기존의 "에너지의 안정적/환경 친화적 공급"에서 "에너지산업의 미래 성장 동력화"로 확대하는 방향으로 설정할 필요성이 있다. 이를 위해 국가적 · 정책적으로 반드시 확보해야 하는 에너지기술의 핵심전략 원천기술을 미래 성장동력 기술로 개발하여 고부가가치 산업으로 전환하여야 한다.

에너지기술은 공공기반기술의 특성을 지니고 있으므로 대규모 투자소요, 장기간의 투자, 외부요건의 감안 등이 필수적이고, 기술공급자와 기술수요자가 명확히 분리됨에 따라 기술개발의 추진과 보급측면에서 실질적인 어려움이 있다. 따라서 에너지기술개발정책은 민간주도보다는 정부가 주도적으로 기술개발을 추진하여 에너지부문의 장애요인을 해결함으로써 경제활동, 특히 산업생산기반으로서 에너지기술의 역할을 제고하고, 아울러 청정에너지 기술(clean energy technology) 개발을 병행·추진하여 국제에너지/환경여건 변화에 대처하여야만 기술개발효과를 높일 수 있다.

국제환경규제측면에서는 선진국과 개도국이 협력하여 온실가스를 줄일 수 있도록 하는 청정개발체제(CDM : Clean Development Mechanism)사업, 국가간 온실가스 배출량을 거래할 수 있도록 하는 배출권거래(Emissions Trading)제도 등도 유리한 위치에서 이행할 수 있는 에너지정책의 중요한 수단이라고 판단된다.

지속가능한 에너지시스템을 위한 에너지·자원 기술개발 혁신과제에서 에너지Mix 적정화 등은 에너지 정책 수행에 있어 중요하다. 이를 토대로 미래 성장동력화를 위한 융 · 복합화의 대형 기술을 프로젝트화하여 산업화 촉진 프로그램과 연계 추진하고, 기술개발성과 제고를 위해 기술개발기획을 시스템화하여 추진하여야 한다. 또한 기술 로드맵의 상시운영체계를 구축하여 에너지정책효과(절약, CO_2 저감 등)와 산업효과(시장화 가능성, 기술가치/특허평가 등)를 동시에 고려하여 추진전략을 수립해야 한다. 공기업과 이와 관련된 전·후방 산업의 비즈니스 모델을 적극 개발하여 이에 대한 R&D 요소를 결합하여 에너지산업의 경쟁력을 높여야 한다. 기술개발관련 인프라측면에서는 국제 경쟁력 있는 수요 지향적인 전문 인력의 양성을 위한 종합적인 마스터플랜 수립이 필요하다. 에너지 · 자원기술개발에 필요한 핵심 장비구축 및 공동이용 등을 위해 지역혁신센터(RIC)와 연계 강화로 장비구축 및 공동이용을 통해 R&D활동을 지원하고, 국제협력을 통한 글로벌에너지혁신체계의 동참과 국제 공동연구 확대를 통한 기술경쟁력의 제고 및 해외선진기술의 추격(catch-up)을 위한 기반 향상 프로그램 운영이 필요하다.

에너지산업이 국제석유시장에서 1조7천억$, 세계 중전기기 시장에서 1조 달러(2010년 기준예측) 규모에 달하고 있는 현실을 감안할 때, 거대 인프라로서 고용효과 및 부가가치 창출의 잠재적 가능성이 높아 장기적으로 국가 성장동력산업으로 활용이 가능할 것이다. 또한 대외환경(유가 등)에 대한 의존성이 매우 높은 국가들에서는 에너지 안보를 위해 자원의 안정적 확보 뿐 아니라 에너지기술의 자립이 중요한 것을 고려할 때 에너지 기술 확보는 선택이 아닌 필수인 것이다.

세계 에너지기업의 경쟁력과 상대적 위치는 이와 같이 경쟁과 협력이 되풀이되면서 재편되고 있는 세계 산업 및 기술의 위계질서(world industrial or technological ladder)상에서 과학 · 기술개발을 위한 부존자원의 정도에 따라 결정되고 있다고 할 수 있다(Anderson, Arrow, and Pines, 1988; Grossman &Helpman, 1990; Caselli & Coleman Ⅱ, 2003).

에너지기업들이 선진국과 후발국 사이에서 뒤틀리고 있는 새로운 국제기술 질서에 대응하기 위해서는 에너지 특유의 기술혁신체제(energy-specific innovation)를 구축할 필요가 있다(Negro 외, 2006; Godoe & Nygaard, 2006)). 즉 에너지 산업에서 연구개발의 효과성(effectiveness)과 효율성(efficiency)을 제고해야 한다. 연구개발의 효과성을 높이기 위해서는 독자적인 기술개발 기반을 구축하여 선 · 후진국 사이에서 틈새기술, 전략적이면서 동태적 비교우위를 가질 수 있는 기술개발 및 산업화하는 노력이 필요하다. 그리고 효율성을 제고하기 위해서는 위와 같이 선택된 기술 및 상품을 연구개발하는 투자를 확대하는 한편, 연구개발의 위험을 줄여 경제적으로 개발하고 상품화하기 위해 관련기업 간 협력을 확대해야 한다. 기술개발에서 독특한 비교우위를 가지지 않고서는 경쟁력 강화를 도모할 수 없으며, 오히려 세계적인 산업 및 기술의 위계질서에서 종속적인 위치에 처할 수도 있기 때문이다

5

무역과 자원개발 해외투자

무역과 자원개발 해외투자

제 5 장

Ⅰ. 문제제기

에너지 산업의 수급구조에서 설명한 바와 같이, 세계 에너지 생산 및 소비구조에는 불균형이 나타나고 있으며, 이에 따라 무역이 활발하게 이루어지고 있다.

에너지 자원 중 세계 에너지 수요의 약 35%를 담당하고 있는 석유산업을 살펴보면(IEA, 2006), 세계적인 공급과 수요가 불일치함에 따라 교역이 활발하게 이루어지고 있다. 2005년 세계 석유공급의 약 60%가 국제적으로 교역되고 있는 것으로 조사되었다(BP, 2006). 그만큼 석유산업은 매우 세계화(globalized)되어 있다고 할 수 있다.

지역별로 살펴보면, 2005년 북미, 아시아 태평양국가, 유럽 등은 세계 석유공급의 10%만을 차지하고 있는 반면, 수요의 78.6%를 담당하고 있다. 반면, 중동, 소비에트연방국가, 아프리카국가들은 세계 석유매장량의 81.3%를 담당하면서도 세계 석유수요의 15.5%만을 차지하고 있다(<표 5-1> 참조).

이러한 석유 수급간 차이 현황을 공급측면에서 보면 세계 석유매장량이 불균등하게 분포되어 있는데 기인한다. 즉, 세계 석유매장량의 60% 이상이 중동에 집중되어 있으며, 석유수출국기구(OPEC)가 세계석유매장량의 75.2%를 차지하고서 석유생산의 41.7%를 담당하고 있다. 또한 이러한 석유수출국의 대부분이 정치적으로 매우 불안한 것으로 나타나고 있다. 세계 석유의 약 2/3가 호르무즈해협, 말레카해협, 수에즈운하, 밥 엘만데브해협, 보스포러스 등 해난사고와 테러공격에 의해 취약한 해협을 통해 운반되고 있다. 아시아, 서부유럽, 미국으로 수출되는 페르시아만 석유의 약 88%가 호르무즈해협을 통해 운반되고 있다.

〈표 5-1〉 주요국의 석유 수입국별 비중(2004)

지 역	국 가	주요 공급자	OPEC 의존도[a]	평균적인 정치적 위험[b]
아시아/태평양	중국	DS(52%), AP(13%), A(10%), FSU(5%), ME(18%)	16.3	0.76665
	오스트레일리아	DS(71%), AP(24%), ME(5%)	9.6	0.45978
	뉴질랜드	DS(15%), AP(43%), ME(40%)	25.3	1.23453
	인도	DS(31%), A(16%), ME(47%)	55.9	1.14252
	한국	AP(13%), A(5%), ME(77%)	75.7	1.63746
	필리핀	AP(6%), ME(92%)	87.8	1.66965
	일본	AP(6%), A(4%), ME(89%)	91.2	1.67054
	아시아-태평양 국가 평균	DS(24%), AP(15%), A(5%), ME(52%)	51.69	1.23
북미	미국	DS(36%), NA(19%), LA(14%), A(12%), ME(14%)	31.8	0.98126
유럽	스웨덴	E(61%), FSU(26%), ME(8%)	12.4	1.30370
	독일	E(33%), A(15%), FSU(40%), ME(7%)	19.2	1.35312
	프랑스	E(30%), A(19%), FSU(22%), ME(27%)	40.1	1.44946
	네덜란드	DS(6%), E(25%), A(5%), FSU(27%), ME(33%)	37.1	1.36712
	벨기에	E(27%), FSU(38%), ME(28%)	32.0	1.45348
	헝가리	DS(26%), FSU(73%)	0.0	1.09197
	슬로바키아	DS(10%), FSU(89%)	0.0	1.31903
	체코	DS(6%), A(6%), FSU(84%)	5.6	1.39721
	오스트리아	DS(7%), E(7%), A(24%), FSU(33%), ME(28%)	46.7	1.45758
	폴란드	DS(7%), FSU(91%)	0.0	1.36371
	스페인	NA(13%), E(7%), A(35%), FSU(16%), ME(27%)	52.6	1.57884
	터키	DS(7%), A(21%), FSU(25%), ME(46%)	62.6	1.51573
	이탈리아	DS(7%), E(5%), A(33%), FSU(26%), ME(28%)	53,6	1.48488
	핀란드	E(17%), FSU(81%)	0.0	1.39994
	포르투갈	NA(5%), E(8%), LA(8%), A(46%), FSU(15%), ME(16%)	54.2	1.56490
	아일랜드	E(97%)	2.8	1.16071
	그리스	A(7%), FSU(31%), ME(61%)	67.2	1.61572
	스위스	E(8%), A(80%), FSU(4%), ME(8%)	87.8	1.64581
	유럽 국가 평균	DS(5%), E(18%), A(16%), FSU(40%), ME(18%)	31.88	1.43

자료: Gupta(2008)

주: DS—국내 공급, NA—북미, E—유럽, LA—남미, AP—아시아-태평양, A—아프리카, FSU—구소련연방, ME—중동

수요측면을 살펴보면, 미국, EU, 일본, 인도, 중국 등 석유에 대한 대규모 소비국가들은 점차 석유수입에 의존하게 되었다. 미국과 대부분의 유럽 국가들은 비OPEC회원국으로부터 석유를 획득하고 있다. 그러나 비OPEC 지역의 생산이 감소함에 따라 모든 소비국가들은 소수의 OPEC회원국들에게 점차 의존하고 있다. 동일 공급국가에 대한 의존도가 증가하면서 주요 수입국가들간에 지정학적인 경쟁이 증가하고 있다.

확대되고 있는 세계무역, 정점에 도달하고 있는 석유생산, 주요 소비국들이 소수의 정치적으로 불안한 생산국가에 대한 의존도 증가 등은 장기적인 석유공급 애로에 세계적인 취약성을 추가시킬 것으로 예상된다. 높은 석유수입 비용, 갑작스러운 석유공급중단 위험, 석유시장조건의 불안정성 등이 석유소비국들에게 석유 공급중단에 대해 매우 취약하게 하고 있다.

이러한 세계적인 수급 불균형을 해소하기 위한 노력으로 에너지 무역이 활발하게 발생하고 있으며, 특히 에너지 자원의 안정적 공급을 위한 해외자원개발 투자가 적극적으로 추진되고 있다. 특히 자원보유국과 투자국 모두에 있어서 강력한 정부 규제체제가 강화되고 있는 시점에서 기업의 힘만으로는 자원개발사업의 성공적 시행이 구조적으로 어렵기 때문에 정부의 외교적 역할과 지원이 향후 자원개발 투자 진출에 매우 중요한 요소가 되고 있다.

II. 에너지 무역

에너지자원의 국가간 교역은 그 자원의 매장과 이용 간의 비대칭으로 인하여 증가하는 추세를 보이고 있다. 예를 들면, 세계 석유소비 중 교역 비중은 1990년 47.4%에서 2004년에 60%로 증가되었다. 에너지자원산업을 둘러싼 무역은 이와 같은 에너지 자원산업 내부에서도 이루어질 뿐만 아니라 에너지자원보유국의 에너지자원산업과 에너지자원수입국의 제조업 간 거래를 통해서도 이루어진다. 에너지자원보유국이 대체로 에너지자원을 배경으로 경제성장을 추진하고 있는 반면, 에너지자원수입국은 제조업의 경쟁력을 바탕으로 에너지자원보유국과 무역하고 있기 때문이다.

이와 같은 에너지 자원의 국가 간 교역구조를 분석하기 위해서는 국가 간 에너지산업을 둘러싸고 경쟁하면서 협력하는 형태를 살펴볼 필요가 있다. 이론적인 틀로서는 경쟁을 분석하기 위한 산업내무역 지수를, 협력을 분석하기 위해서는 무역결합도 지수 등을 살펴보기로 한다.

우선, 에너지자원산업 자체뿐만 아니라 에너지자원산업과 제조업간을 둘러싼 경쟁을 분석할 수 있는 산업내 무역지수(GLij)는 (식 5-1)과 같은 형태로 나타날 수 있다.

산업내 무역은 동일산업에 속하는 재화 간에 수출과 수입이 동시에 이루어지는 것으로서 투입요소의 유사성이나 최종수요에 있어서 대체성 등의 측면에서 양국 간 교역의 경쟁 관계 여부를 판단하는데 활용된다. 부존자원의 차이 등에 따라 발생하는 전통적 비교우위를 바탕으로 각국이 서로 다른 산업의 제품을 수입하는 형태의 산업 간 무역과는 구별된다(산업연구원, 2003). 산업내 무역이 발생하기 위해서는 제품의 차별성이 존재하여야 하고 소득과 소비구조가 비슷한 국가 간에 산업내 무역이 발생한다(김태명·박현희, 2003).

$$GLij = \frac{(Xij-Mij)}{(Xij+Mij)} \quad \text{(식 5-1)}$$

여기서, Xij는 i국의 j국으로 수출, Mij는 i국의 j국으로부터 수입을 의미한다. 산업 내 무역지수는 −1과 1사이의 값을 가지게 된다. 동 지수가 1에 가까울수록 완전수출특화, −1에 가까울수록 완전수입특화를 나타내며, −1과 1사이 값의 정도에 따라 산업 내 무역정도를 나타냄으로서 양국의 산업이 상호 경쟁하고 있음을 알 수 있게 된다. 특히 경제의 발전단계가 유사하고 산업구조가 고도화된 국가들의 경우에는 국가간 수평적 분업의 가능성이 높아짐에 따라 산업내 무역이 활성화되게 된다.

유승직 등(2003)은 석유제품별 산업내무역 지수를 분석하였는데, 한국의 경우 나프타와 중유의 산업내 무역지수는 매우 높은 편으로 나타났으며, 휘발유와 LPG의 산업내 무역지수는 꾸준히 증가추세에 있는 것으로 나타났다. 중국의 경우 경유를 제외하고는 전반적으로 산업내 무역지수가 낮은 편이며, 특히 휘발유·LPG·중유의 산업 내 무역지수가 급격히 하락하고 있는 점이 눈에 띄었다. 일본의 경우 휘발유, 중유, 경유 등의 산업내 무역지수가 매우 높게 나타나고 있으며, 등유의 경우에도 지수가 꾸준히 증가하고 있으나 나프타와 LPG의 지수 값이 매우 낮은 것으로 분석되고 있다.

에너지자원보유국과 수입국간 무역은 주로 에너지자원산업과 제조업 간, 즉 이종산업간 무역의 형태를 띠고 있는 것으로 분석된다. 예를 들어, 에너지자원보유국인 카타르와 수입국인 한국간 산업내 무역지수를 보면, 석유·석유제품, 천연가스산업에서 한국이 완전수입특화형인 반면, 타 제조업에서는 완전수출특화형으로 나타나고 있다. 이로써 한국과 카타르 양 국가 간 국제 경쟁 및 분업의 형태는 이종 산업간 분업으로 확연히 구분되고 있는 것을 알 수 있다.

〈표 5-2〉 한국-카타르 산업 내 무역지수 비교

분 류	주요품목	산업 내 무역지수(GL)			
		1995	2000	2005	2006
0 ~ 9	농림 · 수산 · 목축	1.00	1.00	1.00	−0.82
11 ~ 12	음식료	*	*	*	1.00
21 ~ 29	광업	1.00	1.00	0.00	0.30
32	석탄 · 코크스	*	1.00	*	*
33	석유 · 석유제품	−1.00	−1.00	−1.00	−1.00
34	천연가스	−1.00	−1.00	−1.00	−1.00
41 ~ 43	유지	*	*	*	1.00
51 ~ 56	화학제품	1.00	−0.93	−0.99	−0.97
57 ~ 59	플라스틱	1.00	1.00	1.00	−0.19
61	가죽	*	*	*	−1.00
62	고무	1.00	1.00	1.00	1.00
63 ~ 64	목재	1.00	1.00	1.00	1.00
65	섬유	1.00	1.00	1.00	1.00
66	비금속광물	1.00	1.00	1.00	1.00
67	철강	1.00	1.00	1.00	1.00
68	비철금속	*	1.00	1.00	1.00
69	금속제품	1.00	1.00	1.00	1.00
71 ~ 74	일반기계	1.00	1.00	1.00	1.00
75	사무용기기	1.00	1.00	0.98	0.93
76	통신기기	1.00	1.00	0.98	0.81
77	전기기기	1.00	1.00	1.00	1.00
78 ~ 79	수송용기기	1.00	1.00	1.00	1.00
81 ~ 85	섬유제품	1.00	1.00	0.98	1.00
87 ~ 89	광학기기	1.00	1.00	1.00	0.99
91 ~ 99	기타	−1.00	0.45	0.90	1.00

주: *는 품목 간 무역거래 없음.

다음으로 에너지자원산업 자체뿐만 아니라 에너지자원산업과 제조업간 협력을 분석할 수 있는 무역결합도 지수는 (식 5-2)와 같은 형태로 표현된다.

무역결합도는 각국의 총 무역량의 대한 당사국 상호간의 상대적 무역비중을 고려함으로써 당사국간 교역의 상호의존성 변화를 정확히 관찰하면서 협력(통합)의 무역효과를 분석할 수 있는 지표이며, 수출과 관련하여 특정시장과의 긴밀한 정도를 측정하는데 사용된다(산업연구원, 2003).

i국의 j국에 대한 수출의 상대적 집중도를 나타내는 무역결합도 지수(Iij)는 다음과 같이 정의된다.

$$I\,ij = \frac{\frac{Xij}{Xi}}{\frac{Mj}{M}} \qquad \text{(식 5-2)}$$

여기서 Xij는 i국의 j국에 대한 수출, Xi는 I국의 총 수출, Mj는 j국의 총 수입, M은 세계의 총수입(출)을 각각 나타낸다. 일반적으로 관련 국가간의 무역결합도가 '1'보다 크면 결합관계가 높다는 것, '1'보다 작으면 상호간 결합관계가 낮다는 것을 의미한다.

유승직 등(2003)은 석유제품별 무역결합도를 분석하였는데, 일본시장에서 한국의 무역결합도가 큰 제품은 나프타, 등유(2000년도 경유)등으로 나타났고, 한국시장에서 일본의 무역결합도가 큰 제품은 등유(1997, 1999), 경유(1999, 2000), 중유(1997, 2000) 등으로 나타났다. 이로써 양 시장 모두 상대방에 대한 의존도가 높은 제품은 등유 정도인 것으로 분석되었다.

1995~2006년 동안 한국과 천연가스수입국간에는 브루나이를 제외하고는 1이상의 무역결합도를 나타냄으로써 상호간에 높은 상호의존도를 보이고 있는 것으로 분석되었다(<표 5-3> 참조). 2006년을 기준으로 인도네시아(2.188)가 가장 높은 무역결합도를 나타내고 있으며, 다음으로 카타르(1.977), 말레이시아(1.646), 호주(1.319), 오만(1.219) 등의 순서

로 높은 무역결합도를 나타내고 있다. 반면, 브루나이만 2005년 높은 무역결합도(1.492)를 보이다가 2006년 무역결합도(0.451)가 낮아진 것으로 분석되었다.

1995년 이후 동태적 변화를 살펴보면, 2000년 이후 천연가스의 한국 수입량이 증가한 카타르, 오만, 호주 등과 무역결합도가 증가한 것을 알 수 있다. 한국과 브루나이간에는 2000~2005년 동안 무역결합도가 높아져 2005년 1이상의 높은 상호의존적 관계를 보이다가 이후 감소한 추세로 분석되고 있다. 이에 비해 말레이시아는 1995년 이후 1이상의 높은 무역결합도를 나타냄으로써 지속적인 상호의존관계를 보이고 있는 것으로 분석되었다. 또 한가지 특징은 한국과 인도네시아간 무역결합도는 지속적으로 2이상의 높은 무역결합도를 나타냄으로써 가장 긴밀한 무역관계를 보이고 있다. 그러나 2000년 이후 무역에 있어서 상호의존관계가 감소하고 있는 추세에 있는 것으로 분석되었다.

〈 표 5-3 〉 한국과 6개국가 무역결합도지수 비교

	1995	2000	2005	2006
한국-카타르	1.008	2.302	2.013	1.977
한국-오만	0.761	1.299	1.276	1.219
한국-말레이시아	1.521	1.599	1.644	1.646
한국-인도네시아	2.913	3.911	3.545	2.188
한국-브루나이	0.306	0.425	1.492	0.450
한국-호주	0.993	1.313	1.180	1.319

그러나 에너지자원수출국과 수입국간에는 항상 갈등을 빚을 수 있으며, 이러한 정치적 갈등은 국가 간 에너지자원산업에 대하여 사업적 위험을 가중시키는 요소로 작용하고 있다. 실제로 에너지자원보유국 및 수출국은 자국의 에너지자원에 대하여 국가적 통제력을 강화하고 있다. 반면 에너지 수입국은 이와 같은 자원민족주의에 대하여 외교적 또는 국제시장의 제도화

(예: WTO의 에너지 상품 및 서비스 협상)로 대응하고 있다. 이러한 과정에서 여러 가지 정치적 갈등이 에너지 수출국과 수입국 간에, 또는 에너지 수입국 사이에서도 발생할 수 있다. 이러한 정치적 갈등은 국가간의 에너지사업에 대하여 사업적 위험을 가중시키는 요소로 작용하고 있다.

이러한 에너지자원산업을 둘러싼 갈등에 대하여 에너지자원보유국과 수입국 사이에는 자유무역을 활성화할 수 있는 국제협력을 추진하고 있으며, 적극적으로 추진할 필요가 있다. 나아가 양국간, 특히 에너지자원수입국은 자주개발률을 제고하기 위해 에너지자원보유국에 대한 해외투자를 실시하고 있다.

III. 재생불가능 에너지자원에 대한 해외투자

세계 에너지기업의 해외투자에 대한 분석은 전통적인 해외투자이론인 Dunning의 절충이론과 에너지산업의 시스템적 특성을 감안한 경영자원의존이론(resource dependence theory), 그리고 Yip의 세계경영전략 등을 통해 이루어질 수 있다. 특히 재생불가능 에너지자원에 대한 해외투자는 Dunning의 절충이론을 통해, 그리고 재생가능한 에너지 제조업에 대해서는 Yip의 세계경영전략이나 경영자원의존이론 등을 통해 분석될 수 있다.

1. Dunning의 해외투자 이론

Dunning (1981)은 해외투자는 기업(ownership) 특유의 우위, 기업내부화 (internalization) 특유의 우위, 입지(location) 특유의 우위 등에 의해 결정된다고 주장하고 있다.[1)]

① 기업특유의 우위요인: 에너지 다국적기업들이 해외 피투자국의 기업들과 장기 · 지속적인 거래관계를 유지해 오면서 에너지산업의 경쟁력을 결정짓는 핵심적인 생산요소들을 개발·공급하고 있으며, 이러한 협력관계가 피투자국의 기업에 비해 경쟁우위를 제공하고 있다는 것이다. 이러한 기업 특

1) 해외투자의 요인별 구체적인 지표들은 Dunning (1981)의 pp. 80~81를 참조함.

유의 우위를 결정하는 변수로서 에너지기업의 규모 (종업원의 수로 평가)를 설정할 경우, 기업규모가 클수록 해외투자를 할 수 있는 능력이 많거나 가능성이 높은 것으로 분석되고 있다. 특히 규모가 큰 기업일수록 에너지자원 개발공정의 차별화를 도모할 수 있는 능력을 가지고 있기 때문에 해외투자의 유인이 크다는 세계적인 동향과 일치한다. 이러한 에너지기업들의 해외투자요인은 제조업에서 해외투자요인과 유사하다. Dyer and Ouchi (1993)는 일본 자동차부품기업들의 미국에 대한 해외투자를 결정하는 요인으로서 미국계 부품기업들과 장기·지속적인 거래관계를 유지하는 기업 특유의 우위에 기초하고 있다고 분석하고 있다.

② 내부화 우위: 해외투자를 실시하는 내부화요인은 투자기업과 피투자기업 간 거래비용을 최소화하기 위한 목적에 기인한다.[2)] 즉 해외투자 다국적기업이 해외투자에서 좋은 경영성과를 거두고 있는 것은 피투자국에서 장기 · 지속적 거래, 문제해결을 위한 빈번한 의견교환, 기술자 및 경영인력의 교환, 수익의 공유, 전용성 높은 투자 등을 통해 내부화 우위를 확보하고 있기 때문이라고 할 수 있다. 제조업의 해외투자에 있어서도 유사한 동기가 작용하고 있다. Gittelman과 Dunning(1992)은 일본 완성차기업이 해외지역에서 성공할 수 있었던 것은 소유권과 내부화의 우위를 이전함으로써 특유의 생산시스템을 이전할 수 있었기 때문으로 분석하고 있다.

해외투자를 결정하는 내부화 우위성을 대리하는 변수로 피투자국기업의 투자국기업에 대한 의존도를 설정할 경우, 의존도가 높을수록 투자국기업이 해외투자할 가능성이 높은 것으로 분석되었다. 투자국기업의 해외투자 확대는 피투자국에서 사업을 확대할 수 있는 새로운 기회가 될 것이기 때문이다.

그러나 이러한 결과는 반대로 나타날 수도 있는 것으로 분석된다. 즉 투자국기업이 피투자국기업에 대한 의존도가 높을수록 해외투자할 가능성은 낮은 것으로 분석된다. 이것은 투자국기업은 피투자국기업간 경쟁을 증가시

2) 제조업의 해외투자에 있어서도 유사한 동기가 작용하고 있음. Gittelman과 Dunning(1992)은 일본 완성차기업이 해외지역에서 성공할 수 있었던 것은 소유권과 내부화의 우위를 이전함으로써 특유의 생산시스템을 이전할 수 있었기 때문으로 분석하고 있음.

켜 가격 인하과 품질 제고를 유도하기 위해 소규모이면서 상대적으로 독립적인 기업과 협력을 강화할 수 있기 때문이다.

③ 입지 특유의 우위: 입지 특유의 우위성에 따른 해외투자는 대상시장의 특성, 생산비, 생산성, 수출 및 진출기업의 현지법인의 설립 등 해외경험 등에 따라 결정된다.

2. 주요국의 에너지 자원개발 정책

(1). 미국

미국은 자국 내 석유생산이 감소하면서 석유의 대외의존도가 1980년 40%에서 2005년 66%로 크게 증가하고 2015년 70%까지 확대될 것으로 예상되고 있다. 이에 따라 미국에서는 석유 자원의 안정적 확보가 중요한 정책과제로 등장하였다. 이러한 자원수급 여건 변화에 대응하여 미국은 에너지정책의 방향을 20세기 까지 시장기능을 통한 자국 내 에너지 산업의 효율화에서 21세기 들어서는 에너지 안보 우선정책으로 전환하고 있다.

미국은 전통적으로 자원개발 및 확보에 있어서 국가의 역할보다는 민간기업의 활동을 중요시하고 있다. 그러나 에너지 안보상 결정적인 순간에는 정치·군사적인 영향력을 발휘하여 자국 기업의 전략지역 진출의 토대를 제공하는 등 국가의 힘을 보여주고 있다.

우선, 1990년대 후반 이후 세계적인 구조개편 추세에 맞춰 석유메이저사 간 합병을 추진함으로써 1998년 Exxon-Mobil, 2000년 Chevron-Texaco사 등 초대형 메이저 기업을 보유하고 있으며, 풍부한 자금력과 기술을 바탕으로 민간기업이 주도적으로 자원개발사업에 참여하고 있다. 미국 정부는 2000년 국내 휘발유 및 천연가스 가격이 대폭 상승하고, 캘리포니아의 전력공급 사태 등 1970년 석유위기 이후 가장 심각했던 에너지 수급 불일치를 에너지 위기라고 규정하고 이러한 에너지 위기가 구조적인 원인에 의한 것으로 인식하면서 중장기적인 포괄적 에너지 확보전략에 무게를 두고 있다.

이에 따라 2001년 이후 국내외 에너지원 개발 및 확보를 주축으로 하는 공급위주의 전략을 골격으로 하는 국가에너지정책(national energy policy)을 추진하고 있다. 에너지 안보정책의 구체적 내용은 ① 석유확보를 위한 외교 전략의 강화, ② 미국 내 석유개발 확대, ③ 전략비축유 물량 확대 등이다.

한편으로 미국은 석유·천연가스의 생산지역 및 공급망을 안정적으로 확보하기 위해 에너지동맹 질서의 재편을 추진하고 있다. 사우디 등 중동국가에 대한 자국 석유회사의 직접투자 허용을 촉구하고, 중동 지역의 민주정부 구축을 유도함으로써 이 지역 석유자원에 대한 미국의 안정적 접근을 보장하고자 한다. 또한 중동국가에 대한 의존도를 줄이기 위해 카스피해 연안 국가와 협력을 강화하고, 자원 확보 경쟁에 나서고 있는 중국을 견제하는 등 석유 자원의 안정적 확보를 위한 전방위 에너지 외교를 추진하고 있다(김현진, 2005) 한편 미국 의회는 중국해양석유총공사(CNOOC)의 Unocal사 인수 시도를 '국가안보'에 저해된다는 것을 이유로 적극적인 반대의견을 개진하여 자국의 Chevron이 Unocal사를 인수하게 하여 중국해양석유총공사의 Unocal사 인수를 무산시키도 하였다. 결국 양국은 석유 확보를 에너지 안보 차원에서 접근하고 있어 양국 모두 시장원리에 따른 협력적 행동을 할 가능성은 매우 낮은 prisoner's dilemma상황에 빠져 있다고 할 수 있다.

(2). 일본

일본은 1970년대부터 에너지 자원의 다양화를 위한 해외자원개발을 추진해 왔으며, 기업 중심의 해외자원개발보다는 이른바 '프로젝트 당 한 기업(one project, one company)' 원칙에 의해 프로젝트 중심의 사업을 추진해 왔다. 그 결과 메이저기업과 대항할 수 있는 경쟁력있는 기업을 육성하는데 실패하면서, 경제력에 비해 자원개발 산업 수준은 크게 뒤쳐지게 되었다.

일본은 이러한 정책적 실패를 인정하고 총에너지 수요의 84%를 수입에 의존하는 상황에서 에너지 중단에 대비한 에너지 공급의 안정성 확보를 위한 해외자원개발정책을 추진하게 되었다. 2000년대 이후 일본의 해외자원개발정책은 정부 주도 하에 자원개발 역량 강화를 위한 자원개발기업의 대형화 유도에 초점을 두고 있다. 이를 위하여 2004년 일본석유공단(JNOC)을 폐지하고 석유천연가스금속자원기구(JOGMEC)를 설립하여 대형 자원개발사업 추진을 위한 기반을 마련하였다. 이러한 석유자원에 대한 해외투자 확대를 위하여 일본 정부는 해외자원개발에 대한 정부 자금지원 규모를 증액하고 있다. 즉, 석유·천연가스개발 부문에 대한 정부 예산을 2005년 600억 엔에서 2006년 709억 엔으로 증액하였으며, JOGMEC의 해외자원개발 출자 한도를 현 50%에서 70%로 상향조정하였을 뿐 아니라, 국가 채무보증 한도를 투자비의 50%에서 보다 상향 조정하는 것을 계획하고 있다. 또한 일본의 자원개발 중핵기업이 세계적 메이저 규모로 성장할 때까지 자금, 정보 및 기술 지원을 확대하고 있으며, JOGMEC, 국제협력은행, 일본 무역보험 등을 통해 투자위험을 보완하는 다양한 기능을 도입하고 있다.

또한 이 중핵기업의 기반을 조성하기 위해 흩어져 있는 일본의 유전자산을 INPEX라는 정부 출자기업으로 흡수하고 기업들의 통합을 통해 대형 석유기업으로 성장하기 위한 토대를 확보했다. 이에 따라 공공부문(JOGMEC), 석유개발 전문기업(INPEX), 민간 종합상사(미쓰이 등)가 주축이 되어 대규모 프로젝트 및 생산자산 지분매입 위주의 참여 전략을 추진하고 있다. 대내적으로는 기존의 일본석유공사와 광물자원개발공사를 통합해 국영석유가스공사를 설립하는 등 해외자원개발을 통한 에너지의 자주적 개발능력 제고를 위해 박차를 가하고 있다(전가림, 2005).

또한 일본의 경제산업성(METI)은 '신 국가에너지전략'을 수립하고 그동안 철폐했던 자주개발 목표를 재설정하여 현재의 10% 수준에서 2030년까지 40%까지 자주개발을 확대하고, 에너지안보 확보를 위해 정부차원의 자금지원 확대 등 상류부문의 자산취득에 대한 총괄적 지원을 제공하고 있다. 이러한 정책을 기반으로 하나의 에너지원에 과도하게 의존하지 않고, 공급중단의 위험이 작은 에너지를 중심으로 에너지원의 다양화를 꾀하며 에너지 자급률 향상에 노력하고 있다.

그리고 일본은 중동뿐만 아니라 러시아와 아프리카에 대한 자원외교도 한층 강화하고 있다. 획기적인 정책기조는 동맹국인 미국과 이해관계가 엇갈릴 경우에도 독자적으로 에너지 확보전략을 추진하고 있다는 점이다. 예를 들어, 이란이 미국으로부터 잠재적인 핵무기 보유국으로 비난받고 있는 상황에서 일본이 이란과 에너지 안보동맹을 맺기란 쉽지 않았지만 결국 계약을 성사시켰다.

일본은 공적개발원조(ODA) 등을 활용하여 원유와 천연가스 등 에너지 자원이 풍부한 중앙아시아 지역의 자원 확보를 추진하고, 동시베리아 석유 도입로 확보를 위해 러시아에 대한 경제지원을 실시하는 등 외교노력을 강화하고 있다. 일본 공공석유개발업체인 석유자원개발(JAPEX)이 일본과 러시아 간에 추진 중인 동시베리아 유전의 매장량을 확인하는 탐사작업에 참가하고 있으며, 시베리아 송유관 건설 및 탐사, 시추 비용 제공을 조건으로 러시아 에너지원 개발에 있어 일본의 입장을 강화시키고 있다. 특히 일본은 에너지 안보에 대한 최대 위협국으로 중국을 바라보고 있다. 이미 동시베리아 송유관 노선을 통해 중국과 일본의 갈등은 표면화된 바 있다. 오랫동안 중앙아시아에 공을 들여온 일본은 카자흐스탄 수도 아스타나에서 중앙아시아 5개국이 참여하는 '중앙아시아 공동시장' 창설을 주도함으로써 에너지의 안정적 확보와 중국 및 러시아 견제 장치를 마련했다(최배근, 2004).

이러한 일본정부의 노력과 함께 일본의 대표 종합상사인 미쓰비시상사의 경우, 미쓰비시 가스, 미쓰비시 화학 등 연관기업과 컨소시엄을 형성하여 세계 각국에서 자원개발사업, 정유 및 석유 화학 플랜트 지분 참여, 현지 석유화학사업 투자 등을 공동 추진하고 있다(박중구, 2007).

(3). EU

EU 역시 세계적으로 에너지 자원을 확보하기 위한 정책을 추진하고 있다. 즉 국가 전략 차원에서 메이저 기업을 육성하는 한편, 1990년대 이후에는 국영석유사의 민영화 등을 통해 정부의 관여를 대폭 축소하고 있다.

그러나 에너지 소비는 매년 1~2%씩 꾸준히 증가하는데 비해 에너지 수입의존도는 2005년 50%에서 2030년 70%로 증가될 전망에 처해 있다. 여기에 더해 북해에서 원유생산의 감소와 러시아-우크라이나 천연가스 공급 분쟁으로 발생한 천연가스 공급중단으로 에너지의 공급 차질을 빚고 있다.

(4). 중국

중국은 1993년 석유수입국으로 전락한 이래 해외 자원확보에 전력매진하고 있다. 2000년대 이전에는 외화부족으로 해외투자에 대규모 자금을 투입하기 어려웠지만, 21세기 들어 지속적인 고도성장에 따라 축적된 외환보유고를 기반으로 해외자원개발에 공격적인 투자를 하고 있다. 실제로 중국은 2006년 현재 8,000억 달러에 달하는 외환보유고를 바탕으로 해외투자를 확대하는 '저우추취(走出去 해외직접투자) 정책'을 채택해 해외투자를 가속화하고 있으며, 해외자원개발도 이러한 정책의 일환으로 이루어지고 있다.

중국은 1998년 석유산업을 3대 국유 석유기업인 중국석유천연가스집단공사(CNPC), 중국석유화학집단공사(SINOPEC), 중국해양석유총공사(CNOOC)를 중심으로 개편하고 관련기능을 조정하여 해외자원개발을 적극적으로 추진하고 있다. 이 국유기업들에 대해서 중국 정부는 양질이면서 생산비용이 적게 소요되는 국내 유전을 개발해 수익을 확보하게 하고, 국유은행을 통해 막대한 자금을 무이자로 융자하여 줌으로써 해외자원개발 사업의 투자재원을 원활히 확보하도록 지원하고 있다.

중국은 석유 공급원의 다양화 차원에서 1990년대 중반부터 중국석유천연가스총공사(CNPC)를 통해 남미의 베네수엘라와 페루, 아프리카의 수단. 중앙아시아의 카자흐스탄, 그리고 러시아, 이란, 중앙아시아의 아제르바이잔 등지에서 유전탐사 및 개발을 진행했다. 또한 제10차 5개년계획(2001~2005년)에서는 해외진출 전략거점으로 중앙아시아·러시아, 중동·아프리카, 남미 등 3개 지역을 설정했다. 그리고 2003년에는 호주에서 향후 25년간 210억 달러 규모의 액화천연가스 도입 계약을 체결하였다. 한편으로 중국은 석유기업을 인수하거나 유전매입에도 적극 나서고 있다. 그 예로 2005년 미국 정치계의 강력한 반발로 Unocal사에 대한 인수가 무산되자, 같은 해 PetroKazakhstan사를 해외투자 역사상 최고가로 인수하였다.

중국은 에너지원의 안정적 확보를 위한 자원외교의 일환으로 1990년대 중반부터 이란과 자원부문에서 협력관계를 강화하고, 이라크, 오만 등의 상류부문에 진출한 상태이다. 2004년에는 아프리카 31개국에 대한 31억 달러의 부채탕감을 약속하고, 가봉과 원유수입계약 체결, 이집트와 석유가스전 개발 협정에 조인하였으며, 2005년에는 이라크의 유전개발권을 확보하고 있다. 중국으로서는 세계의 유망 자원개발지역이 이미 대부분 서방 메이저들이 장악하고 있기 때문에 이들이 가지 않는 지역을 공략하는 이른바 '틈새전략'에 의한 해외 자원개발을 추진할 수밖에 없다.

이와 같이 중국이 중앙아시아, 아프리카, 남미 등 신흥 에너지 자원 잠재지역에 대해 무차별적인 경제지원을 하면서 에너지 자원을 확보하려는 것은 에너지 안보적 이유 때문으로 분석된다. 즉 중국은 현재 세계 에너지 자원을 지배하고 있는 미국이 향후 에너지와 자원을 통제함으로써 중국 경제를 위협할 가능성에 깊은 우려감을 가지고 있다(정우진, 2006).

또한 중국은 3대 국영석유기업들을 중심으로 세계 에너지 자원 확보를 가속화하고 있으며, 동시베리아 송유관과 동중국해 가스전 등에 자금력을 앞세워 일본과 치열한 경쟁을 하고 있다. 선진국으로 도약하고자 하는 마당에서 경제성보다는 물량확보에 최우선순위를 두고 있어 미국과의 충돌도 우려가 되고 있으며 무엇보다도 동아시아 여러 국가의 견제를 유발하고 있다.

(5). 러시아

1990년대 초 구소련의 패망 후 러시아의 에너지산업은 민영화가 추진되고 외국기업에 대해 자국의 유전과 가스전을 개방하였다. 이것은 경제난 극복과 감소하고 있는 에너지 생산력을 복원하기 위해 서방 선진국의 자금이 절대적으로 필요했기 때문이었다.

그러나 2004년 이후 러시아는 에너지기업에 대한 세제와 수출허가권을 강화하고, 유코스(Yukos) 등 민영회사를 해체하고, 가즈프롬(Gazprom) 등 국영가스회사는 시브네프트(Sibneft)사를 인수하는 등 석유와 가스사업의 국영화와 대형화를 통해 정부의 에너지 산업 통제를 강화하고 있다. 또 가즈프롬의 가스수송망과 국영 석유수송기업인 트렌스네프트(Transneft) 등의 에너지 수송망을 매개로 외국에 대한 석유와 가스수출도 중앙정부의 전략에 따라 추진될 수 있도록 통제하고 있다. 이와 함께 전략개발지역에 대한 외국인 기업의 접근제한 등 외국인의 자원개발 참여도 제한하고 있다. 즉 외국인 지분 또는 의결권이 50%를 초과하는 회사들은 '전략 광구' 입찰에 참여할 수 없다는 내용의 지하자원법을 통하여 국내자원에 대한 외국기업의 참여를 제한하고 있다.

더욱이 2007년에는 우크라이나에 가스공급을 중단함으로써 러시아의 힘을 과시했고, 동러시아 송유관노선을 놓고 중국과 일본이 벌였던 대 러시아 외교전에서 중국에 유리한 노선을 채택하였으며, 중국과 상하이협력기구(SOC)를 공동주도하는 등 에너지를 활용해 중국과의 전략적 유대관계를 강화하고 있다. 동시에 인도의 대 러시아 자원개발 투자에 우호적 환경을 조성하는 등 미국을 견제하여 정치적 세력권을 확대해 나가고 있다(정우진, 2006).

2005년 현재 러시아는 자국 내에서 생산하는 석유의 78%, 가스의 87%를 서시베리아에서 산출하고 있으나, 장기적으로는 동시베리아 및 극동 지역에 매장되어 있는 석유, 가스원을 보다 적극적으로 활용할 것으로 예상된다. 특히 러시아는 에너지 협력을 통해 시베리아 및 극동 지역 개발을 추진하고 있다. 에너지 협력을 통한 공동개발은 이 지역의 개발에 필요한 막대한 재원을 외부로부터 유입할 수 있는 기회를 제공한다는 점에서 중요성을 가진다.

이러한 외국의 사례를 살펴볼 때, 세계 각국은 석유와 가스 등 에너지 자원을 국가적인 차원에서 확보하고자 적극적으로 노력하고 있으며, 각국이 처한 여건에 맞게 메이저사를 육성하고자 하는 전략을 가지고 에너지 기업의 대형화를 꾀함과 동시에 기술력과 자금력을 확보하여 자원개발에 전력을 다하고 있다고 할 수 있다(<표 5-4> 참조).

〈표 5-4〉 각국별 자원개발 정책 비교

구분	자주개발율[1)]	정 책 기 조	자원개발
미국 (수입)	(‘04:38%)	• 메이저사가 해외유전개발을 선도하며 국가는 정치·군사적인 영향력 최대한 발휘, 자국기업 자원진출 토대 구축	Exxon-Mobil, Chevron-Texaco
일본 (수입)	‘30:40% (‘06:15%) (‘04:9.8%)	• 정부주도하에 역량강화를 위한 유전개발기업 대형화 유도 및 JNOC 등 공공지원 기능 개편	INPEX, JOGMEC
유럽 (수입)	프랑스(‘04:93%) 스페인(‘04:56%) 이태리(‘04:51%) 독일 (‘04:11%)	• 식민지를 발판으로 한 자원확보 및 국영사 민영화로 정부관여가 대폭 축소되고, 기업간 합병으로 대형화 적극 추진	Total-Fina, Repsol, ENI, DEMINIX BP-Amoco
한국 (수입)	‘30 : 35% ‘08 : 10% (‘05 : 4.1%)	• 정상외교 추진으로 자원개발 강화 • 공기업과 대기업을 중심으로 에너지산업의 동반진출 전략 추진	KNOC, KOGAS, 대우인터내셔널, SK, GS 등
중국 (수입)	-	• 국가 안보적 차원에서 정부의 자원외교를 바탕으로 자금력을 앞세워 석유자원의 확보에 공격적이며, 경제성보다는 물량 확보를 우선시	CNPC, CNOOC, SINOPEC
러시아 (수출)	-	• 에너지 산업의 정부 통제권 강화, 국영석유사 대형화 및 위상 강화유도 • 전략광구에 대한 외국의 참여제한 및 외국기업 소유권 제한과 세제 강화	Rosneft, Gazprom

자료: IEA자료(각년호)

Ⅳ. 재생가능 에너지 제조업에 대한 해외투자

1. 해외투자의 형태

에너지 산업조직론에서 설명한 바와 같이 전통적인 에너지 산업에서 부가가치공정은 광권확보, 탐사, 시추, 유전평가, 유정완결, 생산, 저장, 운반, 마케팅 단계 등으로 전주기를 완성하고 있다. 각 에너지기업들은 회사의 경영전략에 따라 선택적으로 어느 단계에서든 진입이 가능하다. 진입단계의 선택은 자사의 사업경험, 현금의 흐름과 기술적 특성 등에 따라 결정된다. 부가가치공정이 이와 같은 주기를 따라 진행되는 과정에서 기술적 위험도는 감소하는 특징을 보이고 있다. 그러나 탐사, 개발, 생산 등에 대한 각각의 단계는 서로 다른 특징과 위험성을 가지고 있다.

세계 에너지기업에 대한 산업조직론적 분석의 시사점으로서, 국제경쟁력을 갖춘 에너지 · 자원개발 전문기업으로 성장하기 위해서는 첫째, 탐사-개발-생산-유통 등 전주기에 걸쳐 사업을 추진할 필요가 있다. 둘째, 규모의 경제효과를 거둘 수 있어야 한다. 셋째, 의사결정의 신속성을 확보할 수 있어야 하고, 넷째, 개발권 확보를 위해 국가적 차원에서 총체적인 지원을 받을 수 있어야 한다. 위와 같은 목적을 달성하려면 단일기업 혼자만으로는 담당하기 어려우며, 부가가치창출사슬에서 각 기능별로 전문기업들이 참여하는 방식으로 추진될 필요가 있다.

더욱이 세계 선진 다국적 메이저들이 탐사 · 개발 등 고유의 업무를 추진하기 보다는 인수 · 합병을 통해 조직의 대규모화와 수직계열화를 추진하고 있는데 대응하여 후발국 또는 기업들이 진입하기 위해서는 기능별 전문기업들간 콘소시엄이 필요하다. 이 때 부가가치창출사슬의 각 공정을 분해하여 핵심능력을 가진 해외기업 또는 국가에 할당하고 이를 종합하여 수익을 극대화하는 프랙털 시스템을 도입하는 것이 매우 중요하다. 이와 같은 해외투자를 분석하는 연구틀로서 Yip(1992)의 연구를 들 수 있다.

2. Yip의 해외투자 이론

Yip은 산업의 세계화는 글로벌 잠재력 (globalization potential)과 글로벌 전략(globalization strategy)이 상응할 (linkage) 때만 성공할 수 있다고 주장하고 있다. 가장 성공적인 세계전략이 되려면 글로벌화의 정도가 너무 지나치지 않으면서도 부족하지 않게 조화를 이루는 것이 중요하다는 것이다. 즉, 산업이 갖고 있는 글로벌 잠재력보다 높은 수준의 글로벌 전략을 실행할 경우 다국가 전략적 불이익 (national strategic disadvantage)을 감수해야 한다. 예를 들어, 제품이나 프로그램을 현지에서 요구하는 수준만큼 개량하지 않음으로써 이에 따른 불이익을 보게 된다. 반면, 산업이 갖고 있는 글로벌 잠재력보다 낮은 수준에서 글로벌 전략을 실행한다면, 글로벌 전략적 불이익 (global strategic disadvantage)을 감수해야 한다. 예를 들어, 제품 표준화를 통한 원가절감과 같은 잠재적 글로벌 이익을 상실하게 될 수 있다.

Yip은 산업의 세계화를 촉진하는 요인으로 시장요인, 비용요인, 정부요인, 경쟁요인 등 4가지 요인을 지적하고 있다. ① 시장요인으로서 소비자 욕구의 동질화, 세계적인 수요의 존재, 세계적인 유통채널의 존재, 범세계적인 마케팅활동의 가능성을 들고 있다. ② 비용요인으로서 규모와 범위의 경제 가능, 학습효과, 물류(logistics)상 유리, 표준화를 통한 제품개발비용의 감소, 국가 간 비용 및 기능상 차이의 존재 여부에 대한 판단이 필요하다. ③ 정부요인으로서 관세, 비관세장벽, 국산화정책, 기술표준화 정책, 마케팅 규제 등에 대한 분석이 필요하다. ④ 경쟁요인으로서 경쟁자의 존재여부, 국가 간 상호의존의 정도 등에 대한 고려가 필요하다. Yip은 위 4가지 요인에 있어서 글로벌 잠재력의 정도에 맞춰 세계화가 추진되어야 성공 가능성이 높아진다고 분석하고 있다.

다음으로, Yip은 세계화 전략을 글로벌 전략(globalization strategy)과 다국적 전략 (multidomestic strategy)으로 구분하고 있다. 글로벌 전략과 다국적 전략은 6가지 정도 다른 특징을 보이고 있다. ① 다국적 전략이 경쟁우위를 지속적으로 유지할 수 있는 핵심전략을 개발하고 그 핵심전략을 국제적으로 확대하는 전략인데 비해, 글로벌 전략은 핵심전략을 국가 단위를 초월하여 세계적으로 통합하는 전략이다. ② 다국적 전략은 투자국가의 선정, 제품표준화의 정도, 부가가치활동의 집중 · 분산의 정도, 통일적인 마케팅, 경쟁조치의 통합 등에 있어서 특정국의 잠재적인 수익성에 따라 투자국을 선택하는 반면, 글로벌 전략은 한 국가의 수익성이 낮아도 세계적 잠재적 이익에 대한 기여도에 따라 투자국가를 선택한다. ③ 다국적 전략은 생산제품을 특정국가의 현지요구에 따라 조정하는 반면, 글로벌 전략은 표준화된 핵심제품을 개발하고 현지요구에 따라 최소한의 조정만을 실시하는 전략이다. ④ 다국적 전략은 대부분의 부가가치활동을 투자국 모두에서 재생산하는 반면, 글로벌 전략은 부가가치활동의 사슬을 분해하여 각 사슬이 경쟁우위를 갖는 국가에서 이루어질 수 있도록 하는 전략이다. ⑤ 다국적 전략은 각 국가에 따라 마케팅전략을 달리하는 전략인 반면, 글로벌 전략은 가격 · 판로 · 판매입지 등 모든 마케팅활동을 세계적으로 통일하려는 전략이다. ⑥ 다국적 전략이 다른 국가에서 일어나고 있는 경쟁에 대한 고려없이 일국 차원에서 경쟁조치를 마련하는 반면, 글로벌 전략은 다른 국가의 경쟁조치를 고려하면서 국가 간 통합된 전략을 추구한다.

Yip은 산업별로 세계화 촉진요인 및 세계화 전략은 다르게 나타나고 있는 것으로 분석하고 있다. 이 중, 에너지산업은 전체 산업의 평균보다 높은 글로벌 잠재력을 나타내고 있으며, 이러한 잠재력에 따라 다국적 전략보다는 글로벌전략을 추구하고 있다고 분석하고 있다.

이러한 Yip의 이론에 따라 교토의정서 이후 활발하게 추진되고 있는 글로벌 청정개발체제(CDM)과 공동이행사업(JI)에 대해 평가하기로 한다. 사례로서, 일본 미쓰비시 UFJ증권이 실행하고 있는 글로벌 CDM과 JI프로젝트를 분석하기로 한다. 우선 진행되고 있는 국가별 최대규모의 글로벌 CDM과 JI프로젝트만 보아도 <표 5-5>과 같으며, 구체적으로 약 1,000건이 추진되고 있다.

〈표 5-5〉 일본 미쓰비시 UJF 증권의 해외투자사례

피투자국	유 형	고 객	CDM/JI	추정CER
아르젠티나	Waste Heat Recovery	Confidential	CDM	t.b.c.
브라질	Biomass Heat Generation	GEEA	CDM	19,486
캄보디아	Biomass Power Generation	Angkor Bio	CDM	51,620
중국	Cogeneration from MSW and sludge	CECIC Blue-Sky Investment Consulting & Management Co., Ltd	CDM	120,000
이집트	Renewable Power Generation	The Japan Bank for International Cooperation(JBIC)	CDM	248,609
인디아	Biomass Power Generation	Shree Nakoda Ispat Ltd.	CDM	58,891
인도네시아	Biogas extraction from wastewater	Sumitomo Corporation	CDM	271,436
한국	Fuel switch	SeAH Besteel	CDM	43,402
마케도니아	Rehabilitation of hydro power plants	Elektrani na Makedonija	CDM	202,344
말레이시아	Biomass Power Generation	Mas Gading Green Energy, Mukah Green Energy, Agritech Marketing Co. Ltd	CDM	295,410
멕시코	Waste Heat Recovery	Confidential	CDM	t.b.c
몰도바	Biofuel	Confidential	CDM	30,000
몽고	Hydro Power Generation	ERDC, Ministry of Fuel and Energy	CDM	c. 400,000
파키스탄	Energy efficiency	Bio Energy (Japan)	CDM	153,000
파라과이	Forestry	Servicio Forestal Nacional (Paraguay), Japan Green Resources Agency (Japan)	ARCDM	6,000
필리핀	Landfill gas recovery	BEST Inc.	CDM	c. 100,000
러시아	Biomass Power Generation	Confidential	JI	60,000
스리랑카	Hydro Power Generation	Confidential	CDM	16,000
태국	Biogass Extraction from wastewater	Sumitomo Corporation	CDM	149,975
우크라이나	Hydropower rehabilitation	World Bank - IBRD	JI	200,387
베트남	Carbon capture & storage	Mitsubishi Heavy Industries	CDM	4,622,311

이와 같이 추진되고 있는 글로벌 CDM과 JI사업에 있어서 발견되는 몇 가지 시사점들이 위와 같은 Yip의 주장을 반증하고 있다고 할 수 있다. ① CDM 프로젝트를 통해 피투자국에 이전된 기술은 투자가 이루어지기 이전에는 피투자국에서 이용된 적이 없는 장비나 지식의 활용과 관련되어 있는 것으로 파악되고 있다. ② 대규모 프로젝트일수록 기술이전에 대한 요구는 많은 반면, 소규모이거나 일방적인 프로젝트는 기술이전에 대한 요구가 작은 것으로 조사되고 있다. ③ 기술이전은 외국 소속 참가자가 있는 프로젝트에서 더 잘 이루어지고 있는 것으로 나타나고 있다. ④ 기술이전의 가능성은 프로젝트의 규모와 국내총생산(GDP)에 비례하여 증가하는 반면, 피투자국의 인구규모가 많을수록 감소하는 것으로 분석되고 있다. ⑤ 기술이전을 포함한 프로젝트의 56% 정도가 장비와 지식의 이전을 모두 요구하고 있으며, 32%는 장비만의 이전을, 11%는 지식만의 이전을, 1%는 국내·외 기업이 모두 참가한 가운데 신기술의 이전을 요구하고 있는 것으로 조사되고 있다. ⑥ 미국, 일본, 독일, 프랑스, 영국 등이 장비와 지식 모두를 이전하는 주요 국가들인 것으로 파악되고 있다. ⑦ 이에 비해 한국, 중국, 대만, 브라질, 인도 등은 장비 이전의 94% 정도를 담당하면서 교토의정서에 있어서 비 Annex 1 국가들로부터 이루어진 지식이전의 74%를 차지하고 있다.

3. 경영자원 의존이론

그러나 이러한 절충이론은 경영자원의존이론(Resource Dependence Theory)이 강조하는 에너지산업 고유의 시스템적 특성, 즉 에너지산업과 제조업·건설업·정보통신기술 등 기타 산업들이 종합화되면서 상호의존관계를 맺고 있는 특성을 간과하고 있다. 실제로 에너지산업은 부가가치공정과 품질 및 가격이 각 공정단계에 참여하고 있는 기업간 종합적인 품질관리와 생산비용 인하 등 협력적인 노력에 의해 결정된다. 이러한 협력관계가 상호이익이 되기 위해서는 연구개발에서 생산, 마케팅에 이르기 까지 부가가치를 창출할 수 있는 모든 과정에서 자본, 정보 등 경영자원을 교환, 공유하는 것이 매우 중요하다. 특히 협력관계가 장기간 지속적으로 이루어지면서 공동투자, 자산의 전용성 등을 통해 상호의존관계가 심화되는 것을 계열관계로 발전한 것으로 볼 수 있다. (Gerlach, 1992). 이러한 계열관계의 형성과 에너지자원개발기업의 하도급 관련기업에 대한 높은 의존도, 하도급관련기업의 해외투자 경험 등이 에너지자원개발기업이 세계시장에 진출하여 성공하는데 기반이 되고 있다. 이러한 현상은 제조업의 해외투자에서 나타난 것과 유사하다. McMillan(1990), Florida와 Kenney (1991) 등은 일본 완성차기업의 미국 완성차기업에 대한 비용우위는 일본내에서 계열관계를 가지고 있던 부품공급기업과의 네트워크를 미국에서 효율적으로 재구축한 것에 기인한 것으로 분석하고 있다.

앞에서 설명한 바와 같이 에너지자원 개발사업에서 프랙털 시스템을 구축하기 위해서는 자원보유국이 경제발전을 위해 모색하고 있는 제조업과 에너지인프라 및 사회간접자본(SOC) 건설을 지원하고 자원수입국이 필요한 자원을 확보하는 패키지형 자원개발 모델을 고려할 수 있다.

위에서 사례로 분석한 카타르와 한국 간 협력 및 경쟁관계는 무역결합도가 1이상으로 상호간의 상대적 무역비중이 높은 반면, 확연하게 산업간 무역의 형태를 보이고 있다. 여기서 카타르 등 천연가스 자원보유국들과 한국과의 국제분업은 천연가스의 안정적인 수요처 확보, 경제개발, 외국인 투자 유치 등의 천연가스보유국 요구와, 해외투자 활성화와 천연가스의 안정적인 확보를 원하는 한국과 상호간의 이해가 일치하는 방법으로서 보다 적극적인 검토가 필요한 상황이다.

우선, 제조 · 건설 · IT 등의 기타산업과 에너지산업간 package방식을 통한 동반진출과 함께 컨소시엄 형태의 새로운 자원개발전문기업 형성이 중요하다. 이는 천연가스를 수출하는 국가들의 여건과 한국이 강점을 가진 산업들을 전략적으로 결합함으로써 선진국에 비해 자원개발에 대한 경험 부족 및 에너지 메이저 기업을 보유하지 못한 열악한 환경을 극복하는 방안이 될 것이다. 특히, 전력 · 가스 등의 에너지 plant 수출의 경우 국내관련 산업인 엔지니어링, 설비, 부품 · 소재 등에 미치는 파급효과가 막대할 것이며, 대규모 건설프로젝트 수주의 경우 성공 수행 시 발주국내에 여타 프로젝트와 연계 수행을 통해 자원보유국의 산업기반(infrastructure)에 참여함으로써 국가 인지도를 상승시켜 향후 해당 국가 안에서 추가 천연가스확보를 위한 유리한 위치 선점이 가능할 것이다.

해외자원개발사업에 대한 투자 성공을 위해 가장 중요한 것은 투자기업의 전문화된 능력이다. 영국, 프랑스, 스페인, 이탈리아 등 자국내 석유자원을 갖고 있지 않은 상태에서 해외자원개발을 통해 석유확보를 성공적으로 이룬 국가들은 모두 자국 내에 자원개발 전문기업을 보유하고 있는 반면, 해외 석유개발이 저조한 일본, 독일의 경우 모두 자원개발 전문기업을 보유하고 있지 못한 점이 이를 설명해 주고 있다.

BP, TOTAL-ELP, REPSOL, ENI 등 유럽의 석유개발 전문기업들은 모두 초기 공기업의 형태로 정부의 정책적 육성 지원 정책을 통해 성장된 기업들이며, 선순환적 성장이 이루어질 수 있는 일정 규모로 성장한 이후 민영화 과정을 통해 민간기업으로 전환되는 과정을 거쳐 왔다. 따라서 자원개발 전문기업 육성을 통해 자원개발산업의 선순환적 성장구조를 마련하여 석유 등 주요 자원의 안정 확보와 수익창출이 가능하도록 도모하여야 할 것이다.

두 번째는 에너지자원보유국의 외국인투자유치정책의 지향성을 파악하여 그에 합당한 방법으로 접근하는 것이 필요하다. 그 예로서 중동 자원보유국의 외국인 투자유치정책은 투자국의 기업이 현물 및 지분투자를 하는 유한회사(limited liability company: LLC) 형태의 조직을 요구하고 있다.

위와 같은 방안들을 토대로 한국의 제조 · 건설 · IT등의 기타 산업들이 에너지산업과 더불어 가스자원보유국 산업에 일정수준을 점유하게 된다면, 진출기업들의 안정적인 조업과 함께 지속적인 에너지자원 확보에도 큰 도움이 될 것으로 사료된다.

Ⅴ. 소결

21세기 세계가 석유나 천연가스 자원의 쟁탈전을 회피하고 지속가능한 발전을 달성하기 위해서는 기술혁신에 대한 신뢰를 기초로 에너지 · 환경 분야에서 무역 및 해외투자, 기술개발을 촉진하는 2국간, 지역간, 다국간 중층적인 협력체제를 구축해 가는 것이 매우 중요하다. 이를 위해서는 국제적인 법적 조직으로 1998년 발효한 "에너지헌장조약"을 적극 활용할 필요가 있다.

그러나 여기에 아직 미국, 중동, 아프리카, 러시아 등 에너지자원보유국들이 참가하지 않고 있어 효과를 거두고 있지 못하다. 한편, 국제석유시장에서 소비국의 집단인 국제에너지기관(IEA)과 산유국 카르텔인 석유수출국기구(OPEC)의 협력적 관계를 촉진하기 위해 설치된 국제에너지 포럼(IEF)을 활성화할 필요가 있다.

또한 에너지의 안전보장이나 시장의 효율화, 온난화대책을 추진할 때 아시아에서도 EU와 같은 지역협력 조직이 필요하게 되었다. 2004년 필리핀에서 개최된 ASEAN + 한 · 중 · 일 에너지회합에서 석유비축의 강화, 투명한 경쟁촉진적인 석유시장의 정비, 천연가스나 재생가능한 에너지 이용확대, 에너지절약의 추진 등의 분야에서 지구적 차원의 협력을 추진하는 것이 합의되었다. 향후 인도 등을 포함하여 에너지와 환경의 양면에서 협력하는 "아시아 에너지·환경공동체" 등으로 발전시킬 필요가 있을 것으로 보인다.

6

통상 · 기후변화협약

통상·기후변화협약

제 6 장

Ⅰ. 문제제기

21세기 들어 세계 에너지산업은 구조적인 초과수요에 기인하는 고유가 패러다임에 대한 대응(제2장에서 분석함) 이외에 기후변화협약 이후 지구온난화 방지를 위한 이산화탄소(CO_2) 절감 과제를 안고 있다.

지구온난화 방지를 위한 기후변화협약은 1992년 브라질의 리우 정상회의에서 채택되어 1994년 발효되었다. 그러나 이 협약은 지구온난화의 주요 원인인 온실가스 배출 억제를 규정하고 있으나 강제적인 구속력을 가지지는 못하였다. 이에 따라 선진국의 보다 강력한 온실가스 감축을 주요 내용으로 하는 교토의정서가 1997년 채택되었다. 4년여의 협상 끝에 교토의정서의 이행방안이 합의되었으며, 미국의 거부에도 불구하고 2005년 2월 발효되었다. 2007년 인도네시아 발리에서 열린 당사국 총회에서는 이산화탄소 최대 배출국인 미국과 개도국의 참여와 기후변화 대응 로드맵을 채택하고 있다.

이 장에서는 기후변화협약과 관련하여 주요 내용과 산업에 미치는 영향, 그리고 교토의정서 이후 새롭게 등장하고 있거나 등장할 것으로 예상되는 에너지 비즈니스를 분석하기로 한다.

Ⅱ. 기후변화의 현상과 영향

1. 기후변화 현상

우선, 20세기에 관찰된 기후변화 현상을 살펴보면(미국대기연구센터, 2001; IPCC, 2001), ① 지표 평균 온도는 0.6±0.2℃상승하였고, 해수면은 15~20cm 상승한 것으로 조사되었다. ② 장기간의 온도 변화를 보면,

1995~2004년 동안이 지난 2000년 동안 가장 무더운 10년이었으며 가장 무더운 해의 9/10가 위 10년에 집중되어 있다. ③ 강우량은 전체적으로 2% 증가하였으나, 지역적으로 보면 북반구에서는 5~10% 증가한 반면, 서아프리카와 다른 지역에서는 오히려 감소하였다. ④ 엘니뇨 현상은 지난 100년에 비해 과거 20~30년 사이 자주 발생하면서 더 강해졌다. ⑤ 북극해 빙하의 면적이 1950년 이래 10~15% 감소하였고, 두께는 지난 수십 년사이에 여름에서 초가을 사이 40% 엷어지고 있다. ⑥ 강과 호수의 어는 시기는 늦어지고 녹는 시기는 빨라졌다. ⑦ 식물의 생육 시기는 북반구, 특히 높은 위도 지역에서 지난 40년 사이에 매 10년마다 1~4일 길어졌다. 그리고 ⑧ 철새, 어류, 곤충 등의 분포지역이 바뀌고 있는 것으로 조사되었다. 열대 우림 지역에서 동물의 종, 특히 양서류가 줄고 대신 온난하고 건조한 지역으로 옮겨가고 있는 것으로 나타났다.

미국대기연구센터는 지난 100년 동안 기온 변화를 3단계로 나누어 "1910~1930년대까지 기온 상승은 주로 태양의 활동 때문이며, 2차대전 이후에는 산업활동이 강화되면서 황과 에어로졸이 많이 방출되어 오히려 지구 온도가 약간 하강하였으나, 1980년 이후에는 인위적인 온실가스의 방출이 다른 어떤 요인보다 우세하게 작용하여 지구를 덥게 만들고 있다"고 분석하고 있다.

향후 나타날 이상기후현상으로서는 ① 강우량이 늘고 폭우 횟수가 증가할 것이며, ② 유럽, 북미 등의 지역에서 통상 주변 온도보다 10℃ 이상 무더위가 장기간 지속될 것이며, ③ 강우 패턴의 변화로 홍수와 가뭄이 늘어나고, ④ 새로운 환경에 적응하지 못하는 종이 더 많이 사라지고, ⑤ 가뭄이나 홍수로 인한 이재민이 많아지고 해수에 의한 지하수 오염으로 식수 문제가 심각해질 것으로 예측되고 있다.

2. 기후변화의 정의

이상과 같이 기후의 평균이나 변동이 일정기간 동안 의미있는 편차를 나타내는 현상을 기후변화(climate change)라고 정의하기로 한다. 유엔기후협약(UNFCCC)은 기후변화를 "자연적인 기후 변동(climate variability) 이외에 대기 구성에 영향을 미치는 인간 활동에 의해 직접 혹은 간접적으로 기인하는 기후의 변화(IPCC, 2001)"로 정의하고 있다. 특히 자연적인 온실효과보다는 인위적인 온실효과(greenhouse effect)로 인해 지구기온이 상승하는 지구온난화(global warming)를 강조하는 의미로 사용되고 있다.

여기서 지구온난화를 유발하는 인위적인 온실가스의 종류는 매우 다양하지만, 특히 이산화탄소(CO_2), 메탄(CH_4), 아산화질소(N_2O), 프레온가스(CFCs) 및 그 대체물질(HFCs, PFCs, SF_6) 등이 대표적으로 꼽히고 있다(<표 6-1> 참조).

〈표 6-1〉 주요 온실가스 특징

구 분	이산화탄소 (CO_2)	메탄 (CH_4)	아산화질소 (N_2O)	CFCs 및 대체물질 (HFCs, PFCs, SF_6)
대기체류기간	50-200년	20년	120년	65-130년
배출원	화석연료 연소 산림벌채	쌀경작 가축사육 폐기물 매립 천연가스 이용	농지경작	냉매, 세척제
1990년수준의 농도유지조건	60-80% 감축	15-20%감축	70-80% 감축	전체 감축
산업혁명이전농도	280 ppmv	0.8 ppmv	288ppbv	0
1990년 농도 (증가율)	353 ppmv (26%)	1.72 ppmv (115%)	310 ppbv (8%)	280 pptv(CFC-11) 484 pptv(CFC-12)
지구온난화지수 (100년간)	1	21	310	1300-23900

자료: 에너지경제연구원

이중 이산화탄소는 인위적으로 배출되는 전체 온실가스의 약 60%를 차지하고 있으며 메탄이 15~20%, 아산화질소 및 기타 가스가 나머지 20% 정도를 차지하고 있다.

3. 기후변화의 영향

기후변화에 의한 영향은 사회, 경제, 환경 등 모든 분야에 걸쳐 나타나고 있는 것으로 분석되고 있다. 일부 지역별에서는 지구의 온난화에 따른 식생대의 조기성장으로 이모작 등이 가능해져 긍정적인 측면도 있다. 그러나 대부분의 영향이 해수면 상승, 생태계 변화, 사막화 가속 등 부정적인 측면이 많아 국제적인 사회, 경제, 환경 이슈로 대두되고 있다(강승진 외, 2003을 수정 · 보완함)

2005년 IPCC가 발표한 보고서에 따르면, 지구의 평균기온이 1.5° 상승하면 세계적으로 최대 17억 명이 물 부족에 직면하고 3,000만 명이 기근에 시달릴 것으로 예측되고 있다. 만약 3° 이상 상승하면 1,500만 명이 홍수 위험에 노출되고 1억 2,000만 명이 굶주림에 시달릴 것으로 전망되고 있다. 나아가 지구온난화가 생태계에 미치는 영향은 더욱 클 것으로 전망되고 있다. 지구온도가 1°만 상승해도 양서류는 멸종하며, 1.5°~3.5° 상승 시에는 생물종의 20~30%가 멸종될 것으로 예상되고 있다. 인류의 건강도 심각한 위협을 받게 되는데, 기온이 약 1°만 올라가도 전염병과 알레르기가 확산될 것으로 전망된다. 1.5° 상승하면, 지상의 오존이 폭넓게 형성되면서 심장병과 같은 질환도 증가할 것으로 예상된다. 지역별로는 빠른 경제성장과 인구 증가, 도시화 현상이 두드러지는 아시아 지역에서 기후변화에 의한 악영향이 크게 증가할 것으로 전망되고 있다.

III. 기후변화협약의 진행과정과 주요 내용

1. 기후변화 대응정책에 대한 논의 과정

지구온난화 문제가 공식적인 국제회의에서 처음으로 제기된 것은 1979년 제네바에서 개최된 1차 기후회의(World Climate Conference)이었다. 과학자들은 화석연료의 사용, 삼림 파괴, 토지 이용의 변화 등에 기인한 이산화탄소의 축적이 지구온난화의 주원인임을 밝히고 있다. 그리고 각국 정부로 하여금 인류의 복지에 배반되는 인위적인 기후변화를 예측하고, 인간의 활동에 의한 기후변화의 부정적 영향을 방지하기 위한 정책을 촉구하였다. 이 회의의 결정에 따라 기후변화의 원인과 영향을 과학적으로 연구하기 위한 세계기후계획(World Climate Programme)이 설치되었다.

1980년대 들어 세계적으로 이상기후에 의한 자연재해가 증가하면서 지구온난화의 논쟁이 가열되기 시작하였다. 1985년 유엔환경계획(UNEP) 주관으로 오스트리아 빌라흐(Villach)에 모인 29개국 과학자들은 온실가스의 지속적인 농도 증가가 중대한 기후변화를 일으킬 가능성이 크므로 새로운 에너지 및 삼림정책을 통해 온실가스 배출을 제한하고, 온실효과에 대한 이해를 증진시키기 위한 즉각적인 조치를 취할 것을 촉구하였다.

1988년 캐나다 토론토에서 캐나다정부, UNEP 및 세계기상기구(WMO) 공동 주최로 개최된 '대기변화에 관한 국제회의'는 기후변화방지를 위한 국별 대책 마련을 촉구하였다. 구체적인 조치로서 2005년까지 1990년 기준 온실가스 배출량의 20% 감축, 대기보호를 위한 포괄적 · 지구적인 협약 개발, 선진국에서 화석연료소비에 부과되는 세금을 재원으로 한 세계대기기금의 조성 등을 제안하였다(「대기를 지키기 위한 행동계획」). 1988년 UN총회의 결의에 따라 세계기상기구와 유엔환경계획 등에 의하여 기후변화에 관한 정부간 위원회(IPCC)가 설치됨으로써 기후변화에 적극적으로 대처하기 위한 국제적인 노력이 본격화되었다.

IPCC는 1990년 세계 70여개국 1,000여명의 전문가로 구성된 실무 작업반을 구성하여 기후변화의 과학적 분석 및 영향, 온실가스 감축을 위한 대응전략 등에 관한 기존의 연구를 종합 평가하여 1차 평가보고서를 완성하였다. IPCC 1차 평가보고서는 향후 기후변화협상을 촉진하는데 과학적인 근거를 제시하였다. 1990년 제2차 세계기후회의가 스위스 제네바에서 세계 137개국이 모인 가운데 과학기술회의, 각료급회의와 함께 개최되었으며, IPCC 1차 평가보고서를 토대로 기후변화방지를 위한 세계기후협약의 제정을 촉구하였다.

그러나 참가자들은 기후변화에 대한 대응의 필요성은 인정하면서도 각국의 이해관계가 첨예하게 대립하여 합의된 배출목표를 설정하지는 못하였다. 다만 그동안의 회의에서 나온 원칙들과 기후변화에 대한 과학적인 연구의 지속적 수행, 지체없는 대응정책의 마련, 1992년 UN환경개발회의(UNCED)에서 채택할 기후변화협약의 틀을 마련할 것 등을 합의하였다.

이후 1990년 제45차 유엔 총회에서 기후협약 제정을 위한 정부 간 협상위원회(INC)가 구성되어 본격적인 기후협상이 시작되었다. INC는 1991년부터 1992년 까지 모두 다섯 차례의 협상을 개최하여 기후변화협약 최종안을 채택하였으며, 브라질 리우에서 열린 유엔 환경개발회의에 상정하였다.

이와 같은 국제적인 노력 끝에 만들어진 기후변화협약이 1992년 6월 브라질의 리오데자네이로에서 열린 유엔환경개발회의(UNCED)에서 채택되었으며, 세계 154개국의 서명을 받았다. 이후 각국의 비준절차를 거쳐 50개 당사국의 비준을 받은 후 90일이 경과한 1994년 3월 21일에 정식으로 발효되었다. 그러나 이렇게 마련된 기후변화협약이 절차에 관한 규정 등 많은 중요한 논점들이 미결상태로 남아있게 되었다. 결국 이러한 과제에 대한 새로운 협상이 "교토의정서" 형태로 등장하게 되었다.

2. 당사국총회(COP) 전개 과정

기후변화협약이 정식 발효됨에 따라, 동 협약의 이행을 위하여 1995년 베를린에서 제1차 당사국총회(COP-1: The first session of the Conference of the Parties)가 개최되었다. 당사국총회(COP)는 기후변화협약의 이행에 관한 사항을 논의하고 의결하기 위해 설치된 최고의결기구이다. 제1차 당사국총회에서는 기존 협약상의 의무사항만으로는 협약의 목적 달성에 부적합하다는 데 합의를 보고, 2000년 이후 선진국들의 의무를 강화하기 위해 협상을 시작할 것을 결의하였다(베를린 결의: Berlin mandate). 그리고 국가별 상황, 평가 및 분석을 고려하여 온실가스 감축목표와 일정을 설정하고 선진국의 온실가스 감축목표에 관한 협상을 시작할 것을 합의하였다.

교토의정서 협상시한인 1997년 제3차 당사국총회는 세계인들의 관심이 가장 집중된 회의였다. 감축목표 설정과 관련하여 부속서 I 국가들에 대해 사전적으로 1990년 대비 최소 5% 감축하기로 하고, 이를 각 국가별로 할당하는 방식이 결정되었다. 그리고 6개 온실가스 배출 및 흡수원은 일괄적으로 계산하며, 기존의 공동이행제도 외에 청정개발체제와 배출권거래제가 도입되었다. 특히 배출권거래제는 협상 초안에는 없었으나, 의정서 협상 마지막 순간에 추가되었다.

교토의정서가 채택된 이후의 중요한 논점사안은 의정서의 구체적인 이행방안 협상과 개도국의 온실가스 감축문제가 되었다. 그러나 개도국의 온실가스 감축 문제는 개도국들의 강력한 반대로 공식적으로는 논의되지 못하였다. 의정서 이행방안 협상에 있어서 가장 중요한 사항은 흡수원에 대한 인정범위와 교토메카니즘 운영방안이었다. 특히 협상시한인 제6차 당사국총회에서는 흡수원 인정문제로 협상이 결렬되기도 하였다. 결국 제6차 당사국총회 속개회의에서 큰 정치적인 합의(Bonn Agreements)를 보고, 2001년 제7차 당사국총회에서 구체적인 이행방안이 완전히 합의되었다(Marrakesh Accords).

〈표 6-2〉 기후변화협약 추진역사

연 도	내 용
1979	세계기후프로그램 (World Climate Program) 설립
1988. 11.	기후변화에 관한 정부간 협의체 (IPCC) 설립
1990. 12.	제45차 유엔총회에서 기후변화협약 제정 결의
1992. 6.	Rio 유엔환경개발회의에서 기후변화협약 채택
1993. 12.	우리나라 기후변화협약에 가입
1994. 3.	기후변화협약 공식 발효
1995. 4.	교토의정서 협상 개시
1997. 12.	제3차 당사국총회에서 교토의정서 채택
1998.11.~2001.11.	교토의정서 이행방안 협상
2002.	지속가능 발전을 위한 세계정성회의(WSSD) 개최 우리나라 교토의정서 비준
2005. 2. 16.	교토의정서 발효

교토의정서 이행방안이 합의된 후, 각국은 기후변화협약이 채택된 지 10년이 되는 2002년 지속가능 발전을 위한 세계정상회의(WSSD)에 즈음하여 교토의정서 발효를 희망하였다. 그러나 미국과 호주의 비준 거부와 러시아의 비준 지연으로 교토의정서의 발효가 불투명해졌다. 결국 2004년 10월에서야 러시아가 비준절차를 마침에 따라 교토의정서는 2005년 2월 16일 발효되었다. 교토의정서는 채택 후 7년, 협상 완료 후 3년 만에 그 효력을 발생하게 된 것이다.

2005년 2월 교토의정서가 발효된 후, 제11차 기후변화협약 당사국총회 겸 제1차 의정서 당사국총회(COP/MOP1)가 캐나다의 몬트리올에서 개최되었다. 이 회의에서 러시아의 반대에도 불구하고 2012년 이후 온실가스 의무감축량 협상을 위한 협의체를 구성하기로 합의하여 2006년부터 포스트 교토(post-Kyoto) 체제에 대한 논의가 본격화되었다. 동 논의는 두 가지 경로로 이루어졌는데, 하나는 기후변화협약에 의한 논의 경로(Dialogue)로, 주로 미국 및 개도국을 포함하여 온실가스 감축의무 대상국을 넓히는 세계적 참여(global participation)에 대한 논의이다. 다른 하나는 교토의정서에 의한 논의 경로(Kyoto Process)로, 제1차 공약기간 이후 온실가스 감축문제를 다루기로 하였다. 또한 동 회의에서는 마라케시 합의문이 교토의정서의 시행세칙으로 공식 채택되어 교토체제에 대한 법적 구속력을 분명히 하였으며, CDM 사업에 대한 구체적인 개선방안 등이 합의되었다.

〈표 6-3〉 당사국총회 경과

차 수	개최지/시기	주요 내용	한국의 입장
제1차 (COP1)	독일 베를린 1995. 03	베를린 위임사항 의결	선진국 의무강화 및 기술이전 강조
제2차 (COP2)	스위스 제네바 1996. 07	IPCC 2차보고서 추인 제네바 각료선언	개도국에 대한 재정 및 기술이전
제3차 (COP3)	일본 교토 1997. 12	교토의정서 채택 개도국 감축의무 추후 논의키로 합의	자발적 노력 강조
제4차 (COP4)	아르헨티나 부에노스아이레스 1998. 11	쟁점사항 COP6까지 합의키로 부에노스아이레스 행동계획 채택	감축의무 참여로 인한 부담완화를 위해 개도국 의무유예 필요성 강조
제5차 (COP5)	독일 본 1999. 10	쟁점 합의 진전 없음 향후 일정만 합의	자발적, 비구속적인 감축에 참여 의사 표명
제6차 (COP6)	네덜란드 헤이그 2000. 11	개도국 보상, 능력형성 합의 교토의정서 운영방안 합의 실패	2002년 교토의정서 비준노력 동참 의사 표명
제6차 속개회의	독일 본 2001. 07	미국 교토의정서 불참 선언 교토의정서 이행 골격 합의	의장 중재안 지지
제7차 (COP7)	모로코 마라케시 2001. 10	마라케시 합의 채택 교토의정서 이행방안 합의	
제8차 (COP8)	인도 델리 2002. 10	델리 선언 적응에 대해 논의키로 합의	개도국 자발적인 온실가스 감축방안 모색 촉구, 한국 의정서 비준
제9차 (COP9)	이탈리아 밀라노 2003. 12	CDM 흡수원 관련 합의	공동연구에 의한 기술이전과 최빈국 지원
제10차 (COP10)	아르헨티나 부에노스 아이레스 2004. 12	러시아 교토의정서 비준 의정서 발효(2005. 02)	신축성 있는 새로운 기후변화협약 이행방식 개발
제11차 (COP11)	캐나다 몬트리올 2005. 12	Post-Kyoto 협상 실무협의체 구성 합의(Two Tracks) 마라케시 합의문 공식 채택	EGI 공동입장 발표
제12차 (COP12)	케냐 나이로비 2006. 12	Post-Kyoto 협상 개시, 선진국 의무부담 연장문제, CDM 확대 문제	
제13차 (COP13)	인도네시아 발리 2007. 12.	2012년 이후 기후변화대응 로드맵 채택	국가간 공조

3. 기후변화협약의 주요 내용

인류 공동의 노력으로 지구온난화의 위험을 막기 위해 만들어진 것이 기후변화협약이다. 기후변화협약은 증가 추세에 있는 온실가스의 농도를 기후시스템의 위험한 변화를 방지할 수 있는 수준으로 안정시키는 것을 궁극적 목표로 삼고 있다. 기후변화협약 전문은 기후변화와 그로 인한 피해가 인류의 공동 관심사임을 선언하고, 인간활동으로 인해 온실가스의 대기 중 농도가 급격히 증가하고 있으며, 이로 인해 온실효과가 가속화되고 있음을 우려하고 있다. 온실가스의 대부분이 선진국에서 배출되었음을 인정하였고 향후 개도국의 온실가스 배출비중이 높아질 것이라고 예견하였다.

협약의 목적과 각 조항을 이행하는 데 있어 가장 중요한 원칙은 형평과 차별적 원칙이 기본원칙이다. 이는 산업혁명 이후 선진국들의 온실가스 배출이 기후변화의 주원인이라는 선진국의 역사적 책임을 인정하는 것이다. 온실가스의 억제에 대해서는 공동적이나 차별적인 대응원칙("common but differentiated responsibilities")을 천명하고 있어 제4조의 의무조항에서 선진국과 개도국 간 의무의 차별화에 대한 근간이 되고 있다. 또한 선진국의 선도적이며 적극적인 역할이 강조되어 있다.

기후변화협약은 지구온난화 방지를 위한 각국의 일반의무사항과 특별의무사항을 규정하고 있다. 일반의무는 선진국과 개도국에 공통적으로 적용되는 의무사항으로 개도국들이 이행해야 할 최소한의 조치이다. 특별의무는 기존의 24개 OECD 선진국과 11개 구 소련 및 동구권 사회주의 국가(부속서 I 국가)에 적용되는 의무사항이다. 기후변화협약 제정 당시 부속서 I 국가는 35개국이었으나, 1997년 제3차 당사국총회의 결정에 따라 부속서 I 국가 명단이 개정되었다. 부속서 I에 새로 추가된 국가는 크로아티아, 리히텐슈타인, 모나코, 슬로베니아 등이며, 체코슬로바키아는 체코공화국과 슬로바키아로 분리되어 가입하였다. 따라서 부속서 I 국가는 현재 총 40개국에 이른다.

일반의무사항은 첫째, 각국은 모든 온실가스의 배출량 및 흡수량에 대한 국가통계를 작성하여 당사국총회에 제출해야 한다. 둘째, 기후변화방지에 기여하는 국가전략을 수립·시행해야 하며 공식적으로 공표해야 한다. 셋째, 에너지, 수송, 산업부문의 기술개발, 기후변화 관측체계 확충, 산림 등 흡수원 보호, 생태계 보호, 국민의식 계도 등 광범위한 분야에서 국제적으로 공동 협력하여야 한다. 넷째, 온실가스 통계와 국가정책 이행에 관해 당사국총회에 의무적으로 보고해야 한다.

〈표 6-4〉 기후변화협약의 일반의무사항과 특별의무사항 비교

구 분	일 반 의 무	특 별 의 무
적용 대상	• 모든 가입국	• 선진국(부속서 I 국가)
온실가스 감축목표	• 없음	• 2000년까지 1990년 수준으로 안정화하도록 노력
온실가스통계작성 및 제출	• 대상: CFCs를 제외한 모 온실가스의 인위적 배출 및 제거량 • 작성방법: 총회에서 결정	
국가전략추진	• 기후변화방지 및 적응력 제고를 위한 국가 프로그램 수립·이행 공표	• 국가정책의 채택, 구체적 조치의 이행 및 이행효과 보고
공동협력사항	• 온실가스 저감기술 및 공정 개발, 보급확대 • 온실가스 흡수원 관리·보호 및 증진 • 적응능력 개발관련 통합 계획 수립 • 국가정책에 기후변화 문제 반영 등	• 타국과 공동으로 의무이행기능 • 국가간 경제 및 행정수단 조화 추진 • 개도국에 대한 재정 및 기술지원
보고의무	• 보고대상: 온실가스 국가통계 및 정책시행 경과 • 최초보고 : 개도국은 협약 발효 후 3년 이내, 선진국은 6개월 이내에 국가보고서 제출	• 보고대상: 국가정책 및 조치의 구체적인 내용과 억제효과 추정, 온실가스배출 및 제거전망, 재정지원 및 기술이전 이행상황

선진국은 협약 발효 후 6개월(1994. 9월), 개도국은 3년 이내(1997년 초)에 또는 재정지원이 충분히 이루어진 후에 최초의 국가보고서를 제출해야 하며, 그 후에는 주기적으로 제출해야 한다.

특별의무사항은 첫째, 부속서 I 국가는 2000년경까지 1990년 수준으로 온실가스 배출을 안정화시켜야 한다. 이를 위해 온실가스저감 및 흡수원 보호를 위한 국가정책을 채택·시행해야 한다[3]. 둘째, 온실가스 저감을 위한 경제수단의 도입(예: 에너지/탄소세, 배출권거래제, 효율기준규제)을

3) 그러나 기후변화협약상 선진국의 온실가스 감축의무는 구속력이 없다. 2000년 온실가스 배출이 1990년보다 적게 배출한 국가는 독일, 영국, 프랑스, 구소련을 비롯한 동구권의 경제전환국가에 지나지 않는다. 독일은 구동독지역의 석탄소비 감소, 영국은 석탄을 천연가스로의 대체, 동구권은 시장경제체제로의 전환에 따른 경제침체 등으로 온실가스 배출이 감소하였다.

위해 국가 간 협력을 도모해야 한다. 셋째, 부속서 I 국가들(OECD 국가)은 개도국에 대한 재정지원 및 기술이전에 대해 노력해야 한다. 넷째, 국가정책의 이행실적, 온실가스배출 및 제거에 대한 전망, 각종 정책 및 수단의 온실가스 저감효과를 상세히 보고해야 한다(UNFCCC, 1992).

4. 교토의정서의 주요 내용

2000년 이후 온실가스 배출을 감축하기 위한 교토의정서는 제1차 공약기간(2008~2012년) 동안 선진국 전체의 배출총량을 1990년 수준보다 최소 5% 감축하되, 각국별로 −8%에서 +10%까지 차별화된 배출량을 규정하였다(<표 6−5> 참조).

〈표 6−5〉 국가별 온실가스 감축목표

대상국가	감축목표율
EU 15개국(독일, 영국, 프랑스, 이탈리아, 네덜란드, 벨기에, 오스트리아, 덴마크, 핀란드, 스페인, 그리스, 아일랜드, 룩셈부르크, 포르투갈, 스웨덴), 불가리아, 체코, 에스토니아, 라트비아, 리히텐슈타인, 리투아니아, 모나코, 루마니아, 슬로바키아, 슬로베니아, 스위스	−8%
미국	−7%
일본, 캐나다, 헝가리, 폴란드	−6%
크로아티아	−5%
러시아, 뉴질랜드, 우크라이나	0%
노르웨이	+1%
호주	+8%
아이슬란드	+10%

주: 감축목표율은 1990년 배출량 기준임.

한편, 교토의정서 제4조에서 국가간 연합을 통한 공동 감축목표 달성을 허용하고 있다. EU 15개국은 개별 국가의 사정에 따라 책임을 분담하여 교토의정서에서 EU 국가들에 설정된 8% 감축 목표를 공동 달성하기 위한 EU Bubble계획을 발표하였다. 이에 따라 EU는 1998년 룩셈부르크에서 개최된 환경 각료회의에서 각국 간 분담내용에 최종 합의하였다. 합의된 사항에 따르면, 룩셈부르크가 최고 28%를 감축하며 포르투갈이 27%까지 온실가스 배출을 증대시킬 수 있게 된다. 그러나 1990년의 온실가스 배출량과 각국의 감축률을 종합하여 볼 때, 독일과 영국이 EU의 총 감축량의 각각 80%, 28%를 분담하고 있어, 이들 두 국가의 온실가스 감축이 없으면 사실상 EU Bubble이 불가능하다는 것을 보여주고 있다.

그리고 교토의정서에서는 규제대상 가스를 총 6개 가스, 즉 이산화탄소(CO_2), 메탄가스(CH_4), 아산화질소(N_2O), 수소불화탄소(HFCs), 과불화탄소(PFCs), 육불화황(SF_6)로 하되, 각국의 사정에 따라 HFCs, PFCs, SF6 등의 가스에 대해서는 기준연도를 1995년으로 할 수 있도록 하였다. 일부 선진국들이 정확한 HFCs, PFCs, SF6의 배출통계자료를 보유하고 있지 않기 때문에 기준연도의 설정에 신축성이 부여되었다. 또한 감축대상 온실가스 발생분야는 에너지부문(연료연소 및 탈루성), 산업공정부문, 용제 및 기타제품, 농업부문, 폐기물부문 등으로 결정되었으며, 산림 등에서의 온실가스 흡수도 함께 고려하기로 하였다(교토의정서 부속서 A에 수록).

한편, 교토의정서에서 새로운 온실가스 감축 의무이행수단으로서 공동이행제도(제6조), 청정개발체제(제12조), 배출권거래제(제17조) 등 교토의정서 메카니즘(mechanisms of the Kyoto Protocol)이 도입되었다. 선진국들은 이를 활용하여 비용 효과적으로 온실가스 감축목표를 달성할 수 있게 되었다.

공동이행제도(joint implementation: JI)는 의정서 제 6조에 규정하고 있으며, 선진국인 A국이 선진국인 B국에 투자하여 발생된 온실가스 배출감축분을 A국의 배출저감실적으로 인정하는 제도이다. 청정개발체제(clean development mechanism: CDM)는 의정서 제 12조에 규정하고 있으며, 선진국이 개도국에 자본과 기술을 투자하여 발생된 온실가스 감축분을 해당 선진국의 배출저감 실적으로 반영되도록 하는 제도이다. 국제배출권거래제도(emission trading: ET)는 의정서 제 17조에 규정하고 있으며, 온실가스 감축의무가 있는 국가에 배출한도를 부여한 후 이들 국가간에 배출권의 거래를 허용하는 제도이다. 이 제도에 따라 감축의무 초과달성국은 배출권을 판매할 수 있으며, 달성하지 못한 국가들은 자국의 목표달성을 위하여 배출권을 매입할 수 있게 된다.

〈표 6-6〉 교토메카니즘의 비교

	청정개발체제(CDM)	공동 이행(JI)	배출권 거래(ET)
근거	의정서 제12조	의정서 제6조	의정서 제17조
참여자	선진국 및 개도국	ANNEX I 국가	ANNEX B 국가
시행시기	2000	2008	2008
거래단위	Certified Emission Reduction, CERs	Emission Reduction Units, ERUs	Assigned Amount Units, AAUs
거래방식	개도국 프로젝트를 통한 공인된 배출 감축분(credit)의 취득	프로젝트를 통한 배출감소분(credit)의 이전 혹은 취득	국가간 잉여 배출권 (allowance) 거래

위 주요내용 이외에도 의무이행 위반과 발효 조건 등에 관한 사항들이 의정서에 포함되어 있다. 개도국의 자발적 의무부담조항(의장초안 10조)은 개도국의 강한 반발과 선진국의 명분 부재로 교토의정서에서는 제외되었다.

교토의정서는 1990년 기준 부속서 I 국가의 총 이산화탄소 배출량의 55% 이상을 차지하는 부속서 I 국가들을 포함하여 적어도 55개국이상이 비준해야만 발효될 수 있었다. 그러나 2000년 네덜란드 헤이그회의에서 교토의정서 운영방안에 대한 합의에 실패한데 이어, 총배출의 36%를 차지하고 있던 미국이 교토의정서의 이행이 미국경제에 큰 타격을 줄 수 있다는 이유를 들어 거부함에 따라 교토의정서는 사문화 위기에 몰렸다. 이후 교토의정서의 구체적인 이행방안에 대한 정치적인 합의가 2001년 7월 독일 본에서 개최된 기후변화협약 제6차 당사국총회 속개회의에서 극적으로 타결되었다. 이어 11월 모로코의 마라케시에서 열린 기후변화협약 제7차 당사국총회에서 의정서의 구체적인 이행방안에 대해 합의(마라케시 합의)가 완료되었다.

5. 마라케시 합의문의 주요 내용

이와 같이 마라케시 합의가 이루어지기 까지 교토의정서를 적극적으로 지지하는 유럽연합이 중심이 되어 일본, 캐나다, 러시아 등 선진국과 77그룹으로 대표되는 개도국들의 지지를 이끌어 내는 노력이 주효하였다. 이러한 합의가 성공한 이유는 선진국들이 개도국들에게 상당한 금액의 지원을 약속하고, 교토의정서의 발효에 적극적인 유럽연합이 일본, 러시아, 캐나다 등의 요구에 양보했기 때문이다. 그러나 온실가스 최다 배출국인 미국이 제외되고, 또한 산림 및 토지에서 상당한 양의 온실가스 흡수를 인정함에 따라 의정서 당초의 규정보다는 실제적인 온실가스 감축량이 상당히 줄어들게 되었다. 제7차 당사국총회에서 합의된 주요 사항은 교토의정서를 이행하기 위한 구체적인 시행방안으로 교토메카니즘, 흡수원 인정 문제, 온실가스 배출 정보의 보고 및 평가 등이 주요한 사항이다.

(1). 교토메카니즘

교토메카니즘은 국가 간 온실가스 거래제도로서 교토의정서 협상에서 정치적 및 기술적으로 가장 큰 이슈이다. 우선, 공통사항은 교토메카니즘이 국내정책에 대해 보조적이며, 국내에서의 온실가스 저감을 우선하는 방향으로 활용된다는 내용이다. 또한 Annex I 국가는 교토의정서에 따른 온실가스 통계 등에 대한 보고규정을 제대로 준수하지 않을 경우 메카니즘 참여자격을 제한받는다. 또한 조림 등 온실가스 흡수원 사업으로부터 발생하는 배출권을 RMUs (re-moval units)로 신설하여 다른 배출권과 구별하고, Annex I 당사국은 공동이행(JI)과 청정개발체제(CDM) 사업으로 원자력 사업을 할 경우 발생하는 배출권 감축목표 이행에 사용하는 것을 자제하기로 하였다.

선진국과 개도국 간의 온실가스 저감 공동사업인 청정개발체제(CDM)와 관련하여, 개도국들의 요구에 따라 CDM 사업을 즉시 착수하도록 하였으며, CDM 사업에 대한 제반 절차를 결정하기 위한 CDM 집행위원회를 구성하였다. CDM 집행위원회는 베이스라인, 모니터링 계획 등과 관련된 방법론 승인, 온실가스 프로젝트를 인증하고 감축분을 확인하는 운영기구의 승인 및 취소, CDM 사업의 지역적 분배 상황을 당사국총회에 보고, CDM 국가등기소 개설 등의 역할을 담당한다. 한편, 재생에너지, 에너지효율개선 분야 등에서 소규모 CDM 사업 등에 대해서는 동 사업을 활성화하기 위해서 단순한 절차가 적용되었다. 그리고 흡수원 분야의 CDM 사업은 조림과 재조림에 국한하고, 이 경우 인정받는 흡수량은 기준연도 배출량의 1%를 초과할 수 없으며, 흡수원으로부터 발생한 배출권은 차기 공약기간으로 이월되지 않는다. 이에 따라 이미 시작된 CDM 프로젝트의 경우 2000년부터 소급하여 온실가스 감축분을 인정받을 수 있게 되었으며, 이러한 사업은 2005말까지 CDM 집행위원회에 등록되어야 한다. 한편, CDM 사업에 대한 부과금은 총 감축량의 2%로 하되, 이 중 당사국총회의 결정에 따라 일부는 행정비용으로 사용되고 일부는 개도국지원 기금에 사용된다.

선진국 간 온실가스 감축사업인 공동이행(JI)은 감독위원회가 사업을 관장하게 되었다. 위원회는 의정서의 발효 즉시 선진국 6명, 개도국 4명으로 구성되었다. 그리고 CDM 사업과는 달리 2000년부터 시작한 사업의 경우도 공동이행 사업으로 승인은 하되, 배출권은 2008년 발생분부터 인정받는다. 또한 공동이행사업은 모니터링과 보고요건을 충족하는 국가에 대해서는 비교적 쉬운 절차를 적용하나, 필요요건을 제대로 충족하지 못하는 당사국에 대해서는 CDM과 같이 엄격한 절차를 거쳐 심사한다.

선진국 간에 온실가스 배출권을 매매할 수 있는 국제배출권거래는 2008년부터 시작하기로 예정되었다. 유럽연합은 2005년부터 역내 배출권거래제를 실시하고 있으며, 배출권의 거래가격은 10~18 Euros/CO_2톤 수준에서 형성되고 있다. 그리고 일부 국가에서 배출권의 과다판매 위험을 최소화하기 위해 공약기간 보유량을 의무화하고, 보유 의무량은 총 배출 할당량의 90%와 가장 최근 배출량의 5배 중 낮은 보유량으로 한다.

교토메카니즘의 시행에 있어서 국별 할당량 산정방법으로 1990년 기준년도와 Annex B 목표를 토대로 "고정 배출할당량(fixed assigned amount)" 개념을 정립하였으며, 교토메카니즘과 흡수원 활동에 의한 증감은 의무준수를 판정하기 위해 제1차 공약기간 말에 고려하기로 결정하였다. 그리고 각 배출할당량 및 온실가스 저감 인정권을 달리 정하여 차등화 하였다(<표 6-7> 참조). 우선 사용하지 않은 잔여 배출할당량(assigned amount units: AAUs)은 제1차 공약기간동안 의무준수를 위해 사용하고도 남을 경우 제한 없이 제2차 공약기간으로 이월될 수 있으나, 공동이행 사업으로부터 발생하는 배출권(emission reduction units: ERUs) 및 청정개발체제 사업으로부터 발생하는 배출권(certified emissions reductions: CERs)은 각각 할당량의 2.5%까지만 차기 공약기간으로 이월될 수 있다. 반면, 흡수원으로부터 발생한 배출권(removal units: RMUs)은 흡수원으로부터 발생하는 배출권이 불확실하므로 제2차 공약기간으로의 이월은 허용하지 않기로 한다. 또한 각 배출권간 호환을 허용하고, 감축목표 이행에 사용되어질 수 있으며 부속서 I 국가간에 제한 없이 이전할 수 있다. 당사국은 AAUs와 RMUs를 연간 또는 공약기간 말에 발행 또는 취소를 할 수 있으며, 당사국의 선택은 공약기간 전에 보고되어야 한다.

〈표 6-7〉 배출권의 종류와 특징

배출권	발생근거	사용한도	차기 공약기간 이월한도
ERU (Emission Reduction Unit)	공동이행사업 (의정서 제6조)		배출할당량의 2.5%
CER (Certified Emission Reduction)	청정개발체제사업 (의정서 제12조)	흡수원 사업은 배출할당량의 1% 이내	배출할당량의 2.5%
AAU (Assigned Amount Unit)	배출할당단위 (의정서 제3조 7, 8항 및 제5조)	배출권판매시 배출할당량의 90% 보유	잉여분 전체
RMU (ReMoval Unit)	흡수원사업 (의정서 제3조 3,4항)		이월금지

자료: UNFCCC(2001), "The Marrakesh Accords and The Marrakesh Declaration".

(2). 온실가스 흡수원(Sinks) 인정

온실가스 흡수원의 인정범위 및 방법은 교토의정서 협상에서 가장 논란이 치열했던 주제이다. 2000년 제6차 당사국총회에서 합의에 실패한 주요 인도 이 흡수원에 대해 각 당사국의 견해를 좁히지 못했기 때문이다. 흡수원은 특별히 추가적인 노력을 많이 들이지 않고도 온실가스를 경제적으로 줄일 수 있는 수단으로 간주되고 있다.

흡수원은 크게 두 가지로 나눌 수 있다. 하나는 교토의정서 제3조3항에 규정된 대로 신규 조림, 재조림, 농지전용 등에서 발생하는 온실가스 흡수이며, 다른 하나는 교토의정서 제3조4항에 규정에 따라 산림관리 등 인간의 부가적 활동으로 발생하는 온실가스 흡수이다. 그러나 제1차 공약기간에 대해서 각 국가별로 산림관리에서 발생하는 흡수원 인정분은 계산상의 복잡함을 이유로 정치적으로 할당했다. 러시아는 산림관리로부터 연간 3,300만 톤, 일본은 1,300만 톤, 캐나다는 연간 1,200만톤의 흡수원을 인정받았으나, 여타 국가의 인정분은 미미하다.

(3). 정보의 보고 및 평가

온실가스 배출과 관련한 정보의 보고 및 평가는 선진국의 감축의무 이행여부를 평가하는 가장 기본적인 자료이므로, 기술적인 사항임에도 불구하고 매우 중요한 의미를 가진다. 따라서 교토의정서 제 5, 7, 8조의 온실가스 배출 통계 및 관련 정보의 작성, 보고 및 평가와 관련된 사항은 많은 논란 끝에 채택되었다. 2001년 제7차 당사국총회에서 동 사항에 대한 전체적인 내용에 대해서는 합의되었다.

〈표 6-8〉 산림관리(의정서 3.4조)에 의한 합수원 인정한도

(단위:백만탄소 톤/년)

국가	인정한도	국가	인정한도	국가	인정한도
호주	0.00	오스트리아	0.63	벨라루스	-
벨기에	0.03	불가리아	0.37	캐나다	12.00
크로아티아	-	체코공화국	0.32	덴마크	0.05
에스토니아	0.10	핀란드	0.16	프랑스	0.88
독일	0.24	그리이스	0.09	헝가리	0.29
이이슬랜드	0.00	아일랜드	0.05	이태리	0.18
일본	13.00	라트비아	0.34	리히텐슈타인	0.01
리투아니아	0.28	룩셈부르그	0.01	모나코	0.00
네덜란드	0.01	뉴질랜드	0.20	노르웨이	0.40
폴란드	0.82	포르투갈	0.22	루마니아	1.10
러시아	33.00	슬로바키아	0.50	슬로베니아	0.36
스페인	0.67	스웨덴	0.58	스위스	0.50
우크라이나	1.11	영국	0.37		
합계	69.87				

자료: UNFCCC(2001).

제5조와 관련하여서는 배출과 흡수량을 추정할 수 있는 Annex I의 국가시스템에 대한 가이드라인을 채택하였다. 의정서 7조와 관련하여서는 의

정서 부속서 A의 배출원에 대한 보고 시 질적인 기준을 적용하도록 하였다. 한편, 제8조 평가와 관련하여 온실가스 배출통계 전문가 평가 팀은 각국의 보고의무 이행여부와 공약기간 말에 감축의무 이행여부를 점검한다. 동 평가팀은 정치적인 판단을 하지 않으며, 동 평가팀의 구성은 Annex I과 non-Annex I간 균형 및 지리적 균형도 유지되도록 한다. 또한 평가결과 보고의무가 제대로 시행되지 않을 경우 메카니즘 참여 자격을 일부 제한 받도록 하였다.

(4). 마라케시 합의 내용 분석

교토의정서의 주요 골자는 38개 선진국이 2008~2012년 기간 동안 온실가스 배출을 1990년 대비 평균 5.2% 감축하기로 한 것이다. 그러나 미국이 교토의정서를 이행하지 않고, 흡수원에 의해서 상당한 양의 온실가스 감축분이 인정됨에 따라 실제적인 온실가스 감축은 당초 보다 상당히 줄어들 것으로 예상되었다. 원래 교토의정서에 의하면, 1990년 대비 매년 총 2억 2,500만 탄소톤(tC)의 감축이 기대되었으나, 미국이 제외됨으로써 총 1억 2,600만 tC로 감축량이 줄어들었으며, 선진국에 대해 매년 총 7,000만 탄소톤에 달하는 흡수원을 인정함에 따라 1990년 대비 실제 감축량은 5,600만 tC에 지나지 않을 것으로 분석되었다. 이러한 흡수원을 모두 포함할 경우, 실제 감축량은 평균 1.5%에 지나지 않는 것으로 분석되었다.

Ⅳ. 주요국의 대응전략과 Post-Kyoto 전망

이미 설명한 바와 같이 미국의 비준 거부에도 불구하고 러시아의 참여로 교토의정서는 2005년 2월 16일 드디어 발효하였다. 세계 GDP의 47.98%와 선진국 의무 감축량의 61.6%가 참여한 교토 의정서의 발효가 갖는 의미는 크다.

우선, 선진국에 대해 구속력 있는 감축 목표와 기간을 명시하고 있어 기후 변화 협약을 둘러싼 불확실성이 제거되었고, 목표 달성을 위해 시장 원리에 근거한 온실 가스 배출권의 거래를 허용하여 이른 바 "탄소시장"의 형성을 뒷받침하고 있다는 점이다. 아울러 기업의 입장에서는 온실가스 저감 기술의 개발이나 사업화를 통해 새로운 시장을 선점할 기회가 늘어나고, 유럽 배출권 제도(EU emission trading scheme: EU ETS) 등을 통한 배출권 거래나 CDM 사업을 통해 새로운 사업 기회를 잡을 수 있게 되었다. 또한 투자자는 기업의 기후 관련 위험 요소나 기회 요인에 더 많은 평가를 하게 되었다.

이런 변화 속에서 각국은 자국의 처지에 따라 서로 상이한 대응을 하고 있다. 본 장에서는 온실 가스 감축과 이를 위한 도쿄 메카니즘을 중심으로 주요국의 정책적 대응을 살피기로 한다.

1. 주요국의 대응전략

(1). 미국

기후 변화 협약(UNFCCC)의 비준국이지만 교토 의정서의 당사국이 아닌 미국은 교토 의정서 발효 이후에도 기후변화협약의 정신은 존중하나 교토의정서의 효력은 인정하지 않는 정책을 펴오고 있다. 국내적으로는 기후변화협약의 내용을 충족시킬 수 없는 것이 명백해진 이상 새로운 기준, 즉 온실가스 원단위에 기초한 배출 감축과 시장 원리에 기초한 탄소 시장의 형성을 추진하고 있고 대외적으로는 포스트 교토 (post Kyoto)를 겨냥한 세력 형성에 주력하고 있다.

미국은 원래 기후 변화 협약에 적극적이었다. 기후변화협약은 1992년 10월 7일 상원의 비준을 받았고 1993년 4월 클린턴 대통령은 2000년까지 미국의 온실가스 배출을 1990년 수준으로 안정시키는 계획을 입안하도록 연방정부에 지시하였다. 그러나 1997년 미국이 기후변화협약에 정한 감축 목표를 달성할 수 없음이 명백해지자 태도를 바꿔 2008~2012년 간에 온실가스 배출을 1990년 수준으로 안정화하겠다고 선언하였다. 교토 협상(COP3)에서 타결되었던 2008~2012년 사이에 1990년 수준의 7% 감축 목표를 어기게 되었다. 그러나 미 상원은 교토 의정서가 "중국, 멕시코, 인도, 브라질, 그리고 한국을 포함한 개발도상국의 배출 감축 계획이 포함되지 않거나 미국 경제에 심각한 위해를 미칠" 경우 이에 참여하지 말 것을 의결하자, 클린턴은 1998년 의정서에 서명하고도 이를 상원에 회부하지 못하였다.

이후 부시(Bush) 대통령은 급기야 교토 의정서를 거부하고 2002년 온실가스 원단위 (GHGs intensity), 즉 GDP 1$ 당 온실 가스 배출량을 저감하는 새로운 정책을 발표하였다.

기후변화협약에 정해진 대로 1990년대 말까지 1990년 수준으로 온실가스 배출을 낮추려면 193 MMt CO_2 e, 약 11.7%를 줄여야 했다(<표 6-9> 참조). 또 이를 교토 의정서에 따라 2008~2012년 사이에 1990년 기준치 1,651MMt CO_2 e의 93% 즉 1,535MMt CO_2 e/year로 배출량을 줄여야 하는데, 이는 2010년 온실가스 순배출량을 1,888MMt CO_2 e/year로 보면 매년 약 19%를 추가로 감축할 것으로 추정된다.

〈표 6-9〉 미국의 기준 연도와 1999/2003년 온실가스 배출량 비교

(단위:MMt CO_2 e)

온실가스	1990(A)	1999(B)	2003(C)	(B-A) / A(%)	(C-A) / A(%)
이산화탄소	1,340	1,516	1,560	13.1	16.4
흡수원(sinks)	(289)	(270)	(271)	-6.5	-6.2
메탄	176	169	158	-4.0	-10.2
아산화질소	108	118	106	9.3	-1.9
할로겐족	23(90)/27(95)	37	35	60.9	52.2
총 배출량	1,647	1,840	1,859	11.7	12.9
순 배출량	1,358	1,570	1,588	15.6	16.9
의정서 기준	1,651*				

자료: EPA, Inventory of U.S. Greenhouse Gas Emissions and Sinks: 1990-2003, 15 Apr. 2005, EPA 430-R-05-003.

주: 의정서 기준은 흡수원은 계산하지 않고 할로겐족은 1995년을 기준으로 함.

2002년 2월에 발표된 부시 대통령의 "깨끗한 하늘과 지구 기후 변화 대책(Clear Skies & Global Climate Change Initiatives)"은 온실 저감을 위한 새로운 접근 방법으로 온실가스 원단위(GHGs intensity)를 2012년까지 18% 낮출 것을 제시하고 있다. 이는 2002년 백만 달러당 183M/T인 온실가스 배출을 2012년에는 151M/T으로 줄인다는 계획으로, 총량 개념으로 보면 2012년에만 1억톤, 10년 전체로 5억톤 이상을 줄이는 것이다. 이를 위하여 자발적 감축을 위한 등록제를 실시하고 실질적인 감축분에 대하여는 매매가 가능한 "크레딧(credit)"을 제공하며 온실가스 저감 및 이산화탄소 포집 처리 기술 개발에 집중적인 투자를 계획하고 있다. 또 2010년부터 배출권의 거래를 시작하기 위하여 온실가스 원단위를 통한 배출 감축 방안과 배출권에 대한 가격 상한(safety valve)을 규정하고 있는 "기후와 경제 보험법 (the Climate and Economy Insurance Act of 2005)"이 유력하게 검토되었다.

미국은 이와 같은 새로운 접근 방식이 경제 성장을 해치지 않으면서 서서히 온실가스 배출량의 증가율을 둔화시켜 궁극적으로 대기 중의 온실가스 농도를 안정화시킬 것이라고 보고 있다. 그러나 최근의 여러 연구들은 온실가스 원단위 18% 감축은 총량 개념으로 14% 배출 증가와 같다는 평가를 하거나, 온실가스 원단위 관리에 의한 총 온실가스 저감은 적어도 2010년까지는 불가능하다고 예측하고 있다.

한편 대외적으로는 기후변화 협약의 틀 안에서 외국과의 협력을 강화하고 있는데, 벨리제, 엘살바도르, 뱅글라데시, 태국 등과 맺은 열대우림보호법(Tropical Forest Conservation Act, TFCA) 협정, 개도국에 대한 기술 이전 및 능력 형성 지원, 일본, 이탈리아와 공동 연구 협약 등이 그것이다. 교토 의정서 발효 이후에는 중국, 인도, 호주, 일본, 한국 등과 "아시아 태평양 조약 (the Asia Pacific Pact)"을 맺고 자발적 노력에 의한 온실 가스 감축과 청정 기술의 개발 및 이전을 추진하기로 하여 포스트 교토 체제에 대한 대비를 하고 있다.

(2). 유럽 연합 (European Union, EU)

EU는 기후 변화 협약의 전 과정에서 주도적인 역할을 하였고 교토의정서의 충실한 이행을 추구하고 있다. 현재의 유럽 연합은 구 멤버인 EU-15국가들과 신멤버 국가들로 나누어지는데, 각각 의무(commitment)의 내용이 다르다. 여기서는 EU-15의 입장을 중심으로 검토하기로 한다.

EU-15는 의정서 규정에 따라 2008~2012 기간에 1990년 수준에서 8%의 온실가스 배출 감소를 약속하고, 각국에 이를 할당하는 "할당 협약(the burden-sharing agreement)"을 맺었다(<그림 6-1> 참조). 1인당 온실가스 배출은 2002년 현재 1990년 대비 6%가 감소하였고, GDP에 대비한 원단위는 23% 감소하였다. 그러나 총량으로 보면 단지 2.9%가 감소하여 교토의정서 목표의 1/3을 달성한 셈이다. 현재의 추세로 간다면 2010년에는 1990년 대비 1%의 감축이 예상되고 있고, 교토 메카니즘을 통한 감축도 1.1% 정도에 그칠 것으로 예상되고 있다.

〈그림 6-1〉 EU-15의 온실가스 감축 할당량

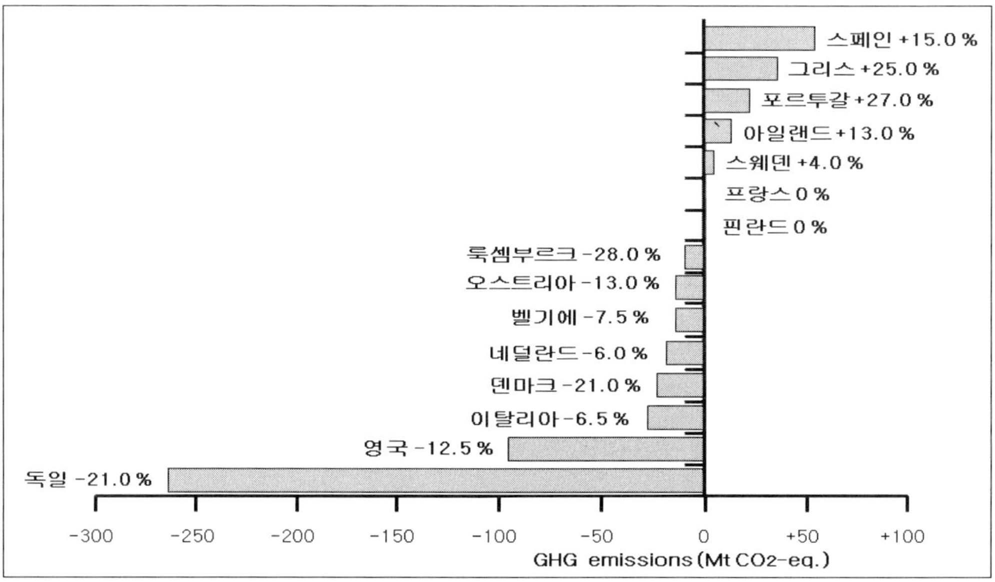

자료 : EEA, Greenhouse gas emission trends and projections in Europe, 2005

이를 해결하기 위하여 EU는 2001년 유럽 기후변화 계획(European Climate Change Programme: ECCP)을 발표하였는데, EU 탄소 배출권 시장 계획(EU ETS), 재생에너지 촉진, 열병합 발전, 건물의 에너지 효율 향상, 에너지세 도입, 차량의 탄소 배출 저감, 바이오디젤 이용, 매립지 메탄가스 활용 등이 포함되어 있다(EEA, 2005) 이러한 노력을 통하여 2012년까지 7.7% 감축을 달성하고 여기에 탄소 시장을 통해 1.1%를 해결하여 총 8.8% 감축을 달성할 것을 목표로 하고 있다.

한편, 교토 메카니즘에 의한 청정 개발체제(CDM)의 활용은 오스트리아, 덴마크, 네델란드, 벨기에, 아일랜드, 룩셈부르그 등 6개국이 추진하고 있는데, 2012년까지 약 45.6 Mt CO_2 e/year의 감축을 달성하여 EU-15국 목표량의 13%를 달성할 계획이다. 이를 위하여 13억 유로의 기금을 조성하여 교토 메카니즘에 의한 ERUs 혹은 CERs을 구매할 계획이고 이 밖에 핀란드와 스웨덴도 850만 유로와 2,300만 유로를 투입할 예정이다.

(3). 일본

일본의 감축 목표는 2012년까지 1990년 수준의 6%인데, 2003년 온실가스 배출은 2% 상승하였고 2010년까지는 1990년 대비 약 6.4%를 초과할 것이라고 예측되고 있다. 이의 실현을 위하여 일본 환경부는 2005년 "교토의정서 목표 달성 계획"을 발표하였는데, 감축 목표와 실현 계획은 다음 <표 6-10>와 같다.

또한 1996년 7월 34개 산업 분야와 일본 산업분야의 총 이산화탄소 배출의 80%를 차지하는 경제단체연합회와 자발적 협약(voluntary action plan)을 통해 각 기업의 배출 목표량을 설정하고 매년 검토를 하도록 하고 있는데, 2003년 이미 1990년 대비 0.6% 감축을 달성하고 있다(<표 6-11> 참조).

〈표 6-10〉 일본의 온실가스 감축 목표 달성 계획

구 분	목 표		2010년 배출 감축비율 (발생량은 감축목표 보다 12% 증가를 예상)
온실가스 구분	2010년 배출목표 (1백만t-CO_2 e)	1990년 대비 비율	
CO_2 (에너지분야)	1,056	+0.6%	-4.8%
CO_2 (비에너지분야)	70	-0.3%	
CH_4	20	-0.4%	-0.4%
N_2O	34	-0.5%	
기타*	51	+0.1%	-1.3%
흡수원(sinks)	-48	-3.9%	-3.9%
교토메카니즘	-20	-1.6%	-1.6%**
총 계	1,163	-6.0%	-12%

자료: 일본 환경부(2005).
주: 1) * 의정서에 정한 6개 온실가스 중 CFC 대체물질 등 나머지 3개를 지칭
2) ** 국내 정책으로 해결되는 감축량과 감축 목표와의 차이를 나타냄

〈표 6-11〉 CO_2 Emissions in the Industrial and Energy Converting Sectors

Year	1990	1997	1998	1999	2000	2001	2002	2003	2010 (BAU)	2010 (Target)
CO_2 Emissions (Mil t-CO_2)	506	525	496	507	503	488	497	502	537	Below 1990 level
Cf. 1990	-	+3.2%	- 2.2%	- 0.2%	- 0.9%	- 3.6%	- 1.9%	- 0.6%	+ 5.9%	

출처: 일본 經團聯, "Results of the 5th Follow-up to the Keidanren Voluntary Action Plan on the Environment" Nov. 2004.

이 밖에도 에너지 절약 기술의 보급, 환경세 도입, 국내 배출권 거래 시장의 도입, CDM 사업 등을 통한 삭감인증권(credit)의 확보 등의 정책을 제시하고 있다.

2. post-Kyoto에 대한 전망

기후변화 문제는 이제 한 국가의 문제가 아니라 전 세계 인류가 공동으로 해결해야 될 사안이며 이를 위해 탄생한 교토 체제는 피할 수 없는 대세임이 명백하다. OECD 국가로서는 미국과 호주가 교토 의정서에 비준하지 않았고 한국과 멕시코는 아직 감축 의무를 지고 있지 않지만, 2005년부터 시작한 제2차 의무 감축 기간(2013~2017)의 감축 협상에서 이들을 포함하는 광범위한 post-Kyoto 체제에 대한 협상이 이루어질 것이며 이의 타결 전망은 상당히 높다고 생각한다. 2005년 11차 당사국 회의에서는 의무 감축국의 제2차 의무이행기간의 감축 목표 협상을 위한 임시 실무회의(ad hoc working group)를 즉시 구성하고 개도국의 감축 의무를 다룰 공개적이고 비구속적 협의(dialogue)를 시작하기로 결정하였다. 설사 post-Kyoto 체제에 대한 일괄 타결은 어렵다 할지라도 온실가스 감축권을 거래하는 탄소시장은 확대 발전할 것으로 전망되고 있다.

우선, EU ETS를 운영하고 있는 EU가 시장 확대의 필요성을 절감하고 있다. 시장의 확대가 없으면 탄소시장의 원래 목적, 즉 낮은 비용으로 온실가스 배출을 감축하는 일이 쉽지 않기 때문이다. 지구 온도의 상승을 2℃ 이하로 온실가스 농축을 550ppm으로 안정화시킨다는 목표를 설정한 EU는 미국이나 호주만이 아니라 탄소를 많이 배출하는 개도국까지 포괄하는 탄소시장의 형성을 제안하고 있다. 특히 기존의 "공동의 차별화된 책임" 외에 "각각의 능력(respective capability)"에 따른 참여와 기술 개발, CDM/JI에 대한 보완을 포함한 신축적 메카니즘의 활성화 등을 강조하고 있는데, 이는 미국과의 협상에서 타결점을 찾아보려는 노력으로 보인다.

미국은 기본적으로 EU 주도의 교토 체제에 반대하고 한국, 일본 등과 함께 "아시아 태평양 조약 (the Asia Pacific Pact)"를 구성하였다. 2005년 전력 등 8개 분야에서 기술협력 Task Force 구성에 합의하고, 2006년 호주 각료회의를 통해 본격적인 활동을 개시하였다. 그러나 이는 기본적으로 기술협력의 성격이 짙어 교토 체제를 대신하기 보다는 post-

Kyoto 체제에 대한 협상에서 유리한 위치를 차지하려는 의도로 파악된다. 즉 절대적인 감축량의 설정에 반대하고 기술 개발을 통하여 GDP 성장에 따른 온실가스 배출 증가율, 즉 온실가스 원단위(GHG intensity)를 줄이자는 입장을 관철하고 싶은 것이다.

2012년 이후 온실가스 감축과 post-Kyoto 체제의 실질적인 가동을 위해서는 미국의 참여가 필수적인 것으로 인식되고 있다. 이에 대응하여 미국은 4단계에 걸친 국가에 따른 단계별 감축 목표 설정, 신기술 개발과 적용 등 원칙을 제시하며, 신기술 개발의 주도권을 잡는 대신 온건한 감축 목표를 받아들이는 타협을 제시하고 있다.

개도국으로서 최근 경제 성장이 빠르고 따라서 온실가스 배출이 날로 증가하는 신흥 개도국, 이른바 BRICs의 참여 문제도 향후 교토체제의 발전에 심각한 주제가 되고 있다. 이 문제는 기본적으로 지속 가능한 경제 성장이 탄소 제약 하에서도 가능한가하는 것으로, 선진국의 이들 국가에 대한 투자가 늘어나고 온실가스 감축 의무가 자발적이거나 그 비용이 감당할 수 있는 수준이라면 타협이 가능할 것으로 전망된다.

Ⅴ. 주요산업에 대한 영향

기후변화는 에너지산업뿐만 아니라 1차 산업, 제조업과 서비스 산업에 대해서도 영향을 미친다. 제조업과 서비스 산업의 경우에는 21세기에 들어서 초기인 현재까지는 기후변화로 인해 별다른 영향을 받지 않았지만, 지구온난화가 지속될 경우에는 그 영향이 매우 클 것으로 예측되고 있다. 2005년 IPCC 4차 평가보고서에 의하면, 기후변화는 세계 일부 국가 또는 산업에 대해서는 긍정적 요인으로 작용하는 경우도 있지만, 전반적으로는 경제적 손실이 이익보다 훨씬 클 것으로 전망되고 있다.

1. 교토의정서 이행의 경제적 영향

(1). 교토의정서 이행이 무역에 미치는 잠재적 영향

교토의정서는 선진국이 주요 온실가스를 2012년까지 평균 5.2% 감축하도록 규정하고 있다. 당사국은 이러한 배출목표의 달성을 위하여 '국제무역에 미치는 부정적 효과를 최소화하는 방법으로' (제2조3항) 특정 국내정책 및 조치를 적용, 이행하도록 되어 있다. 한편, 교토의정서에서 당사국은 일정기간 내에 온실가스 배출 목표를 달성하지 못하는 경우 책임을 져야 한다.

감축목표를 달성하기 위하여 동원되는 구체적 조치는 분명히 국제무역에 영향을 미칠 것이다. 두 종류의 이행방식 가운데 국내 정책 및 조치의 사용은 무역과 직접적으로 연관된 것은 아니지만, 수입품에 대한 국경세나 기술규정 등의 형식으로 무역에 직접적 영향을 미치거나, 특정 상품 또는 생산공정에 대한 보조금의 형식으로 간접적인 영향을 미칠 수도 있다. 이러한 조치는 거래되는 상품의 생산비에 영향을 미칠 것이며 결과적으로 세계시장에서 생산자의 경쟁력 판도에 영향을 미칠 것이다.

(2). 산업에 미치는 영향

기후변화가 산업에 미치는 영향은 두 가지 경로를 통해 이루어질 것이다. 첫 번째는 기후변화 자체에 의한 것이고, 다른 하나는 정부의 규제와 이로 인한 경제적 영향으로 인한 것이다. 후자는 기후변화를 억제하고 사회 및 경제가 기후변화의 부정적 영향에 적응하여 피해를 덜 입도록 하기 위한 모든 정책과 조치, 기후변화로 인한 원자재의 세계 수요, 공급 및 가격의 변화, 그리고 이에 대한 시장 참여자들의 대응 등을 말한다.

① 에너지 부문

에너지 부문(발전부문 포함)은 가장 커다란 온실가스 배출원이라는 점에서 정책적 측면에서 기후변화의 영향이 가장 주목받는 부문이다. 전 세계적으로 발전 산업은 전 세계 온실가스 배출의 1/4 이상을 차지한다. 따라서 많은 국가들이 화석연료를 사용하는 발전소에 대한 규제를 강화하는 반면, 신재생에너지를 이용한 발전에 대해서는 각종 보조금 지급을 늘려나가고 있다. 그러나 신재생에너지 분야는 아직 효율과 규모의 경제가 화석연료 발전에 비해 떨어지기 때문에 이를 개선하기 위한 기술개발의 중요성이 매우 커질 것이다.

신재생에너지의 공급이 충분히 확대될 때 까지는 아직 상당한 기간이 소요될 것이므로 화석연료 발전소가 단기간에 없어지지는 않을 것이다. 따라서 화석연료 발전의 효율개선과 온실가스 배출을 줄이는 기술개발의 중요성이 대단히 커질 것으로 예상된다. 효율이 높은 설비와 기술은 개도국에 대한 수출을 늘릴 수 있다는 점에서도 중요하다. 개도국의 경우 신재생에너지 기술이 부족하고 비용적 측면에서도 앞으로 상당기간 동안 화석연료에 의존하지 않을 수 없을 것이기 때문에 비용 측면에서나 환경적 측면에서 효율개선이 시급히 요구되고 있기 때문이다.

기후변화는 또한 온실가스 배출이 적은 바이오에너지에 대한 수요 증가를 가져오고 있어 앞으로는 바이오에너지의 중요성이 전력 및 열 공급 뿐 아니라 수송부문에 있어서도 더욱 커질 것으로 전망되고 있다. 그러나 바이오에너지의 공급 증대는 식량생산의 감소를 수반하기 때문에 한계가 있어 수요가 증대되면서 가격 상승이 불가피하여 화석연료와의 가격 경쟁이 심화될 것이다. 따라서 경쟁력을 향상시킬 수 있는 기술 발전과 규모의 경제 실현이 신재생에너지 분야의 핵심과제로 등장하고 있다.

신재생에너지 가운데 가장 각광을 받고 있는 풍력 및 태양 에너지 발전시설은 좋은 입지가 에너지 수요가 적거나 또는 아주 없는 곳인 경우가 많다. 따라서 에너지를 보관하고 수송하는 기술의 중요성이 대단히 크다. 한편, 원자력 발전은 국가에 따라서는 다소 상이하지만 온실가스 배출 저감 및 안정적인 에너지 공급 확보 측면에서 앞으로 그 중요성이 더욱 커질 것이다. 그러나 핵폐기물 문제가 여전히 남아있기 때문에 발전시설의 수명을 증가시키는 기술의 중요성이 증대될 것으로 예상되고 있다.

기후변화가 에너지 부문에 미치는 영향은 이와 같이 관련 정책에 의해 커다란 영향을 받지만 기후변화 자체에 의해서도 영향을 받는다. 발전시설 및 송배전 시설의 경우 폭우, 한발 등 이상기후의 영향을 많이 받기 때문에 보험료가 상승하여 전력단가의 상승요인으로 작용할 것으로 보인다. 따라서 이상기후에 보다 안전한 에너지 생산시설 및 공급망 기술의 중요성이 커지고 있다.

이상의 결과를 종합해보면, 에너지 부문에 대한 기후변화의 영향은 신재생에너지의 발전 정도에 따라 상이할 것이나, 기본적으로는 화석연료 사용에 대한 규제로 인해 에너지 가격이 상승할 것이라는 점이 크게 부각이 되고 있다.

② 제조업 부문

기후변화가 제조업에 미치는 영향은 기후변화를 억제하기 위한 규제조치 및 이에 따른 시장여건의 변화에 의한 것과 기후변화 자체에 의한 것으로 나누어 볼 수 있다. 전 세계 온실가스 배출의 20% 가량이 제조업 부문으로부터 발생하고 있기 때문에 제조업 부문은 기후변화 대응 규제 및 시장 여건 변화의 영향을 크게 받는다. 그 영향의 방향과 크기가 산업별로 매우 다양하기 때문에 일반화하기는 어렵지만, 온실가스 배출을 저감하기 위한 화석연료의 생산과 소비에 대한 규제 강화는 에너지 가격 상승을 유발할 것이기 때문에 모든 제조업은 그 영향을 받을 수 밖에 없다.

업종별로는 에너지를 많이 사용하는 철강, 건축자재, 종이, 화학 산업 등이 에너지 비용이 총 비용에서 차지하는 비중이 작은 기계류, 자동차 산업 등에 비해 기후변화 대응 규제조치의 영향을 훨씬 많이 받을 것이다. 이러한 에너지 가격의 상승은 에너지 효율의 중요성을 더욱 높임으로써 생산 공정에서 에너지 효율을 개선하기 위한 투자 증대를 유발할 것으로 예상된다.

한편, 기후변화의 직접적인 영향으로는 기후변화로 인한 제품 수요 변동으로 인한 것과 기후변화가 생산 시설에 미치는 영향 및 생산요소에 미치는 영향으로 나누어 볼 수 있다. 냉방기기, 청량음료 등 일부 상품은 지구평균 기온 상승으로 수요가 증가하여 기후변화의 혜택을 받는 반면, 난방기기 산업 등은 수요 감소에 직면할 것이다. 폭우, 폭설, 한발 등 이상기후는 생산 시설에 피해를 미칠 수가 있다. 또한 물과 같은 생산요소의 공급에 영향을 미칠 가능성이 있다. 예를 들면, 물을 많이 사용하지만 기후변화로 인해 물 공급이 더욱 어려워지게 될 지역에 위치한 공장은 다른 지역으로 공장을 이전할 수 밖에 없다. 따라서 이상기후 현상의 빈도와 강도가 심화되면 많은 공장들은 타 지역으로 생산시설 이전을 검토하지 않으면 안 될 것이다.

③ 서비스 산업

기후변화의 영향은 서비스산업에도 영향을 미칠 것으로 예상된다. 비록 제조업보다는 적지만 에너지 가격 상승이 서비스 산업에서도 비용 증가 요인으로 작용하기 때문이다.

기후변화 대응 규제로 가장 큰 영향을 받게 될 서비스 분야 가운데 하나는 수송분야라고 할 수 있다. 수송부문은 전 세계 온실가스 배출의 13% 정도를 차지하는 데 그치고 있으나, 각국의 경제성장으로 수송서비스에 대한 수요가 증가함으로써 수송부문으로부터의 온실가스 배출은 더욱 증가할 것이며, 이에 따라 수송부문에 대한 온실가스 배출 규제는 더욱 강화될 것으로 예상된다.

다음으로, 보험산업에 대해서도 이상 기후변화는 보험회사나 피보험자 모두에게 예상하지 못한 손실과 이익을 가져다 주는 경우가 증대함에 따라 상당한 영향을 미칠 것으로 분석된다.

2. 대내외 환경변화에 부응한 사업화 가능분야

교토의정서 이후 가속화될 수 있는 에너지 산업 비즈니스는 에너지 절약 서비스산업, CO_2 배출권거래산업, 신에너지산업 등 3가지가 될 것으로 생각된다.

(1). 에너지절약서비스(ESCO) 산업

교토의정서가 발효된 이후 대표적으로 활성화될 것으로 생각되는 에너지 산업은 에너지 절약 비즈니스(ESCO)라고 할 수 있다. 우선, ESCO는 고객의 투자 부담을 경감하는 전기기기의 효율화를 보증하고 있다. 또한 ESCO 사업은 열병합발전을 사용해서 에너지 공급을 효율화하는 서비스를 제공하고 있다. 그리고 ESP(Energy Service Provider)를 통해 이용 데이터를 고객에게 알림으로써 에너지 절감을 촉진하고 있다. BEMS(Building Energy Management System) 등 에너지 매니지먼트 시스템이 바로 그 사례라고 할 수 있다.

ESCO의 특징은 에너지 비용의 삭감 범위 안에서 ESCO 사업자가 받는 서비스료를 설정하는 것이다. 서비스 요금에는 에너지 절약에 든 여러 비용(에너지 절약을 위한 투자회수비, 유지관리비, 모니터링비 등)과 ESCO사업자의 이익이 포함된다. 서비스료를 상회하는 에너지 비용의 삭감분은 시설소유자의 이익이 된다. ESCO의 계약기간은 에너지 절약 설비의 내구연수(내구도)보다 짧게 설정하는 것이 보통이므로, 계약기간이 끝난 후 에너지 비용의 삭감분은 모두 시설소유자의 이익이 된다.

ESCO의 특징 중 한 가지가 성과계약이다. 즉 일정 수준의 에너지 절약 효과를 보증하고 이를 달성하지 못할 경우의 위험을 ESCO사업자가 부담하는 것이다. 에너지 절약을 위해 설비투자를 하였으나 기기의 효율이 기획보다 발휘되지 않거나 과다한 유지관리 비용, 연료가격의 변동 등에 따라 기대한 만큼 비용 삭감이 이루어지지 않는 경우도 발생가능하다. 그러나 성과계약을 할 경우 시설소유자는 에너지절약 투자 대비 손해를 구제받을 수 있다.

ESCO의 또 한가지 특징은 자금구조라고 할 수 있다. ESCO에는 사업자부담 ESCO사업, 고객부담 ESCO사업이라는 계약방법이 있다. 전자의 경우 ESCO 사업자가 에너지 절약 설비 투자에 필요한 자금을 금융기관에서 조달하고, 시설소유자로부터 받는 서비스료의 일부로 갚는 구조이다. 시설소유자의 입장에서 보면 초기투자자금이 불필요하고, 대차대조표에도 크게 영향을 미치지 않는다.

이러한 ESCO 개념이 에너지 비즈니스 모델의 기본이 될 수 있을 것으로 생각된다. 에너지 시장에서는 자유화, 기술혁신, 더욱이 교토의정서에 의한 시설소유자의 필요에 유연하게 대응할 수 있는 서비스가 요구된다. 왜냐하면, 비용 삭감이라는 공통된 기업목표를 달성하고 환경의 향상이라는 새로운 평가에 대응하기 위해서는 하드웨어, 소프트웨어, 서비스, 더욱이 다양한 신에너지 자원을 유연하게 조합시키는 것이 필요하기 때문이다. 시설소유자가 이러한 관점에 관해서 적절한 대책을 시행하는 것은 용이하지 않다. 교토의정서 이후 ESCO로부터 시작되는 고객지향형 비즈니스는 발전할 것으로 예상된다.

에너지 절약 서비스가 비용 삭감을 목표로 하고 있지만, 여기에 CO_2 절감이라는 가치가 추가되면 지금까지 비용이 높아 도입되지 않았던 서비스를 제공할 수 있을 것으로 기대된다. 예를 들면, 도시가스와 같은 가격으로 바이오가스를 판매한다면, 비용 절감은 되지 않지만 CO_2 배출량은 줄어들기 때문에 이용하는 가정은 생길 것이다. 또한 열병합발전과 같은 설비의 가치도 재평가될 것으로 예상된다.

기업의 입장에서 에너지 절약과 CO_2 절감은 경쟁력 강화와 직결되고 있다. 기업에게 에너지 절약과 CO_2 절감이 또 한가지 중요한 이유는 기업의 사회적 책임(corporate social responsibility)을 다하지 못할 경우 기업의 발전에 애로를 겪을 수 있기 때문이다. 이제까지 기업의 입장에서 환경 대응은 오염을 초래하지 않는다는 소극적인 행동이 주류이었다면, 이제는 환경보전에 공헌하는 적극적인 행동을 보이지 않으면 안된다. 환경 보전이 제품 및 서비스의 브랜드 이미지를 높이고 경쟁력 강화로도 이어지기 때문이다. 일본은 지구온난화 대책법을 개정하면서 2006년 4월부터 일정량 이상의 온실효과 가스를 배출하는 사업자의 데이터를 공개하고 있기도 하다.

(2). CO_2배출권거래 산업

다음으로, CO_2를 절감하는 에너지 비즈니스가 활성화되면 CO_2거래시장도 활성화될 것으로 예상된다. 현 단계에서 제도화되어 있는 것은 계통을 통한 전력의 RPS(Renewable Portfolio Standard) 증서의 거래이지만, CO_2에 새로운 가치가 부가되면서 신에너지 발전의 사업성은 크게 향상되고 있다. 교토의정서를 계기로 CO_2의 가치가 높아지고 있지만, 향후에는 자가발전에 의해 절감된 CO_2가치의 거래도 가능해질 것으로 예상된다.

CO_2배출량 거래는 선진국에서 발행된 온실효과가스의 배출할당량과 삼림정비 등에 의한 배출삭감량을 시장에서 거래하는 것이다. 배출량 거래는 삭감이 곤란한 국가가 배출 삭감량을 구입하는 것으로, 세계적인 온실효과가스의 삭감이 원만하게 진행될 것으로 생각된다. EU에서는 2005년 1월부터 가맹 25개국을 대상으로 배출량거래제도를 시작하였다. 대상이 되는 것은 에너지 다소비시설 약 12,000곳으로 EU 전체의 CO_2배출량의 45%를 차지하고 있다. 각 시설은 국가에서 배출권을 교부해서 매년 그 배출권을 회수할 의무를 가진다. 배출량이 배출권을 초과하는 경우에는 배출삭감량을 구입하거나, 청정개발체제(CDM)과 공동이행(JI)를 이용할 수 있다. 거래가격은 7유로/t-CO_2(약 1000엔)정도이지만, 배출권을 지킬 의무를 만족시키는 것이 불가능하면 40유로/t-CO_2(약5000엔)의 페널티가 주어지고 있다.

특히 CDM은 제1약속 기간(2008~2012년)이 시작하기 전의 프로젝트에 의한 배출권의 취득이 가능하다고 하기 때문에 조속한 대처가 필요하다. CDM 사업은 2종류로 추진되고 있다. 첫째, 선진국에서 실용화되고 있는 에너지 절약 기술을 개발도상국에 이전하고, 온실효과가스를 삭감하는 사업이다. 이 중에는 에너지 절약 설비를 개발도상국의 공장에 도입하는 사업, 메탄과 수소화 불화 탄소와 같은 대체 프레온을 삭감하는 사업 등이 포함되어 있다. 둘째, 선진국에서 실용화되고 있는 재생가능 에너지의 기술을 개발도상국에 이전하고, 온실효과가스를 삭감하는 사업이다. 풍력발전과 중수력발전 등에 의한 발전사업 등이 해당된다.

CDM사업은 온실효과가스의 배출권을 판매할 수 있을 뿐만 아니라, 온실화 방지사업을 통해 기업평가를 높이는 것이 가능하다는 부가적인 효과도 기대할 수 있다. 이에 따라 CDM사업은 에너지 사업기반을 넓힐 것으로 예상된다. 첫째, 해외에서 에너지 사업을 실시할 수 있다. 예를 들어, 중국은 전력 부족과 대기오염 등의 문제를 해결하기 위해 신에너지 발전의 CDM사업을 장려하고 있다. 한편, CDM사업은 정부의 승인을 받아야 하지만 민간사업자가 주체가 되어 진행하는 면이 크다고 할 수 있다. 이것을 발판으로 삼아서 대상국의 에너지 시장에 참가를 도모하는 것이 가능하다. 둘째, 신에너지 사업의 투자효율을 향상시킬 수 있다. 민간기업이 개발도상국에서 신에너지의 CDM사업을 시작하면 그 부분만큼 신에너지를 사용하는 시장이 넓어진다. 신에너지 비즈니스가 기술 개발 등의 투자를 회수하기 위한 시장이 작다는 문제점을 해결하고 신에너지 사업의 투자채산성도 향상될 것으로 기대된다. 셋째, 배출량 거래로 대표되는 환경가치의 유통기반을 정비할 수 있다는 것이다. 현재는 자주적인 참가에 의한 배출량 거래가 시행되고 있는 단계이지만, 향후 거래가 본격화되기까지 사업기반을 정비하는 것이 중요하다.

그러나 CDM사업은 다양한 위험요인을 가지고 있다. 가장 큰 위험은 배출권의 판매가격이 불투명하다는 것이다. 배출권의 최대 매수자라고 여겨지는 미국이 교토의정서에서 이탈하고 있는 것도 배출권 판매가격의 침체를 유발하고 있다. CDM사업의 실시장소, 실시국의 선정 위험도 중요하다

(3). 신에너지 산업

다음으로, 신에너지 산업이 형성될 가능성이 높아지고 있다. 에너지 절약산업만으로는 온실효과 가스의 배출량을 삭감할 수 없기 때문이다. 신에

너지로 전환하지 않고는 경제수준을 낮추지 않고 지구환경문제를 개선할 수 없다는 것이다.

신에너지는 태양광, 풍력, 바이오매스, 폐기물발전, 폐기물 열 이용, 온도차 에너지 등을 포괄하고 있다. 또한 에너지 원만이 아니라 천연가스 열병합발전, 연료전지, 청정에너지 자동차 등 종래에 비해서 효율이 좋은 에너지를 이용할 수 있는 기술도 신에너지로 분류되고 있다.

신에너지 산업에 있어서 공통된 과제는 경제성을 확보할 수 있느냐 하는 것이다. 예를 들어, 태양광 산업은 정부의 정책적 지원을 받아 도입양이 증가하고 있지만, 향후 본격적으로 보급되기 위해서는 종래 에너지와 비교해서 경제적으로 동등하고 산업화가 필수적이다. 또한 신에너지 산업의 설비 비용이 고가라는 점도 경제성 문제를 야기하고 있다.

신에너지를 어떻게 구성할 것이냐는 그 나라 특유의 기술과 에너지 이용형태에 달려 있다. 일본의 경우 풍력발전은 최근 급속하게 확대되어 왔지만 그 규모면에서 독일의 10분의 1에 지나지 않는 반면, 태양광발전은 세계 최대의 도입국이고, 가정용 연료전지의 개발은 세계에서 가장 진전되어 있다. 이는 세계최고 수준의 전자산업이 존재하고 있기 때문이다. 일본의 가정용 전기장비가 태양광 발전기의 도입을 유인하고 있다.

신에너지 사업에서도 다른 산업의 발전단계에서와 마찬가지로 제품의 성능을 결정하는 기본부품의 성능이 안정되고, 누구라도 구입할 수 있으며, 부품을 조립하여 고성능의 제품을 생산할 수 있다면 활발한 비즈니스가 형성될 것으로 생각된다. 즉 신에너지 산업에서 「신기술의 등장」⇒「일류 기업에 의한 제품화」⇒「공급량의 증대」⇒「기본부품의 범용화」⇒「성능의 안정」⇒「조립에 의한 상품화」⇒「진입기업의 증대」⇒「저가격화」가 형성될 경우 비즈니스로 성공할 수 있을 것으로 기대된다. 수요측면에서도 가격이 내려가면 내려 갈수록 수요가 증가한다.

CO_2절감이 에너지 절약 이외에 가질 수 있는 추가적인 가치는 신에너지 비즈니스가 기대된다는 것이다. 많은 에너지 절약 서비스의 CO_2 절감율이

15% 정도인 데 비해 신에너지는 원칙적으로 100% 삭감이 가능하기 때문이다. 신에너지산업이 생성되면 기존 에너지에 대한 의존구조에서 벗어날 수 있을 것으로 전망된다. 이제까지는 신에너지가 사회적으로 필요한데 불구하고 생산비용이 높아 실현되기 어렵다고 생각되었다. 그러나 CO_2절감이 가치를 가지고 신에너지 사업이 상당한 비중을 차지하게 되면, 신에너지 비즈니스도 독자적인 인프라와 거래의 범위를 만들어 갈 것으로 예상된다.

Ⅵ. 소결

교토의정서 체제의 성공적 출범 이후 1차 공약기간에 개도국들의 온실가스 감축의무부담은 없었다. 비록 미국과 호주의 불참으로 교토의정서 체제의 지속 여부가 불투명하지만, 기후변화협약에 의거하여 온실가스 감축을 위한 국제적인 노력은 계속되고 있다. EU가 주장하는 바와 같이, 제2차 공약기간 중에는 일부 개도국이 감축의무 부담을 받을 가능성이 크며, 이미 개도국들의 온실가스 감축 참여문제가 본격적으로 논의되기 시작했다.

따라서 우선, 온실가스 감축의무 협상에 대비해야 한다. 이미 2005년 제11차 및 제1차 COP/MOP에서부터 post-Kyoto 체제, 즉 제2차 공약기간의 온실가스 감축문제가 협상 테이블에 올려졌다. 온실가스 배출이 지속적으로 증가하고 있는 국가들로서는 교토의정서와 같이 특정연도 배출량 대비 일정량을 감축하기는 거의 불가능하다. 선진국의 입장에서는 전 지구적인 온실가스 배출 감축을 위해 개도국들의 참여를 요구하지만, 개도국의 입장에서는 온실가스 배출 상한선을 설정하는 것을 받아들일 수 없을 것이기 때문이다. 따라서 2단계 감축의무협상에서는 1단계와는 달리 경제성장에 따라서 온실가스 배출증가가 허용되는, 즉 GDP에 연동된 온실가스 배출목표를 설정하는 방안을 검토해 볼 필요가 있다.

다음으로, 전세계적으로 활발하게 거래되고 있는 탄소배출권과 탄소시장에 관심을 가지고 참여해야 한다. 탄소배출권은 지구온난화의 주요인인 이산화탄소 등 온실가스를 배출할 수 있는 권리를 말한다. 온실가스 중 가장 중요한 것이 이산화탄소이므로 통칭하여 "탄소배출권"이라고 한다. 교토의정서는 교토 메카니즘을 도입하여 온실가스 다배출 기업은 탄소배출권, 즉 이산화탄소를 배출할 수 있는 권리를 구입하여 그만큼 배출을 늘릴 수 있도록 허용하고 있다. 즉, 배출 목표를 채우지 못하는 국가나 기업들은 벌금을 내든지, 아니면 탄소배출권을 구매하여 배출한도를 달성해야 한다. 이에 따라 온실가스를 저렴하게 감축할 수 있는 국가나 기업은 배출권을 판매하게 되며, 온실가스 감축에 비용이 많이 드는 국가나 기업은 배출권을 구매하게 된다.

세계적으로 수많은 국가와 기업들이 탄소배출권을 사고 팔 수 있게 됨에 따라 소위 "탄소시장(Carbon Market)이 형성되고 있다. 현재 탄소 배출권 거래가 가장 활발하게 이뤄지고 있는 곳은 유럽이며, 유럽시장에서 이산화탄소 톤당 8~10달러에 거래되고 있다. 세계은행에 따르면 2006년 3분기까지 탄소 배출권 거래 시장 규모는 220억 달러로, 2005년 전체 거래 규모(110억 달러)의 두 배에 육박한다. 이 중 개도국으로부터 나온 배출권 거래 규모는 30억 달러에 이르고 있다. 현재 선진국들은 저렴한 비용으로 탄소배출권 확보를 위해 개도국에 활발한 투자를 하고 있다.

7

경제성장

경제성장

제 7 장

Ⅰ. 문제제기

21세기 초반들어 진행되고 있는 고유가 현상은 부분적으로는 석유공급의 제약에 기인하지만, 중국 등 후발개발도상국들의 고도성장에 따른 수요초과에 기인하는 것으로 분석되고 있다. 이에 따라 세계적으로 전례없는 고유가가 경제성장, 특히 석유수입국들의 경제성장에 치명적인 결과를 초래할지도 모른다는 우려를 자아내고 있다. 또한 고유가는 에너지보호와 효율성의 문제를 다시 야기하고 있다. 에너지 절약정책이 경제성장을 방해할 것인지, 혹은 촉진할 것인지에 대한 논의가 그것이다.

이 장에서는 에너지 소비와 경제성장 간 관계를 살펴보기로 한다. 에너지는 경제성장을 결정하는 중요한 생산요소라고 할 수 있다. 후발도상국의 경우처럼 경제성장이 에너지 소비를 유발하거나, 이와는 달리 에너지 소비가 경제성장을 유발하는 경우도 있고, 에너지 소비와 경제성장이 상호간에 영향을 미치는 경우도 있을 수 있다.

또한 이러한 에너지 소비와 경제성장 간 관계는 제 1 장에서 설명한 바와 같이 에너지 자원의 매장량이 제한되어 있고 재생불가능하다는 자원 제약 하에서 분석되느냐, 아니면 에너지 산업으로서 기술개발이 경제성장을 내생적으로 촉진한다는 생산성과 신성장이론으로 분석하느냐에 따라 달라질 수 있다.

Ⅱ. 재생 불가능 차원으로서 에너지와 경제성장

에너지는 경제활동에 있어서 필수불가결한 생산요소이다. 에너지를 사용하지 않고서는 생산이 불가능하기 때문이다. 이에 따라 생산함수에 에너지를 생산요소로서 포함시키는 것이 중요하다.

$$Y = F(K, L, E)$$

여기서 Y는 총생산, K는 자본, L은 노동, E는 에너지를 의미한다. 노동과 자본이 주어져 있을 때 에너지 가격 및 공급량은 총생산뿐만 아니라 경제활동 전체에 영향을 미치게 된다.

우선 에너지 공급량 측면을 살펴보면, 에너지는 자연자원으로서 재생불가능하고 매장량의 제약을 받아 이용가능성(availability) 자체가 경제성장을 분석하는데 고려의 대상이 된다. 이 점이 에너지산업이 다른 산업과 명백한 차이를 드러내는 부분이라고 할 수 있다. 다른 산업에 있어서도 생산요소가 재생불가능자원이고 매장량의 제약이 요소가격을 인상시키는 경우에는 자원의 희소성이 해당 제품의 가격상승을 유발한다. 그러나 희소성이 프리미엄이 되어 수요가 존재하고 이에 따라 거시적 경제문제가 되지 않는다. 그러나 이와 같은 다른 산업의 경우와 달리 에너지 산업에 있어서는 자원의 이용 가능성과 생산요소시장의 가격형성은 중요한 과제라고 할 수 있다.

세계 에너지 소비와 세계 GDP는 추세적으로 높은 상관관계를 나타내고 있는 것으로 분석되었다(<그림 7-1> 참조). 연도별로는 2000년을 경계로 그 전에는 세계 GDP의 증가가 세계 에너지 소비를 이끌어 온 반면, 그 후에는 세계 에너지 소비가 세계 GDP의 증가를 유도하는 추세를 나타내고 있다.

〈그림 7-1〉 세계 GDP와 세계 에너지소비량간 관계

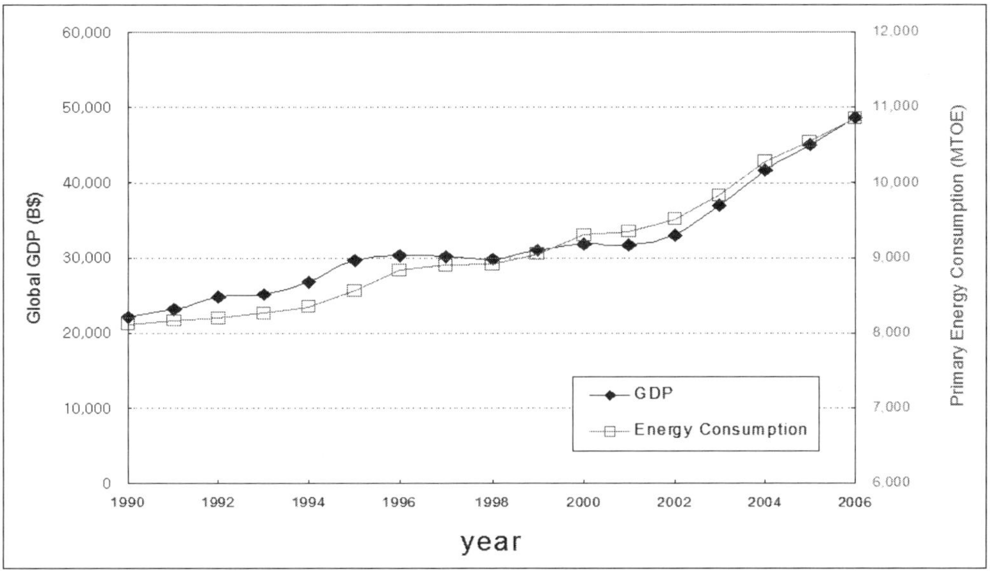

다음으로, 에너지 가격 측면을 보면, 에너지 가격의 상승으로 인한 에너지 사용의 감소는 총생산에 미치는 영향을 추정할 수 있을 것이다. 에너지 공급량만을 보면, 에너지 사용을 줄이면 총생산은 생산에서 차지하는 에너지 비용의 비중만큼 감소하게 될 것이다. 이러한 에너지가격 및 수량과 생산 등 경제적 성과 간 관계는 에너지시장이 완전경쟁시장인지, 불완전경쟁시장인지에 따라 달라질 수 있다.

실제로 에너지 가격이 국민경제에 미치는 영향은 대략 6가지 경로로 나타날 것으로 분석된다(<그림 7-2> 참조). 첫째, 유가인상이 생산요소인 에너지의 이용가능성을 감소시킴으로써 결국 잠재적 생산량을 줄이게 된다(Barro, 1984; Brown & Yucel, 1999; Abel & Bernanke, 2001). 결과적으로 생산비용이 상승하고 경제성장과 생산성은 감소하게 된다. 둘째, 석유가격의 인상은 석유수입국의 교역조건을 악화시키게 된다(Dohner, 1981). 이에 따라 석유수입국으로부터 석유수출국으로 부의 이전이 일어나고, 석유수입국의 기업이나 가계의 구매력이 감소하게 된다. 셋째, 석유

가격의 인상은 화폐에 대한 수요를 증가시키게 된다(Pierce and Enzler, 1974; Mork, 1994). 이와 같이 증가하는 화폐수요에 대해 정부 금융당국이 제대로 대응하지 못할 경우 금리인상과 경제성장의 둔화를 야기하게 된다(Brown and Yucel, 2002). 넷째, 석유가격의 인상은 인플레이션을 야기하고, 다시 물가와 임금 간 악순환 고리를 형성하게 된다. 다섯째, 석유가격 인상은 소비, 투자, 주식가격 등에 부정적인 영향을 미치게 된다. 여섯째, 석유가격의 인상이 지속될 경우 산업구조의 변화를 야기하고 고용에 대해 영향을 미치게 된다. 실제로 석유가격의 인상은 석유 집약적인 산업군의 수익을 약화시키고 관련 기업으로 하여금 석유집약도를 낮추는 새로운 생산방식을 채택하게 한다. 이러한 변화는 산업간 자본과 노동의 재분배를 유도하고 장기적으로는 실업을 야기하게 된다(Loungani, 1986). 이러한 모든 과정을 거쳐 석유가격은 경제활동에 영향을 미치게 된다.

〈그림 7-2〉 에너지 가격인상이 국민경제에 미치는 파급 효과

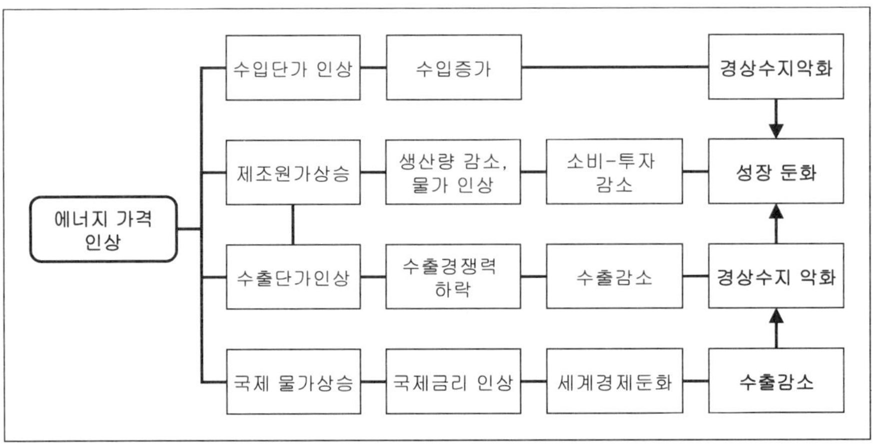

일반적으로 유가 인상은 경제성장에 부정적인 영향을 미치는 반면, 유가 인하는 경제활동에 긍정적인 영향을 미치고 있는 것으로 분석되고 있다(Brown and Yucel, 2002). 그러나 유가의 변화가 경제성장에 미치는 영향의 정도는 각국이 처하고 있는 상황에 따라 다르게 나타나고 있는 것으로

분석되고 있다.

유럽 12개국을 대상으로 유가인상이 GDP에 미치는 장기적인 영향을 분석한 결과, 석유가격의 인상이 경제활동을 약화시키는 정도가 석유가격의 인하가 경제활동을 활성화시키는 정도보다 큰 것으로 분석되었다(Lardic, S. & Mignon, V., 2006). 그러나 그 영향의 정도는 특히 1980년대 중반 이후 약화되고 있는 것으로 분석되고 있다. 이와 같은 유가와 경제성장간 비대칭적 현상은 전통적인 공급주의 경제학에 의해서는 설명되지 않는다(Brown and Yucel, 2002). 오히려 화폐금융정책, 조정비용, 투자환경에 있어서 불확실성의 부정적 영향, 석유제품가격의 비대칭 등에 의해 설명되고 있다. 즉 석유가격이 명목적으로 하방경직성을 가지고 있으면서 인플레이션 추세를 보일 때 금융당국이 명목GDP를 일정하게 유지하는 화폐정책을 추진하지 못할 경우 GDP 감소가 상당한 정도로 일어난다. 반대로 유가인하 후 실질임금이 상승되어야 하는데 그렇지 못할 경우 GDP 증가가 기대만큼 이루어지지 않을 수 있다(Bernanke et al., 1997). 또한 유가 변화로 촉발된 비용조정이 산업 부문간 불균형(Hamilton, 1988), 기업간 조정 실패(Huntington, 2000), 산출 대비 에너지 비율이 자본에 체화되어 있는 경우(Atkeson & Kohoe, 1999) 경제활동을 지연시킬 수도 있다. 그리고 석유제품 가격이 원유가격과 비대칭적으로 반응할 경우 경제활동에 비대칭적 영향을 미칠 수 있다.

다음으로, 석유 순수입국의 경우 유가인상으로 인한 GDP 감소효과가 유가인하 후 증가효과보다 큰 것으로 분석되고 있다(Hamilton, 2000; Huang et al., 2005). 여기서 유가의 변화로 인해 영향을 받는 정도, 즉 석유취약도(oil vulnerability index: OVI)는 국별로 상당한 차이를 나타내고 있다. Gupta(2008)는 2004년 26개 석유 순수입국의 OVI를 시장위험요인과 공급위험요인으로 구분하여 분석하고 있다. 여기서 시장위험요인으로는 GDP 대비 석유 수입 비중, GDP 단위당 석유 소비, 1인당 GDP, 총 에너지 공급에서 차지하는 석유 비중 등을 고려하는 한편, 공급위험요인으로는 석유소비에서 차지하는 국내자원 비중, 순 석유 수입의존도와 공급원의 다양화, 공급국가의 정치적인 위험도 등으로 평가된 석유시장의 지정학적 집중도, 그리고 시장의 유동성 등을 참고하고 있다. 분석의 결과, 특정국가의 전체적인 OVI는 시장위험요인이 공급위험요인보다 더 영향을 받고 있는 것으로 평가되고 있다. 국가별로는, 호주, 미국, 스웨덴, 네덜란드, 오스트리아, 독일, 프랑스, 에이레, 벨기에 등은 시장 위험과 공급위험이 평균 이하를 나타내고 있는 것으로 분석되었다(<그림 7-3>의 3사분면). 다음으로 이탈리아, 핀란드, 스위스, 일본 등은 시장위험은 평균이하이나 공급위험이 평균이상인 것으로 분석되었으며(<그림 7-3>의 2사분면), 중국, 뉴질랜드, 헝가리, 포르투갈, 인도 등은 시장위험은 평균이상이나 공급위험은 평균이하인 것으로 조사되었다(<그림 7-3>의 4사분면). 반면 필리핀, 한국, 그리스, 폴란드, 체코, 터키, 슬로바키아, 스페인 등은 시장위험과 공급위험 모두 평균이상인 것으로 분석되고 있다(<그림 7-3>의 1사분면).

〈그림 7-3〉 국가별 시장위험 및 공급위험 요인

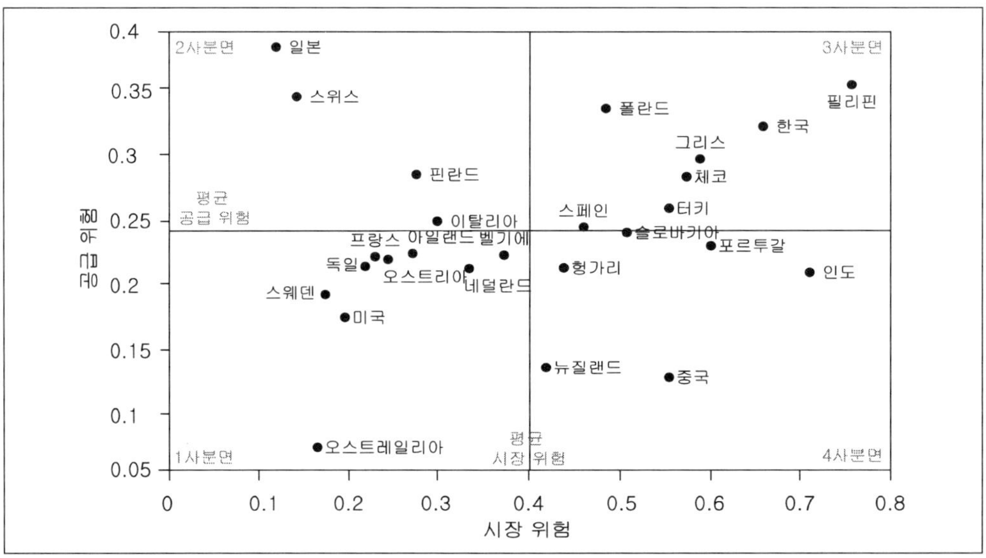

자료: Gupta(2008)

다음으로, 석유의존도가 높은 수출국의 경제성장은 석유 붐(boom)이나 자국에 유리한 석유파동에 의해서는 제한적인 영향을 받거나 거의 영향을 받지 않는 반면, 석유수입이 감소할 경우에는 매우 감소하고 있는 것으로 분석되고 있다(Mehrara, 2008). 이러한 현상은 마치 네덜란드 병(Dutch disease)과 유사한 것으로 분석된다(Devlin & Lewin, 2004). 즉 경제구조가 약하고 다양화되지 못한 국가에서 자원개발 및 수출 붐(boom)이 자국화폐의 평가절상을 유발하면서 석유류 제품 이외의 수출을 감소시키고 소비를 증가시킴에 따라 경제를 비정상적으로 불안정하게 하고 팽창 이후 추락할 경우 경제를 파산으로 귀결짓는 결과를 가져올 수도 있다는 것이다. 이와 같은 석유 붐의 부정적인 영향을 극소화하기 위해서 석유수출국들은 실물경제의 다각화 추진 등 경제기반을 확대하고 다각화하거나, 재정구조를 석유수입의 유동성으로부터 분리하기 위한 석유 또는 자원 안정화 기금 등을 설치하는 정책이 필요한 것으로 제기되고 있다(Mehrara, 2008).

역사적으로 선진국에서 에너지 집약도(energy/GDP)는 에너지 가격이 높은 기간 동안에도 감소하고 있지만, 에너지 가격이 낮을 때에도 감소하는 경향을 나타내었다(Peirce, 1996). 미국의 경우, 에너지 집약도는 1940년대 중반과 1960년대 후반 상향 조정도 하였지만 1920-1980년대까지 약 50% 하향추세를, 그리고 1980-1995년 21% 하향 추세를 나타내었던 것으로 분석되었다. 이는 ① 제조업과 서비스산업의 GDP공헌도가 에너지보다 상대적으로 컸으며, ② 전력이 증기(steam)를 대체하면서 에너지 소비가 실질적으로 감소하였던 것에 기인한다. 예를 들어, 증기를 활용한 공장은 낮 시간 동안에만 운용되었지만, 공업용 보일러는 하루 24시간 석탄을 태울 수 있었다. 또한 석탄을 직접적으로 태우던 시스템이 100% 효율성을 갖고 있다 하더라도 전력의 형태로 석탄을 간접적으로 소비하는 시스템으로 전환한 것이 에너지 소비를 증가시킨 것보다 더 GDP를 증가시킨 것이 역사적 사실이다. 예를 들어, 에너지의 약 2/3가 전환과정에서 열로 사라진다고 가정하면, 석탄이 100% 효율적으로 사용되는 경우 전력사용은 석탄소비의 경우보다 3배 효율적으로 사용된다고 할 수 있다. 이에 따라 전력사용이 BTU당 석탄가격을 3배로 하는 것보다 효율적으로 사용되어 국내총생산(GDP)를 더욱 증가시키는 결과를 낳았던 것으로 분석된다.

20세기 에너지 사용에서 독특한 추세 중 하나는 상대적으로 BTU당 고비용의 에너지를 저렴한 비용으로 사용가능한 에너지로 대체하는 것이었다. 이런 이유로 석탄이 전기와 석유로 대체되었다. 에너지 가격이 임금에 비해 상대적으로 떨어질 때 소비자들은 전기와 석유정제의 편리성을 선택하여 소비하는 경향을 나타내었다. 그러나 석탄으로부터 전력열로 이동하는 것은 전력이 BTU당 비싸기 때문에 BTU/GDP 비율의 감소를 초래하고 있다.

그러나 에너지 집약도(energy/GDP)와 GDP간 상관관계는 경제성장의 발전과정에 따라 감소하는 것으로 분석되었다. 한국경제의 1차 에너지 소비량은 1990년 약 9,300만 TOE 이었으며, 이후 연평균 6.2%씩 증가하여 2005년에는 2억 2,800만 TOE를 기록하였다. 이는 같은 기간 중 국내총생산(2000년 불변가격 기준)이 연평균 5.6%씩 증가한 것에 비해 큰 증가율이다. 이로써 동기간 중 에너지소비가 경제규모보다 빠른 증가율을 기록하고 있는 것으로 분석된다.

〈그림 7-4〉
영국의 에너지 집약도와 GDP간 관계

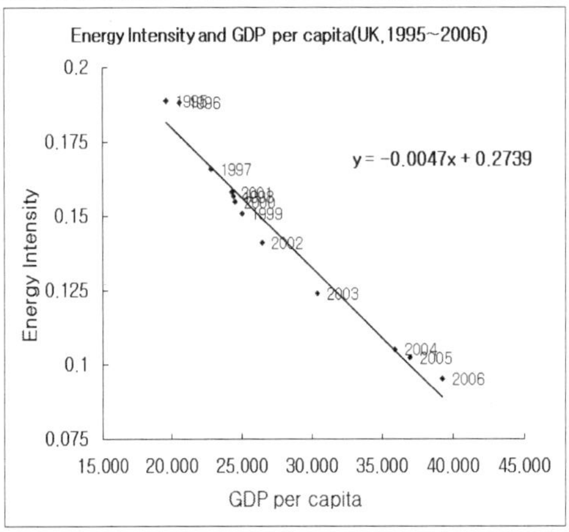

〈그림 7-5〉
한국의 에너지 집약도와 GDP간 관계

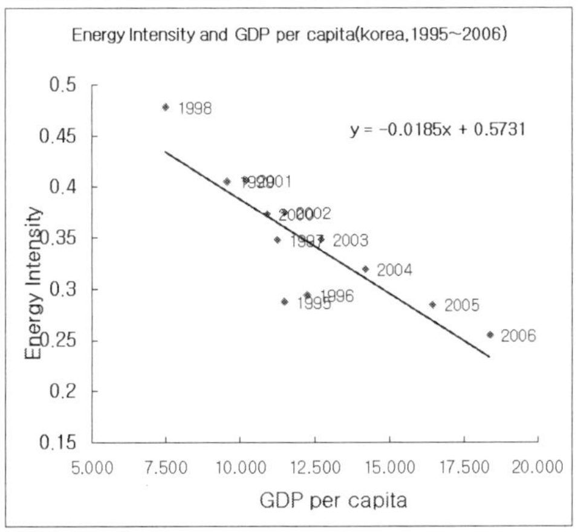

이러한 추세를 기간별로 구분하여 보면, 외환위기 이전인 1990~1997년 기간의 1차 에너지 소비증가율은 연평균 9.9%로써 국내총생산증가율인 연평균 7.2%보다 높은 성장률을 기록한 것으로 분석되었다. 반면 1998~2005년 기간 동안에는 1차 에너지 소비증가율은 연평균 4.7%로써 경제성장율 연평균 5.8%보다 낮아진 것으로 나타났다. 이러한 변화는 외환위기 이후 우리나라의 산업구조가 변화하고 있는데 기인한다. 즉 외환위기 이후 상대적으로 에너지를 적게 사용하는 정보통신산업과 서비스산업이 경제성장을 주도함에 따라 과거에 비해 동일한 부가가치 창출에 소요되는 에너지 투입을 줄일 수 있게 되었다는 것이다.

나아가 에너지 소비와 경제성장간 Granger인과관계를 살펴보기로 한다. 만약 에너지소비가 경제성장에 영향을 미친다는 일방향 인과관계(uni-directional causality)가 발견된다면, 에너지절약정책은 경제성장을 감소시키는 결과를 초래할 것이다. 반대로, 경제성장이 에너지소비에 영향을 미치는 일방향관계가 형성된다면, 에너지절약정책은 경제성장에 별 영향, 특히 악영향을 미치지는 않은 것으로 분석된다. 만약 어떤 방향으로도 인과관계가 형성되지 않은 것으로 분석되면 에너지소비 증가가 경제성장에 어떤 영향도 미치지 않는다는 것을 의미한다.

실제로 현재까지의 분석을 살펴보면, 동일국가에 대해서도 시기별로, 분석방법별로 다른 결론을 나타내고 있다(<표 7-1> 참조). 한국을 대상으로 분석한 결과를 보면, Yu와 Choi(1985)는 Bivariate Granger Test를 통해 1954~1976 동안 경제성장이 에너지소비를 결정한다는 일방향 인과관계를 분석한 반면, Glasure와 Lee(1997)는 Bivariate Vector Error-Correction Model을 활용하여 1961~1990년 양방향 인과관계를 나타내고 있다고 분석하고 있다. 또한 Oh와 Lee(2004)는 Trivariate Vector Error-Correction Model을 통해 1970~1999년 양방향 인과관계를 분석하고 있다.

〈표 7-1〉 에너지소비와 성장 간 상관관계

Study	Estimation method	Period	Countries	Results
Kraft and Kraft (1978)	Bivariate Sims causality test	1947~1974	USA	Income→energy
Yu and Choi (1985)	Bivariate Granger test	1954~1976	South Korea	Income→energy
			USA	Energy→income
Erol and Yu (1987)	Bivariate Granger test		USA	Energy→income
Yu and Jin (1992)	Bivariate Engle & Granger test	1974~1989	USA	Energy→income
Stern (1993)	Multivariate VAR	1947~1990	Malaysia, Singapore, &Philippines	Energy→income
Masih and Masih (1996)	Trivariate VECM	1955~1990	India	Energy→income
			Indonesia	Income→energy
Glasure and Lee (1997)	Bivariate VECM	1961~1990	South Korea &Singapore	Energy↔income
Masih and Masih (1998)	Trivariate VECM	1955~1991	Sri Lanka &Thailand	Energy→income
Asafu-Adjaye (2000)	Trivariate VECM	1973~1995	India &Indonesia,	Energy→income
			Thailand &Philippines	Energy↔income
Hondroyiannis et al. (2002)	Trivariate VECM	1960~1996	Greece	Energy↔income
Soytas and Sari (2003)	Bivariate VECM	1950~1992	Argentina	Energy↔income
			South Korea	Income→energy
			Canada, USA, &UK	Energy→income
Fatai et al. (2004)	Bivariate Toda & Yamamoto(1995)	1960~1999	Indonesia &India	Energy→income
Oh and Lee (2004)	Trivariate VECM	1970~1999	South Korea	Energy↔income
Wolde-Rufael (2004)	Bivariate Toda & Yamamoto(1995)	1952~1999	Shanghai	Energy→income
Lee (2005)	Trivariate Panel VECM	1975~2001	18 developing countries	Energy→income
Al-Iriani (2006)	Bivariate Panel VECM	1971~2002	Gulf Cooperation Countries	Income→energy

주1: 'x→y' 는 x가 y를 결정하는 일방향 인과관계를, 'x↔y'는 x와 y가 상호간 결정하는 양방향 인과관계를, ' x ~ y'는 x와 y간에는 인과관계가 없는 것을 의미함.
주2: VAR은 vector autoregression을, VECM은 vector error-correction model을 의미함.

Manadevan와 Asafu-Adjaye(2007)는 Panel Vector Error-Correction Model을 활용하여 1971~2002년 동안 에너지소비가 경제성장을 결정한다는 일방향 인과관계를 분석하고 있다. 특히 그들은 1971~2002년 동안 에너지 수출국들 중 선진국에서는 경제성장과 에너지소비간 장·단기에 걸쳐 쌍방향 인과관계를 나타내는 반면, 개도국들에서는 에너지소비가 단기에 걸쳐서만 경제성장을 촉진하고 있는 것으로 분석하고 있다.

그러나 전통적인 경제성장에 대한 요인분석에서 에너지는 노동이나 자본의 기여에 비해 소홀히 취급받아 왔다. 이것은 에너지를 소비재라고 볼 수 있기 때문이다. 경제발전 초기단계에서는 에너지 소비가 경제성장 속도만큼 빨리 증가하는 경향을 보이고 있다. 즉 따뜻한 집이 동굴보다는 좋고, 자동차가 일정한 생활수준을 유지하기 위해서 필요하게 되었다. 결국 일정소득 수준을 넘어서게 되면 에너지에 대한 수요의 소득탄력성이 낮아지는 역사적 추세를 보여 왔다.

그러나 에너지는 중간재라고 할 수 있다. 예를 들어 가솔린 소비를 줄이기 위해 보다 소형의 자동차를 구입한다. 이 경우 소비와 투자 활동이 종합된다면 소득증가가 에너지에 대한 수요의 감소를 초래한다고 보기에는 어렵다. 에너지가 소비재로 간주된다면 수요량은 소득증가에 따라 증가할 것으로 예상되지만 증가율은 소득계층마다 다를 수 있다. 수요의 소득탄력성 역시 국가마다 다르다. 1인당 GDP와 에너지집약도간 상관관계로 보아 선진국들에서 강하게 나타나지 않고 있는 반면, 후발국들에서는 강한 상관관계를 나타내고 있다. 이러한 다양성은 에너지와 경제성장간 관계가 그렇게 단순하지 않다는 것을 시사한다.

전통적인 논의는 에너지가 단순히 소비재만은 아니며 오히려 기술발전 사회로 가는 필수 생산요소라는 것이다. 노동을 기계로 대치하는 과정은 경제성장을 위한 통합적 과정 중의 일부분이며 반드시 에너지 요소를 필요로 하는 것이다. 에너지 대량소비를 경제성장의 원인이나 현상으로 볼 수 있다. 그러나 에너지 소비량은 부분적으로 가격과 이용가능성에 의존한다고 할 수 있다. 에너지 가격이 매우 비싼 시기에는 에너지의 경제성을 개선하는 방법을 찾는 것이 우선순위이었다. 그러나 이러한 노력이 즉각적으로 효과를 나타내었던 것이 아니라 장기간에 걸쳐 평균적으로 효과를 나타내었던 것으로 분석된다.

이러한 논의는 자본이 에너지에 대한 대체물이라는 것을 시사하기도 한다. 보다 잘 단열되거나 굴곡이 적은 도로를 놓거나 에너지를 절약할 수 있는 보다 효율적인 기계를 사용하는 것이 가능하기 때문이다. 전력을 창출하는 것과 같은 전환과정에서 에너지 손실을 줄이기 위해 대규모 자본을 사용할 수도 있다. 마찬가지로 충분한 자본을 가지고 태양에너지를 보다 많이 창출하거나 오일 셰일(oil shale)로부터 액체연료를 생산할 수도 있다. 주요한 문제는 에너지 그 자체가 아니라 현재의 에너지 원을 보존하고 새로운 것을 개발할 수 있는 자금과 지식의 증가율이다. 이것이 경제효율성, 즉 모든 자원을 소득과 부를 가장 많이 생산할 수 있도록 사용하는 방향으로 유도하기 위한 효율성이 에너지 효율성보다 더 큰 관심을 끌 수 있는 이유이기도 하다.

Ⅲ. 첨단기술제품으로서 에너지와 경제성장

그러나 요소투입의 증가로는 총산출의 증가의 절반 정도를 설명할 수밖에 없었다. 나머지 절반정도, 즉 요소투입의 증가로는 설명할 수 없는 절반 정도가 총요소생산성(total factor productivity: TFP)으로 설명되고 있다.

총요소생산성을 측정하는 기법 중 하나가 성장회계방식(growth accounting framework)이다. 초기단계에서 소위 솔로우의 잔차(Solow's residual)로서 측정되는 총요소생산성은 black box, 또는 무지의 척도(Nelson, 1981)로 언급되었다.

또한 총요소생산성을 재해석하는데 있어서도 1960년대 후반과 1970년대에는 외생적인 것으로 가정되었다. 이에 따라 OECD 국가들이 총요소생산성 증가율의 하락현상을 설명할 수 없었다. 전통적인 성장이론은 경제조건의 단 한 번의 변화(a once-and-for-all change), 예를 들어 자본집약도의 증가는 자본의 한계생산성을 감소시키고 이것이 다시 자본에 대한 수익률의 감소를 촉발하고 투자유인을 감소시키게 된다는 것으로 해석하였다.

1973년 에너지 가격의 급등은 OECD경제에서 에너지의 비중 등을 고려한 총요소생산성 둔화에 직접적인 충격을 주지는 않았던 것으로 분석되었다(OECD, 1990). 또한 1980년대 후반의 에너지 가격 급락에 대응하여서도 총요소생산성의 증가가 나타나지 않았다. 그러나 다른 한편으로 두 차례에 걸친 에너지 가격 급등의 간접적 효과는 강력하였다고 할 수 있다. 석유파동에 직면하여 재화와 노동시장이 경직적인 나라에서 인플레를 적절한 수준으로 낮추기 위해서는 긴축정책이 상당히 오랜 기간 동안 지속될 수밖에 없었다.

이후 블랙박스로 처리되어 오던 총요소생산성의 결정요인에 대해 분석이 시작되었다. 특히 기술진보, 노동과 자본의 질 개선, 완전경쟁으로부터 이탈, 천연자원의 활용 등이 강조되었다. 그러나 이 방식 역시 규모의 수익불변을 가정하고 있기 때문에 조심스럽게 해석되어야 했다.

에너지 소비가 경제성장에 기여하는 정도는 에너지산업의 생산성으로도 평가될 수 있다. 생산성 분석은 경제성장의 잠재력 추정 측면에서 기술진보의 중요성에 대한 기본 인식에서 출발하여 Solow(1956) 및 Swan (1956) 등이 성장모형을 개발한 이후 경제학의 많은 분야에서 응용되고 있다. 특히, 내생적 경제성장 모형(endogenous growth model)에서는 지속적인 경제성장을 위하여 기술진보의 중요성이 강조되며, 내생적 기술진보의 지속성 여부가 한 국가의 경제성장의 지속 여부를 결정하는 것으로 주장된다(Romer, 1986; Lucas, 1988). 그러나 개발도상국의 경우에는 기술수준이 낮고 연구개발(R&D) 투자도 미미하기 때문에 선진국과의 국제무역을 통한 선진 기술의 파급이 중요시 되었다(Grossman and Helpman, 1991a, 1991b).

이처럼 지속적인 경제성장을 위해 기술진보가 강조되고 있으며 또한 시장개방 정책의 긍정적인 측면에서 총요소생산성 분석은 한 국가 내지 한 산업, 또는 기업간의 경제적 성과를 비교하는 데 있어서 기초 연구라 할 수 있다. 생산성과 그 변화는 총계 수준(aggregate level)이나 산업별 자료(industrial data), 또는 기업자료(firm data) 등을 이용하여 지수적 접근방식(index number theory), 모수적(계량경제적) 접근방식(parametric), 비모수적 접근방식(non-parametric) 등을 통해 추정되어 왔다.

지수적 접근방식으로는 단일의 생산요소만을 투입하여 산출물을 얻는다고 가정할 경우의 생산성을 의미하는 단일요소생산성(partial factor productivity : PFP) 분석과, 총생산요소의 투입단위당 산출량의 비율로 나타내는 지표로서 산업부문별 총요소생산성 변화추이와 생산성 변화요인을 분석하는데 주로 사용하는 총요소생산성(total factor productivity: TFP)분석이 이용되고 있다.

모수적(계량경제적) 접근방식으로는 일반회귀(OLS)분석이 독점기업들간의 생산성차이를 파악하기 위해 광범위하게 활용되어져 왔다. COLS(corrected OLS)에 의한 효율성 측정방법은 회귀분석 방법의 연장으로 이해할 수 있는데, 비용함수 추정에 의한 평균비용 추정은 회귀분석에서와 같지만 효율성지수를 만드는 과정은 다르다. 확률적 프론티어 분석(stochastic frontier analysis : SFA)은 효율적 비용 프론티어를 추정할 때 측정오차 혹은 우연적 요인들의 가능성을 반영하는 방식이다.

비모수적(non-parametric) 추정방법은 추정하려고 하는 함수의 형태와 오차항에 대한 분포형태를 사전적으로 전제하지 않는다는 점에서 모수적(Parametric)추정방법과 차이가 있다. 또한 계량경제적 기법이 아닌 선형계획법(linear programing)을 통해 효율프론티어를 구성한다는 특성을 갖고 있다.

1990년대 중반까지 대부분의 연구는 성장계정 추정법(growth

accounting method) 또는 Malmquist 생산성 지수를 이용하여 총요소생산성의 증가율을 추정하였다.

성장계정 추정법을 이용하여 총요소생산성을 추정한 많은 연구들이 있으나, 경제성장의 발전과정에서 총요소생산성의 증가율에 대한 적절한 추정방법에 대해 일치된 견해는 이루어지지 않았다.

완전경쟁과 규모에 대한 수확 불변(constant returns to scale)이라는 강력한 가정과 함께, 성장계정 추정법의 기본 문제점으로 투입요소들의 완전 이동성(perfect mobility)과 가분성(divisibility), 그리고 정부 규제에 따른 왜곡의 부재 등을 들 수 있다. 또한 생산 활동은 항상 효율적으로 이루어지는 것으로 암묵적으로 가정하기 때문에 산출물은 생산가능곡선 상에서 생산되는 것으로 간주한다. 따라서 기술적 변화의 추정으로 사용되는 총요소생산성의 변화는 개념적으로나 방법론적으로 오류(misleading)를 발생시킬 수 있다.

DEA(data envelopment analysis)로 대표되는 비모수추정방법은 Farrell(1957)에 의해 처음 개발되었다. 그는 실제 투입물에 대한 효율적 투입물의 비율로서 종합효율성(overall efficiency)을 측정하는 방법을 제안하였다. 그는 또한 종합효율성을 종합기술효율성(overall technical efficiency : OTE)과 분배효율성(allocation efficiency)으로 이분하는 방법을 개발하였다. Charnes, Cooper and Rhodes(1978)는 복합 산출물과 투입물의 경우에도 Farrell의 효율성측정을 적용할 수 있는 방법을 개발하였다. 그들은 다양한 규모의 차이를 효율성 측정에 반영하는 방법을 개발하여, 종합기술효율성을 순기술효율성(pure technical efficiency : PTE)과 규모효율성(scale efficiency : SE)으로 이분하였다. 또한 그들은 개별 기업의 규모의 수확(return to scale)상태를 파악할 수 있는 방법도 개발하였다.

비모수적 추정방법 중 1990년대 중반 이후 자주 사용되고 있는 방법은 맘퀴스트 생산성 지수(malmquist productivity index : MPI) 추정방법이다. MPI 추정방법은 일반적인 또는 특정의 생산함수를 가정하지 않고 거리함수(distance function)에 기초하여 투입요소에 대한 산출물의 지수로 정의된다. 성장계정 추정방법과는 달리, 투입요소에 대한 비용 비중이나 소득 분배율에 대한 자료를 필요로 하지 않는다. MPI는 크게 세 부분으로 나누어 추정될 수 있다. 첫 번째 요소는 순수 효율성 변화지수, 두 번째 요소는 규모의 효율성 변화지수, 세 번째는 기술의 변화지수로 분해(decomposition)할 수 있다.

그러나 1980년대 후반 신성장이론(New Growth Theory)의 등장은 솔로우의 잔차와 경제성장을 의미하는 생산잠재력의 장기적 성장에 대하여 설명을 제공하게 되었다. 즉 자본스톡의 증가는 증가된 자본스톡만큼 생산을 증가시키며, 생산성 증가에 대한 외부효과로 자본의 한계생산성을 감소시키지 않는다고 분석되었다. 다시 말해 총투자의 증가는 생산증가율의 영구적인 증가를 지속시킬 수 있다는 해석이다. 신성장이론이 강조하는 내용은 규모의 수익 증가, 연구개발, 인적자본의 형성, 기술변화의 확산과 활성화에서 투자의 중개역할이 성장에 있어서 매우 중요하다는 것이다(Romer, 1988; Lucas, 1988; Scott, 1980; Baldwin, 1989). 또한 위 요인들에서 새로운 투자가 일어나서 경제전체적으로 외부효과나 파급효과를 통해 생산성 증가율을 상승시킨다면, 생산증가율은 항구적으로 증가할 수 있다는 것이다.

특히 총요소생산성을 구성할 수 있는 위 요인들을 내생화하게 되었다. 신성장이론은 첨단기술을 체화하고 있는 자본(소위 R&D 자본, Nadiri), 기술력을 체화하고 있는 인력(소위 인적자본, Becker), 에너지산업에 있어서 기술진보 등을 총괄하는 기술을 생산요소로 받아들이고 있다.

$$Y = F\ (K,\ L,\ E,\ T)$$

여기서 Y는 총생산, K는 자본량, L은 노동량, E는 에너지량, T는 기술수준을 의미한다. 자본량, 노동량, 에너지량이 주어져 있을 때 에너지 산업에 있어서 기술수준이 새로운 성장추동요인으로서 총생산뿐만 아니라 경제활동 전체에 영향을 미치게 된다.

EU집행위원회는 2008년 미래 에너지 패러다임의 전환에 대비하여 수립한 "에너지전략기술계획(European Strategic Energy Technology Plan20/20 by 2020)"을 성공적으로 추진할 경우 새로운 에너지 관련제품과 Know-how 수출을 통해 경제발전과 고용창출에 크게 기여할 것으로 전망하고 있다. EU의 이같은 에너지 기술개발계획과 연계하여 에너지 분야 2050년 비전 및 실행전략을 수립한 보스톤 컨설팅 그룹(BCG)에 따르면(BCG, 2008), GDP에서 차지하는 에너지의 비율은 현재의 8.1%에서 9.4%로 증가하고 에너지 분야의 고용이 현재의 90만명에서 150만명으로 증가할 것으로 예상되고 있다. 또한 수출잠재력도 현재의 제한적인(limited) 비중을 훨씬 뛰어넘어 매우 높은 비율을 나타낼 것으로 전망되고 있다. 반면 에너지 수입량은 현재의 13억 7,500만 toe에서 8억 8,400만 toe로 감축되고 금액으로는 현재의 6,350억 유로에서 4,440억 유로로 줄어들 것으로 전망되고 있다.

선진국의 사례분석을 보면, 1999년 호주 NWS(North West Shelf)의 가격 및 규제 심판위원회(Independent Pricing and Regulation Tribunal: IPART)는 DEA, SFA, COLS방법을 활용하여 전세계 59개 도시가스회사(호주내 8개사)의 생산성을 평가하고 있다. 전체표본의 평균적인 종합기술효율성은 73%, 순기술효율성은 82%로 나타났으며, 호주내 8개 도시가스회사의 평균적인 종합기술효율성은 73%, 순기술효율성은 87%로 나타났다고 분석하고 있다. Price and Weyman-Jones(1996)는 영국 내 12개 가스사업체의 민영화 전후의 생산효율성 변화를 DEA방법 및 Malmquist 생산성지수 방식을 이용하여 측정한 결과, 28개 생산단위가 기술적으로 효율적인 것으로 나타났으며, 대부분이 민영화 이후인 것으로 나타났다.

호주 산업경제국(Bureau of Industry Economics: BIE)(1994)은 DEA를 활용하여 가스분배회사의 기술적 효율성을 미국, 영국, 캐나다, 일본과 비교한 결과, 호주의 도시가스회사들의 기술효율성은 90%로 증가하였으며, 미국, 일본, 캐나다 및 영국의 기술효율성은 각각 80%, 90%, 92% 및 100%로 증가한 것으로 분석하고 있다.

Erbetta and Rappuoli (2003)는 이탈리아 가스분배회사들의 최적 운영규모를 파악하기 위해 DEA 방식을 이용하여 기술효율성을 비교 분석한 결과, 고객밀집도를 고려한 모형에서 도시가스회사의 평균 순기술효율성이 66%로 측정되었으며, 고객밀집도를 고려하지 않은 모형보다 순기술효율성이 3%포인트 정도 높은 것으로 나타났다.

에너지 산업부문에서는 박창수 · 박광수(2004)는 한국의 5대 석유회사와 일본의 6개 석유회사 및 미국의 12개 석유회사의 기업자료를 이용하여 각국의 효율성을 비교하였다. 이 결과 한국 석유산업의 효율성 지수는 후반기에 개선된 것으로 나타났지만, 기술진보 지수는 악화되어 전반적으로 MPI는 전반기보다 후반기 연평균 증가율이 저조하게 나타났다.

가스산업부문에 있어서 Kim et al.(1999)은 DEA 분석을 통해 1991~1995년 동안 이탈리아 SNAM과 캐나다 Northwestern Utilities Ltd.의 순기술효율성이 100%, 기타 유럽 및 북미 기업들은 55%~97%범위에 있는 것으로 평가하고 있다. 일본 기업들은 24%~99%범위에 있으며, 한국의 가스사업은 33% 수준인 것으로 평가되었다.

강재성 · 서정규(2004)는 맘퀴스트생산성지수를 이용하여 1999~2003년간 국내 32개 가스소매사업에서 도시가스회사간의 상대적인 생산효율성 수준을 도시가스사업 특성에 따른 사업환경 차이를 감안하여 분석했다. 분석결과, 국내 가스소매사업의 5년간의 생산효율성 증가는 미약했던 것으로 평가됐으며, 생산효율성 증가는 규모효율성의 증가에 기인한 것으로 나타났다. 특히 분석결과를 통해 국내 가스소매사업부문에서의 유인규제 활용에 대한 정책적 시사점을 제공했다는 점에서 의미있는 결과물이었다. 그러나 국제간 비교로 이어지지는 않았다.

최인수(2007)는 동일한 맘퀴스트 생산성 지수를 적용하여,

1996~2005년동안 한국과 일본 도시가스산업의 MPI 누적지수에서 일본보다 한국 도시가스산업이 상위에 있는 것으로 분석하고 있다. 그러나 기간별로 생산성을 비교해 보면 2001~2005년 기간 동안에 MPI의 개선효과는 한·일 모두 1997~2000년 보다 악화된 것으로 나타났다. 그러나 일본의 경우 전반기에 −1.03%에서 후반기에 −1.72%로 근소한 차이를 나타낸 반면 한국의 경우 전반기 0.37%(금융외환위기를 경험한 98년 제외시 0.80%)였지만 후반기에 −0.60%로 MPI가 악화된 것으로 나타났다.

다음으로, 한국 30개 도시가스사와 일본 도시가스사의 기간별 생산성 비교 결과에서 MPI의 변화에 영향을 주는 효율성지수와 기술진보지수를 구체적으로 살펴보면, 한국의 경우 효율성지수(EI)는 전반기에 1.31%(98년 제외시 0.59%)에서 후반기 0.70%로 감소하였으며 기술진보지수(TI)는 전반기 −0.88%(98년 제외시 0.29%)에서 후반기 −1.29%로 크게 악화된 것으로 나타났다. 특히 한국 수도권 7개사와 일본 도시가스사의 생산성 비교결과에서는 이러한 결과가 더욱 뚜렷하게 나타났다. 효율성지수(EI)는 전반기에 0.17%(98년 제외시 0.33%)에서 후반기 −0.02%로 감소하였으며 기술진보지수(TI)는 전반기에 2.8%(98년 제외시 2.74%)에서 후반기 −0.04%로 두드러지게 악화된 것으로 나타났다.

개별 국가 표본 집단 내에서의 생산성 비교에서도 한국의 경우 전반기(1997~2000)에 비해 후반기(2001~2005)에 MPI증가율이 악화된 것으로 나타났다. 일본의 경우 전반기(1997~2000)에 비해 후반기(2001~2005)에 MPI증가율이 소폭 개선되기는 했지만 의미있는 변화라고 보기에는 어려운 추정치였다.

Ⅳ. 소결론

이상에서 분석한 에너지수급 애로요인을 극복하고 지속가능한 발전을 이루기 위해서는 몇 가지 정책적 노력이 필요하다. 우선, Gupta(2008)가 분석한 대로 석유수입국의 석유에 대한 취약도가 공급위험요인보다 시장위험요인에 의해 영향을 받고 있는 것에 대응하여 석유집약도 완화, 석유절약 및 효율성 제고, 대체에너지산업 활성화 등과 같이 시장위험을 감소시키는 정책을 수립할 필요가 있다. 둘째, 석유 공급위험을 감소시킬 수 있는 정책이 필요하다. 즉 석유수요를 억제함으로써 수입수요를 줄인다든지, 탐사 및 개발을 위한 투자를 증가시키고 석유 공급국가와 연료선택을 다양화하는 노력이 필요하다.

또한 21세기 들어 진행되고 있는 구조적인 고유가에 대응하여 총요소생산성을 감소시키지 않도록 하는 노력이 필요하다고 하겠다. 이는 특별히 지난 경험을 살려 에너지 원(extractive industries)에서 찾을 것이 아니라 에너지 제조업(conversion industries)에서 발견될 수 있을 것으로 생각된다.

여기서 21세기 들어 세계가 겪고 있는 고유가 상황에서도 물가상승률이 2%대에 그치고 경제성장률도 3%대를 유지하면서 3%대의 실업률에 그치고 있는 네덜란드의 사례를 참고할 필요가 있다. 네덜란드 기업들은 고유가에 대응하여 고부가가치 제품군을 확대하고 에너지효율성을 제고하는데 성공하고 있는 것으로 분석되고 있다. 이러한 기업의 노력에 대해 정부는 기업들에 대한 규제를 과감히 완화하고 적극적인 투자지원을 통해 비용부담을 최소화하고 있다. 그리고 네덜란드의 산업구조가 제조업, 서비스업, 농업 등이 고르게 발달하여 외부충격에 따른 경기부침이 심하지 않는 특징을 나타내고 있는 것도 고유가에 대응한 방법이 되고 있다. 여기에 네덜란드는 해외유전도 많이 확보하고 있어 오히려 고유가로 수익을 거두고 있는 것으로 조사되었다.

8

산업입지

산업입지

제 8 장

Ⅰ. 에너지 산업입지론

21세기 들어 산업에 대한 입지는 집적화(cluster)와 네트워크화 추세를 보이고 있다. 에너지산업도 다른 산업과 마찬가지 추세를 나타내고 있다. 특히 환경문제가 부각되면서 지역을 중심으로 한 에너지산업이 활성화되고 있다. 지역에 에너지 혁신적인 기업이 모여들면서 상호 상승적인 기술혁신을 생성하고 특정 부문의 산업활동이 집적되고 네트워크화되고 있다. 에너지 산업의 기술개발에서 설명한 학습(제4장)이 지역 내에서 이루어지고 있기 때문이다.

이와 같이 에너지 산업이 지역과 연관지어 발전되고 있는 것은 다른 산업에 있어서 입지의 변화와 동일한 현상으로 해석된다. 이러한 산업입지 상 변화는 1990년대 이후 대규모 장치형 산업 중심의 산업구조가 지식기반산업 중심의 산업구조로 이행되고 있다는데 기인한다. 특히 정보기술의 혁신으로 인해 신물질, 생명공학, 로보트, 소프트웨어 등 타 분야에서의 기술혁신이 가속화되고 있고, 이와 함께 모든 산업과 경제활동 전반에 걸쳐 정보기술이 응용되고 지식과 관련된 신제품과 신시장이 계속 확대되고 있다.

이와 같은 경제환경 변화에 따라 생산요소와 생산조직의 유연성을 확보하는 것이 산업발전의 중요한 과제로 부각되고 있다. 생산요소의 유연성은 인력, 기계장비 등 생산요소의 가변성을 높이는 것이다. 생산조직의 유연성은 생산에 관여하는 경제주체들 간에 긴밀한 거래관계를 형성함으로써 상호의존적인 발전을 도모하는 것이다.

또한 산업입지의 변화를 초래하고 있는 요인은 생산체계의 수직적 · 수평적 분화가 활발하게 일어나고 있다는 것이다. 여기서 생산체인

(production chain)은 하나의 산업에서 최종 소비자에게 판매되는 제품이 생산되기까지 순차적으로 생산공정에 가치를 부가하는 기능들이 연결된 집합체를 말한다. 생산체인은 원자재 투입, 가공 및 변형, 판매 및 분배, 생산지원 서비스의 기본구조와 이를 지원하는 연구개발 활동, 교통과 통신활동으로 이루어진다. 일반적으로 개별기업이 생산하는 제품 혹은 서비스는 생산체인의 일정 부분에 해당된다고 할 수 있다.

생산체계는 기업이 특정 산업의 생산체인을 구성하는 방식에 따라 수직적으로 통합되는 경향과 수직적·수평적으로 분화되는 경향을 나타내게 된다. 안정된 대량소비시장을 바탕으로 규모의 경제성을 확보하는 것이 가능하면 자본집약적 장치형 산업부문이 성장을 주도하게 된다. 이 경우에는 생산체인이 수직적으로 통합(integration)되는 경향을 보인다.

반면, 기술변화가 급속히 이루어지고 경쟁이 심화되는 경제환경에서는 시장수요의 불확실성이 커지면서 다수의 기업들이 특정기능에 전문화하여 생산체인의 일정 부분을 담당하게 된다. 이는 규모와 범위의 경제성을 동시에 확보하는 전략이며 생산체인이 수직적·수평적으로 분화(disintegration)되는 경향을 보인다.

생산체계가 수직적 · 수평적으로 분화되는 것은 세분화된 생산체인에 참여하는 다수의 중소기업의 역할이 중요해짐을 의미한다. 혁신적 중소 · 벤처기업은 특정 생산체인에 전문화된 기능을 바탕으로 상호 협력적인 거래관계를 통해 보완관계를 유지한다.

한 산업의 생산체인이 단일기업에 의해 수행될 수 없기 때문에 생산체인을 담당하는 기업들은 기업간 거래를 통해 생산체인을 조직화하고 있다. 특정 기능에 전문화한 기업이 기업활동과 밀접히 관련된 기능을 외부화하는 이유는 타기업의 전문화된 기능을 네트워크 거래를 통해 공유하여 보완성을 비교적 안정적으로 유지하는 네트워크 외부성(network externality)을 추구하기 위한 것이다. 불확실성이 큰 경제환경에서 개별기업이 기능을 내부화하는데 따른 위험을 회피하는 동시에 관련된 기능을 내부화하지 않음으로써 발생할 수 있는 비효율성을 최소화하여 얻게 되는 경제적 효과가 네트워크 외부성이라고 할 수 있다.

〈그림 8-1〉 생산체계의 분화와 산업집적지 형성

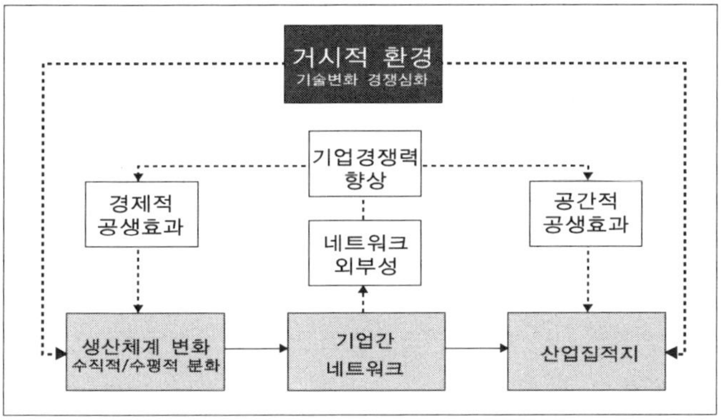

이와 같이 생산체인이 네트워크 거래에 의해 조직화되게 되면 네트워크에 참여하는 경제주체는 경제적으로 공생관계를 유지하게 되고, 이러한 경제적 공생효과가 분화된 생산체계에서 경쟁력 향상의 원천을 이루게 된다. 경제적 공생효과는 상이한 경제환경에서 운영되는 행위자들 간의 네트워크 거래에 의해 연관되어 얻는 시너지 효과라고 할 수 있다. 그러므로 각각의 생산체인에 전문화하면서 보완성을 추구하는 혁신적 중소·벤처기업을 육성하여 네트워크 외부성에 의한 경제적 공생효과를 극대화할 수 있는 산업정책을 마련하는 것이 국가 경제력 제고에 중요한 요인으로 부각되고 있다.

경쟁이 심화되는데 대응하여 경쟁력을 보완할 수 있는 이와 같은 체제가 바로 지역별로 특화된 산업집적지를 형성하는 것이라고 할 수 있다. 산업집적지는 경제활동이 공간적으로 집중하므로써 발생하는 집적경제성을 향유하는 것으로, 집적내의 기업들 간에 긴밀한 네트워크 거래를 위해 지역별로 특화하는 것이다. 산업집적지 내의 기업들은 국지적인 네트워크 거래로 거래비용을 절감할 수 있고, 지역의 자원과 혁신환경을 개발하고 이용하기 위하여 지방노동시장을 활용하고, 지역내 기업과의 생산 및 서비스

체계상 거래활동을 통해 지역내 연계망의 밀도를 높임으로써 지역산업발전을 선도할 수 있기 때문이다.

지역을 기반으로 형성되는 기업 간 네트워크는 집단적인 기술적 학습프로세스를 강화하고 대기업과 소기업, 그리고 산업 혹은 부문 간의 협력을 활성화시키므로 급격히 변화하는 시장환경과 기술환경에 지속적으로 적응할 수 있도록 지역생산체계를 조직화한다.

나아가 국지적 네트워크에서 노정될 수 있는 한계를 보완하면서 혁신의 불확실성이나 위험을 분산하거나, 시장을 확대하기 위해 산업집적지간 네트워크를 형성하고 있다. 산업집적지간 네트워크는 산업집적지의 발전을 선도하고 보완하는 역할을 수행한다. 산업집적지간 네트워크는 계층거래원리(분공장)나 네트워크 거래원리로 형성되어야 효율성을 배가할 수 있기 때문에 전략적 제휴, 해외직접투자, 공간분업을 통해 이루어지고 있다.

최근에 등장한 지역기술혁신체제는 혁신의 창출과 산업공간의 형성이 상호연관된 현상으로 이해하고 있으며, 지역의 혁신환경과 산업집적지 형성으로 기술혁신을 확산시킬 수 있음을 제안하고 있다. 기술혁신은 기술의 복잡성, 기술궤적의 불확실성, 기술개발 비용의 증대, 짧아진 기술 수명주기 등으로 인해 매우 복잡하고 불확실성이 높다. 이에 따라 기업은 기술혁신을 위해 시장 및 기술환경에 신축적으로 대응하면서 지속적이고 안정적인 기술거래를 필요로 한다. 이러한 취지에 맞춰 발전된 개념이 지역기술혁신체제이며, 지역의 혁신환경을 정비하고 혁신과 관련된 요소를 결합시켜 혁신을 활발하게 창출하고 확산시키는 것을 목적으로 하고 있다.

지역기술혁신체제를 구성하는 주요 부문은 혁신환경, 시장, 생산자본, 기술, 전문인력 등이다. 지역의 혁신환경은 특정산업의 기술적 노우하우, 대표성, 기술문화를 선도할 수 있어야 한다. 혁신환경은 시너지 효과와 집단적 학습프로세스를 통해 혁신능력을 향상시키는 역할을 수행하고 있다. 지역의 혁신환경은 지역 및 국가적 차원에서 시장, 생산자본, 기술, 전문인력 등과 상호연계성을 가져야 한다.

II. 신에너지산업을 중심으로 지역혁신체제 구축 필요

신에너지산업에서 중요한 주제는 「지역에서 생산된 에너지를 지역에서 소비한다」는 것이다. 이것은 환경의 중요성이 증가하면서 지역에서 에너지산업에 대한 관심이 증가하고 있다는 것을 반증한 것이다. 이제까지 지역산업이라는 의미에서는 신에너지의 역할은 충분하지 않았다. 예를 들면, 태양광 발전소가 건설되었어도 발전된 전력은 전력회사의 송전선을 타고 화력이나 원자력 전력과 섞여서 불특정 다수의 수요처에 보내졌다. 지역이 신에너지를 사용하고 있는 것이 아니라고 할 수 있다.

그러나 이제 지역에서 생산된 신에너지를 수요처가 있는 지역 내에서 사용하도록 하지 않으면 안되게 되었다. 단, 신에너지에서 발전된 전력은 화석연료에 의해서 발전된 전력보다 불안전하므로 이를 보완하기 위한 조치가 필요하다. 지역이 신에너지와 공존할 필요성은 환경에 대한 자각 이외에 지역을 지지하고 있는 경제의 발전과도 밀접한 관련을 가지고 있기 때문이기도 하다.

다음으로 고려할 사항은 지역 내에 구축된 신에너지 비즈니스의 노하우를 지역 외, 특히 세계로 진출하여 확산하는 단계로 발전하는 것이 필요하다. 이를 위해서는 기업으로서의 지적 재산을 정비하지 않으면 안 된다. 발전 시스템의 구성과 그것을 움직이기 위한 소프트웨어를 특허로 권리화하는 것이 필요하다. 지역 내에서 모든 설비와 자금을 조달하는 것은 불가능하기 때문에 기술을 가진 지역내외의 기업과 제휴도 빠뜨릴 수 없다.

III. 주요국의 지역 에너지산업

유럽, 일본 등 선진국에서는 1990년대 초반부터 열공급 부문에서 에너지 이용 효율화를 도모하기 위해 미활용에너지를 이용한 지역 열공급체제를 갖추고 있다. 하수, 하천수, 해수 등 온도차 에너지(여름에는 대기보다 차갑고, 겨울에는 대기보다 따뜻한 물)와 지하철, 소각장 등에서 버려지고 있는 폐열 등 각종 미활용에너지를 지역 냉난방용 열원으로 이용함으로써 화석연료의 사용을 줄이고, 지역환경까지 배려한 환경에 우수한 에너지를 공급하고 있다.

유럽, 특히 스웨덴과 노르웨이는 하수열을 이용하여 지역 냉난방을 실시하고 있다(<표 8-1> 참조). 주로 도시단위에서 대규모 시스템이 가동되고 있으며, 공급 형태는 주로 섭씨 70도 이상의 고온수이다. 스웨덴은 하수처리수 열을 주로 이용하고 있는 반면, 노르웨이는 미처리된 생하수 열을 주로 이용하고 있다.

〈표 8-1〉 유럽(스웨덴,노르웨이)에서의 하수열을 이용한 지역열공급 사례

구분	국명	공급구역명	공급형태	설비규모 [MW]	수요처 종별
처리수 (5)	스웨덴	스톡홀름(소르나)	고온수(75℃)	120	주택·업무·공장
		스톡홀름(하마비)	고온수(70~120℃)	114	주택
		마루메	고온수(85~120℃)	49	주택·업무·상업
		우프사라	온수(50~70℃)	39	주택·업무·상업
		유테포리	고온수(80~120℃)	–	주택·업무
생하수 (5)	노르웨이	바름·센드윗카	고온수(78℃),냉수(5℃)	23	주택·업무·상업
		오슬로(스코얀웨스트)	고온수(85℃)	8	주택
		오슬로	고온수(70~80℃)	21	주택·업무

유럽과 북미 등에서는 호수를 포함한 하천수 열을 이용한 지역 냉난방을 실시하고 있다(<표 8-2> 참조). 주로 도시 단위에서 대규모 시스템이 가동되고 있으며, 유럽에서는 고온수의 형태로 주로 이용되고 있는 반면, 북미에서는 냉각수로 주로 이용되고 있다.

〈표 8-2〉 유럽, 북미지역에서의 하천수(호수포함)를 이용한 열공급 사례

국 명	공급구역명	공급형태	설비규모 [MW]	수요처 종별
독 일	돌스텐	고온수(90℃)	4.5	주택·학교 등
영 국	독그렌드	온수(60℃) 냉수(7℃)	6	업무
스위스	로잔느	온수(최대65℃)	15	대학시설등
	츄리히	고온수(70℃)	10	주택,대학시설등
	루째른	온수(70℃)	2.6	업무·상업·학교
미 국	뉴욕	냉수(5.6℃)	5,200	업무·상업
	하트 포드	증기, 냉수	56	주택·업무
	올바니사우스몰	증기, 냉수	21	업무·상업
캐나다	캐나다 문명박물관	온수, 냉수	8	박물관
	Public Works	증기, 냉수	145	업무

또한 유럽과 북미 등에서는 해수를 이용하거나(<표 8-3> 참조) 지하수를 이용한(<표 8-4> 참조) 냉난방 열을 공급하고 있다.

〈표 8-3〉 유럽, 북미지역에서의 해수 및 지하수를 이용한 열공급 사례

국 명	공급구역명	공급형태	설비규모 [MW]	수요처 종별
스웨덴	스톡홀롬(로브스텐)	고온수(80℃)	262	
	스톡홀롬(리팅그)	고온수(80℃)	14.7	주택·업무·공장
노르웨이	오레슨	고온수(60~90℃)	6	주택
핀란드	헬싱키	고온수(70~120℃)		주택

〈표 8-4〉 유럽, 북미지역에서의 지하수를 이용한 열공급 사례

국 명	공급구역명	공급형태	설비규모 [MW]	수요처 종별
독 일	스탄베르크	온 수		리조트
프랑스	폴베닐	온수(55~69℃)	1.5	주택·공공시설등
	파리교외	온수(50℃)	0.5	주택
미국	세인트폴	온수,냉수(6.1℃)		주택·공장
캐나다	칼톤대학	온수, 냉수	2	대학

다음으로 유럽과 일본 등에서는 지하철 폐열을 이용하여 지역냉난방, 난방, 융설 등을 실시하고 있다. 일본 삿포로의 에너지공급공사는 지하철 폐열을 이용하여 지역냉난방을, 파리시 교통공사는 난방을, 삿포로의 교통국은 융설 등을 하고 있다.

다음으로 집단에너지공급을 위한 열원으로서 일본은 열펌프를 이용하여 도시 미활용에너지를 회수·이용하는 경우가 많았다. 특히 도심지역에서는 열병합발전과 그 배열을 이용하는 전력 및 열공급시설이 많은 반면, 도심 이외의 지역에서는 그 지역의 다양한 특성을 이용한 에너지 공급시설이 설치, 운영되고 있다.

지역난방시설의 보급률이 50%인 덴마크에서 규모가 큰 도시지역은 주로 석탄을 연료로 하는 열병합 발전(combined heat and power : CHP) 시설을 통해 에너지 공급을 실시하는 반면, 중소규모 지역에서는 주로 바이오 매스를 연료로 하는 CHP시설을 통해 열공급하고 있다. 그 결과 덴마크 전체로 소비하는 에너지량 중 석유의 수입의존도를 42%에서 2%까지 감소시켰으며, 에너지 절약과 환경보호의 측면에서 지대한 공헌을 한 것으로 조사되었다. 또 CHP시설에 의한 지역난방시설의 보급률을 33%에서 64%로 확대하고 지역난방에서 재생가능에너지의 보급률을 20%까지 높여 집단에너지 공급의 장점을 최대한 활용하고 있다. 집단에너지공급시설의 보급률이 38%인 스웨덴도 바이오매스 이용율이 28%로 가장 많은 반면, 천연가스는 6%에 불과한 것으로 조사되었다.

복합플랜트를 이용한 에너지 자립도시의 사례로서, 스웨덴의 웁살라(Uppsala)시를 들 수 있다. 전력의 안정 공급, 환경 보전, 저렴한 에너지 공급 등을 목표로 쓰레기 소각폐열, 초탄 등의 피트나 목재 칩과 같은 고체연료, 하수열원 열펌프, 전기보일러, 태양열 암반고동 장기 축열 등에 의한 에너지원의 다양화를 시도하고 있다. 이러한 다양한 열원을 이용한 복합플랜트화에 힘입어 웁살라시의 에너지 자급률은 1980년 92%에 달하던 석유의존도를 1988년에는 5% 이하로 낮추는데 성공하였다.

〈표 8-5〉 Uppsala시의 건물분야 사용 에너지원별 추이 [1980년]

에너지원	사용비율
석유	92%
쓰레기 소각	8%
태양에너지	-
전기보일러	-
열펌프	-
고체연료	-

→

〈표 8-6〉 Uppsala시의 건물분야 사용 에너지원별 추이 [1988년]

에너지원	사용비율
석유	5.0%
쓰레기 소각	37.9%
태양에너지	0.1%
전기보일러	5.0%
열펌프	11%
고체연료	41%

Ⅳ. 주요국의 산업입지 정책

지역에너지 산업을 활성화하기 위해서는 산업입지 정책을 변화시킬 필요가 있다. OECD국가들의 산업지원정책 중 가장 큰 비중을 차지하고 있는 분야는 지역정책적 차원에서 추진되고 있는 지역산업정책부문이다. OECD 국가전체의 산업지원 금액 중 지역정책적 차원에서 이루어지는 산업지원의 비중이 가장 높게 나타나고 있다. 지역산업에 대한 지원 다음으로는 연구개발 및 기술지원, 수출지원, 중소기업지원 등으로 이루어지고 있다.

국가별로 살펴보면, 미국 산업입지정책은 정부의 직접 개입이 아닌 간접방식, 즉 지역기반시설 건설, 연구개발 지원 등을 통하여 지역개발을 지원하고 있다. 대규모 사회간접자본, 특히 교통망 구축을 통하여 지역간 접근성을 증대시키고, 물류체계를 정비하는 등 입지기반의 마련에 역점을 두고 있다. 1990년대에 들면서 각 지역에서는 외부기업의 이전을 유인하기 보다는 지역내의 창업 촉진 및 지역내 토착기업에 대한 지원에 초점을 맞추고 있다. 특별한 것은 주정부와 연방정부가 동시에 강력한 환경규제 정책을 통해 무분별한 공업입지를 제어하고 있다는 점이다.

영국 산업입지정책은 지속가능한 성장을 목표로 개발과 환경보전의 조화, 지역 간 불균형 해소, 산업쇠퇴지역 및 고실업지역의 구조조정 등을 추진하고 있다.

일본 산업입지정책의 기본방향은 다극분산형의 국토실현을 위해 공업의 재배치 · 분산을 도모하고 지방의 자율적 두뇌거점을 형성하도록 하고 있다. 특별한 것은 경제발전단계에 따라 정책목표를 지속적으로 전환하여 왔는데, 1960년 이후 1973년에 이르는 고도성장기에는 입지기반시설의 개선 및 거점 개발을 목표로 한 반면, 1973년부터 1985년 까지의 안정성장기에는 산업의 지방분산을 모색하고 1986년 이후 산업구조조정기에는 지역 내 창업을 촉진하고 있다.

대만은 비좁은 국토를 효율적으로 사용하고 산업발전의 기반을 강화하기 위해 산업입지정책을 매우 중요한 정책수단으로 이용하고 있다. 국가의 균형발전을 위해 연관산업의 집적화를 촉진하고 있다.

향후 산업입지정책의 방향은 세계적인 동향인 집적화와 네트워크화를 받아들이면서 현재의 불균형한 구조를 개선하는 것이라고 생각한다. 이를 위해 산업의 지역간 균형발전 및 산업구조 고도화에 부응하여야 한다. 그리고 첨단화, 기술 · 지식 집약화의 진전으로 산업이 경박단소화하면서 중소규모의 단지수요가 증가하는데 대응한 수요자 중심의 정책이 되어야 한다.

다음으로 지식기반화하는 경제하에서 대규모 공장용지의 공급을 목표로 추진된 기존 산업입지정책은 재검토할 필요가 있다. 즉 지식집약적 기술간, 관련주체간 시너지효과를 창출하고, 산업의 집적에 따른 집적경제의 이점을 향유하며, 자율적이고 내재적인 혁신환경의 조성을 위한 집적지를 조성하여야 한다.

V. 지역에너지산업 육성

향후 각광을 받을 것으로 예상되는 신에너지 산업은 지역에서 생산된 에너지를 지역에서 소비한다는 추세로 추진될 것으로 보인다. 이제까지 지역산업이라는 의미에서 신에너지의 역할은 미흡하였다고 할 수 있다. 예를 들면, 풍력발전소가 건설되었어도 발전된 전력은 전력회사의 송전선을 타고 화력이나 원자력 전력과 섞여서 불특정 다수의 수요처에 보내졌다. 신에너지를 생산한 지역이 신에너지를 사용하지 않아 왔다. 발전소의 건설에서 일자리가 생겨도 일시적이고, 운영을 위한 특별목적회사(special purpose company: SPC)가 설립되어도 타도시에서 들어오는 기업이 운용하는 수준을 벗어나지 못하였다.

그러나 향후 신에너지산업에서 발전된 에너지는 환경문제 등을 고려하여 지역에서 사용될 것으로 예상된다. 환경문제가 NIMBY(not-in-my -backyard) 현상과 같이 편익과 사회적 부담 간 괴리에 따라 에너지 문제를 어렵게 할 수 있기 때문이다. 다만 신에너지에서 발전된 전력은 화석연료에 의해서 발전된 전력보다 불안전하므로 이를 안정시키기 위한 노력이 필요하다.

한 단계 더 나아가 지역이 신에너지와 공존하기 위해서는 환경에 대한 자각을 높이는 것으로 끝나서는 안된다. 지역이 신에너지 산업을 부흥시킴으로써 지역경제의 발전에 기여할 수 있도록 하는 노력이 필요하다. 첫째, 지역에서 신에너지의 발전을 적극적으로 받아들이는 의지가 필요하다. 지역에서 지역 외 대도시의 대자본에 의한 풍력발전소를 받아들이면 발전소를 건설하는 공사와 유지 · 관리하는 일이 지역에 생기기 때문이다.

둘째, 에너지산업의 지역 내 유치를 통해 지역의 에너지 서비스를 지역의 손으로 제공하는 방향으로 적극적인 육성이 필요하다. 이는 지역의 자원으로 신에너지 산업을 부흥하는 전략적 전환을 의미한다. 자본은 지역 외 대도시에서 투자될 수 있지만, 지역에 기반을 둔 신에너지 기업을 창출한다는 의식이 중요하다. 이를 위해서는 지역 내에서 통제할 수 있는 규모의 사업을 창출해 내는 것이 필요하다. 예를 들어, 바이오 에너지라면 바이오매스에서 만들어졌던 메탄가스를 탱크에 넣어서 유통하는 비즈니스에서 활약하는 것은 지역의 가스회사와 기계를 취급하는 회사가 되어야 한다.

셋째, 지역에서 신에너지산업을 지속적으로 재창출하기 위해서는 에너지기업으로서 지적 재산권을 확보하는 발전전략을 산업의 초기단계에서부터 수립할 필요가 있다. 예를 들어, 발전 시스템의 구성과 운영 소프트웨어를 특허 등 지적재산권을 통해 관리하는 것이 필요하다.

넷째, 지역 에너지산업의 특화를 위해 에너지산업 집적지를 형성하는 정책적 노력이 중요하다. 지역산업이 특화를 이루는 산업집적지는 지역을 기반으로 산업발달이 응집력을 가질수 있도록 하는 동시에, 다른 산업집적지와 경쟁하고 협력할 수 있는 구심점 역할을 수행할 수 있을 것으로 기대된다.

다섯째, 지역에서 에너지산업에서 필요한 모든 설비와 장치를 조달하는 것은 불가능하기 때문에 기술을 가진 지역내·외의 기업과 전략적 제휴를 맺는 것도 매우 중요하다. 지역산업정책은 지역산업의 성장메카니즘으로 소수의 혁신적 기업이 지역 내 기업들에게 미치는 파급효과보다는 산업집적지 내의 기업들 간에 이루어지는 네트워크와 외부지역과 형성하는 네트워크가 지역산업 전반의 경쟁력을 강화시키는 공간적 공생효과를 창출할 수 있도록 하는 것이 중요하다. 예를 들어, 기술개발 및 산업화에 필요한 자금에 관해서 지역내에만 의존할 경우 사업을 확대할 단계에 이르러서 자금조달에 애로를 겪을 수 밖에 없을 것이기 때문이다.

한국의 에너지산업은 국가 및 지역단위에서 에너지 공급체계가 석유, 가스, 전력 등 개별 에너지 원별 이해관계당사자들간 이견을 극복하지 못하고 갈등구조를 나타내고 있으며, 현안과제에 대해서도 결정을 못하고 있는 형편이다. 이러한 갈등구조에 대한 대안으로써, 현재 지역에너지사업으로 추진되고 있는 사업간 연계효과를 제고함으로써 각 지방의 에너지 소비패턴에 맞는 효율적 공급시스템을 구축할 필요가 있다. 최종에너지소비자에게 중요한 것은 원별 소비가 아니라 국산·수입 에너지와 소규모의 재생가능한 에너지를 적절히 연계한 에너지 체인을 동원하여 저비용으로 수송, 열, 생활용 등 수요를 만족시키는 것이라고 할 수 있다. 예를 들어, 바이오가스 체인 상(<그림 8-2> 참조)에서 발생원에 수요처의 확보 → 바이오가스 시설 설치 → 바이오가스의 수확네트워크 구축 → 공급처의 확보 등 각 부문에서 효율적인 생태계를 지역 내에 구성할 필요가 있다. 그리고 바이오가스 체인 상에서 이해관계당사자간 시너지효과를 극대화할 수 있는 전략을 모색해야 한다.

〈그림 8-2〉 바이오가스 네트워크 모델

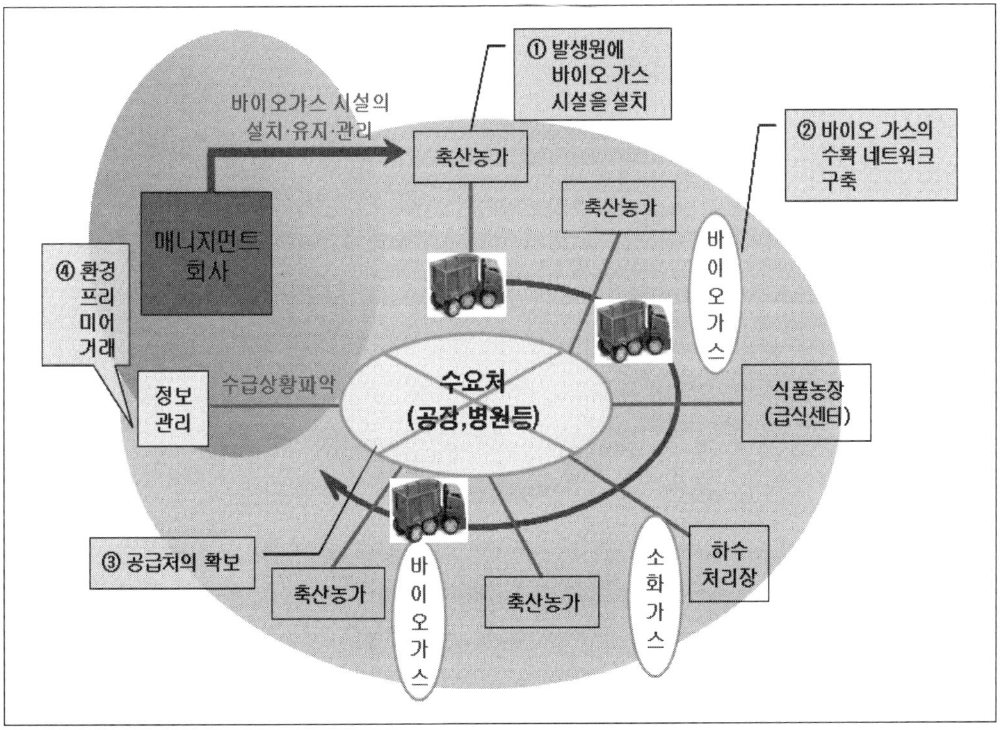

9

금융

금융

제 9 장

Ⅰ. 문제제기

제조업에 종사하고 있는 기업과 마찬가지로, 에너지기업도 성장과정에서 죽음의 계곡과 같은 어려움을 겪을 수 있다. 이러한 어려움을 극복하기 위해서는 에너지기업의 성장과정에 맞는 금융시스템을 구축할 필요가 있다. 하나의 예로, 바이오 매스(Bio-mass)산업에 실패한 것으로 분석된 네덜란드의 경우에도 정책적 시사점으로서 정부정책은 기술로드맵(roadmap)을 통한 기술선택 지도, 시장형성, 자금조달 등 3가지 기능을 강화하는데 초점을 두어야 하는 것으로 분석되었다(Negro, S.O., Hekkert, M.P., and Smits, R.E., 2006).

이 장에서도 에너지산업을 보는 시각에 따라 에너지 기업이 겪을 수 있는 위기를 극복할 수 있는 대안의 하나로서 금융시스템을 논의하기로 한다. 즉 에너지산업을 재생불가능한 자원을 공급한다는 시각으로 바라보는데 대응해서는 섹터펀드로서 에너지펀드를 통한 금융시스템을 제기하고, 재생가능하거나 제조업, 에너지체인으로 보는 시각에 대응해서는 부가가치 창출사슬을 따라 기술개발공정 이후 부품·소재 조달공정, 조립·가공공정, 마케팅 공정에 이르는 공정별로 금융시스템을 논의하기로 한다.

이러한 금융시스템으로는 에너지 섹터 펀드(sector fund)와 에너지 프로젝트 파이낸싱(project financing)을 들 수 있다. 즉 에너지분야에 대한 전문성을 기반으로 한 섹터 펀드를 통해 연구개발 및 설비투자의 성과를 제고할 수 있다. 이미 탄소, 유전, 환경, 로봇, 사회간접자본, 관광산업 등 미래의 유망산업에 대해 전문적인 투자 목적의 섹터 펀드들이 조성되어 있거나 추진 중이다. 선진국들은 연구개발투자와 함께 연구성과의 사업화 투자 및 이를 뒷받침하는 금융시스템 등 중요한 경쟁원천 간 연계를 통해 지속적으로 경쟁력을 강화하기 위해 정책과 함께 시장기구의 원활한 작동을 지원하고 있다. 미국에서는 벤처 캐피털, 투자은행 등 민간의 기술금융시스템을 통해 기업의 필요자금을 공급하는 시스템이 발달되어 있다. 유럽에서는 공공부문의 기술금융시스템과 지역혁신 역량을 기반으로 죽음의 계곡에 빠진 기업들에게 금융을 공급하고 있다. 특히 인수합병(M&A)을 통해 지속적으로 경쟁우위를 확보하는 한편, 연구개발 및 투자를 활성화할 수 있도록 하고 있다.

ii. 기업발전과정에서 죽음의 계곡(the Valley of Death)

에너지기업은 매분기별로 손익모델이 변화함과 동시에 적자, 적자누적, 이에 따른 자금부족 누적 등을 경험하면서 급격히 자금이 부족해지는 죽음의 계곡을 겪게 될 수 있다(<표 9-1> 참고).

〈표 9-1〉 에너지기업이 맞게 되는 3차례 죽음의 계곡 양상

<table>
<tr><th colspan="2">항 목</th><th>요소기술 연구기</th><th>제품 개발기</th><th>성장 초기</th><th>급성장기</th></tr>
<tr><td colspan="2">기간</td><td>3년</td><td>2년</td><td>5년</td><td>10년</td></tr>
<tr><td colspan="2">매출액 예</td><td>0 억엔</td><td>5억엔</td><td>20억엔</td><td>50억엔</td></tr>
<tr><td colspan="2">사원수 예</td><td>0 명</td><td>20명</td><td>100명</td><td>200명</td></tr>
<tr><td colspan="2">연구개발에 관한 전략</td><td>• 니즈 탐색과 요소기술의 연구</td><td>• 시제품 개발
• 시제품 판매개시</td><td>• 제품의 개량, 개선 연구
• 신제품 개발착수
• 판매 경로 정비</td><td>• 제품의 차별화 연구
• 신제품의 개발과 판매</td></tr>
<tr><td rowspan="4">죽음의 계곡 발생</td><td>연구개발 생산</td><td>• 시대와의 부조화
• 요소기술의 촉진 실패</td><td>• 제품개발 계획지연</td><td>• 양산기술의 개발 실패</td><td>• 제품차별화 실패</td></tr>
<tr><td>필요자금 확보</td><td>• 정부,자치단체등의 보조금 확보</td><td>• 엔젤 캐피탈 자금의 유치 실패</td><td colspan="2">• 판매개시의 운전자금 (매출액+재고-외상매출금)의 급증</td></tr>
<tr><td>죽음의 계곡</td><td>1회째</td><td>2회째</td><td colspan="2">3회째</td></tr>
<tr><td>이 유</td><td>• 보조금 공모의 경우 당선과 보조금 입금까지의 시간적인 차이</td><td>• 개발계획과 현실의 완성, 제품판매 개시 시기의 차이·</td><td colspan="2">• 기술적 결함에 의한 판매 지연
• 경쟁 격화로 판매가 고전
• 자본지출과 회수의 시간적 차이</td></tr>
</table>

자료: 일본 와세다대학 비즈니스 스쿨(2004)

에너지기업이 설립초기에 겪을 수 있는 죽음의 계곡은 회사설립과 동시

에 발생하는 자금지불과 연구개발자를 포함한 직원고용에 의한 인건비 지출과 각종 연구기자재 구입비, 판매 부족으로 인한 수입 감소, 제품개발을 위한 최소한의 기자재 조달 비용 등이 부족함에 따라 겪을 수 있다.

에너지기업의 제품개발계획은 예상한 대로 진척되지 않는 경우가 많고 계획을 실행한 후에서야 알게 되는 예상 밖의 사태도 발생 가능하며, 제품개발 자체의 지연, 당초 예측한 고객사양의 변경, 경쟁 타사의 제품판매 선행 등으로 인해 제품개발의 지연은 잇달아 새로운 문제를 낳게 된다. 제품이 완성되어 순조롭게 판매되고 판매대금을 회수하는 것이 정상궤도에 오를 때 까지는 투입할 자금이 더 많기 때문에 죽음의 계곡을 맞게 될 수 있다.

제품을 출시하여 에너지기업이 급성장을 시작한다고 하더라도 제품을 생산하는데 먼저 자본이 필요하며, 그에 대한 회수는 나중의 일이므로 이러한 시간적인 차이로 죽음의 계곡이 또 찾아올 수 있다.

Ⅲ. 재생불가능 에너지자원의 개발을 위한 금융시스템

21세기 들어 미래 성장 및 핵심산업 중 특정 산업에만 투자하는 섹터펀드가 금융시스템 내에서 확장 추세를 나타내고 있다. 특정 산업 육성이라는 목표를 달성하기 위해 민간부문의 시스템 및 재원을 활용하는 시장친화적 금융시스템으로 인식되고 있다. 대표적으로 선박펀드, 부동산펀드, 인프라펀드, 정보통신펀드 등을 들 수 있으며, 최근에는 에너지 · 자원의 중요성이 커짐에 따라 에너지 섹터펀드가 활성화되고 있다.

에너지펀드는 수요 대비 공급부족을 겪고 있는 석유시장의 불안정성과 지구온난화 방지를 위한 온실가스 배출 감축에 대한 압력의 증가에 대응하여 각광을 받고 있다. IEA(2007)에 따르면, 2030년까지 에너지수요를 충족하기 위해서는 석유산업에 160조 달러 규모의 투자가 필요할 것으로 예상되는데 비해 현재의 투자는 절대적으로 부족한 것으로 전망된다. 또한 석유시장의 불안정성을 완화하기 위해서 대체에너지에 대한 기술개발 및 산업화 투자가 세계 각국의 정부 및 기업 차원에서 확대될 것으로 예상된다. 이러한 지구환경적 차원에서 대체에너지개발에 투자는 사회책임투자(social response investment: SRI)의 특징도 나타내고 있다. 이러한 에너지시장의 투자확대 요구를 해결하기 위해 에너지펀드는 적극적으로 도입되고 있으며, 향후에도 지속적으로 확대될 것으로 전망된다.

일반적으로 펀드(fund)는 투자자들의 자금을 모아 구성한 자금원으로, 펀드 매니저(fund manager)에 해당하는 전문가(자산운용회사)에게 맡겨져 유가증권, 파생상품, 부동산, 실물자산 등에 투자하고 운용수익을 창출하고 이를 투자자들에게 배분하는 것으로 정의된다(<그림 9-1> 참조).

〈그림 9-1〉 섹터펀드의 구조

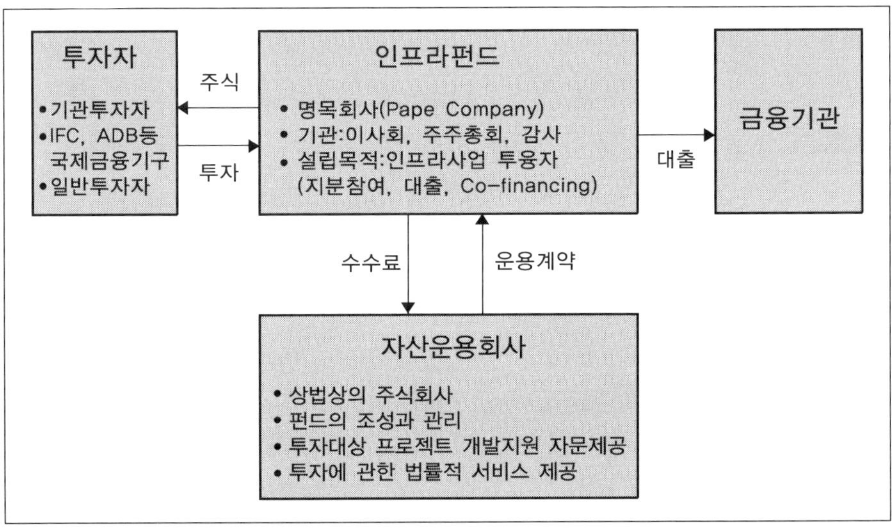

자료: 반기로, 프로젝트 파이낸스, 2007

이러한 펀드 중 에너지펀드는 주식과 채권 등과 같은 유가증권이 아닌 실물자산에 대한 펀드이며, 실물자산 중에서도 주로 원재료로 이용되는 실물자산인 에너지라는 상품(commodity)에 투자하여 수익을 추구하는 펀드 중 하나이다. 에너지펀드가 가능한 유형으로는 실물자산 펀드 이외에 상품을 기초자산으로 하는 선물 등 파생상품펀드나 fund of fund라고 할 수 있는 재간접투자, 출자지분이나 광업권 등에 투자하는 특별자산펀드 등을 통해서도 이루어질 수 있다. 이러한 에너지펀드는 뉴욕상업거래소(NYMEX), 국제석유거래소(IPE) 등을 통해 거래되고 있다.

에너지펀드의 종류는 에너지의 탐사와 개발, 생산, 분배 등에 연관되는 기업이 발행하는 주식에 투자하는 일반적인 에너지펀드와 대체에너지, 재생에너지, 산업현장의 발전 및 에너지저장기술 등 기술섹터 관련기업에서 발행하는 주식에 투자하는 대체에너지펀드, 그리고 탄소 및 탄소배출권 등에 투자하는 펀드 등으로 구분될 수 있다.

한 예로, 유전개발펀드는 다수 투자자로부터 자금을 모아 해외자원개발사업에 투자하여 그 수익을 투자자에게 배분하는 것을 목적으로 하는 펀드이다. 유전개발펀드는 공모형 펀드와 사모형 펀드의 두가지 형태로 구분된다. 공모형 펀드는 공개모집 및 매출방식으로 투자자를 모집(30인 초과)하는 펀드로, 투자 후 바로 수익이 발생되는 안정적 생산광구에 투자한다. 반면 사모형 펀드는 비공개방식으로 30인 이하 투자자(기관투자자 중심)를 모집하는 펀드로, 공모펀드 대비 위험도는 높으나 고수익이 기대되는 탐사·개발광구 및 해외자원개발기업의 인수합병 등에 투자한다. 이러한 해외자원개발사업을 추진하는 회사의 형태로는 해외자원개발투자회사와 해외자원개발투자전문회사 등 2가지가 있다. 해외자원개발투자회사는 상법상 주식회사로서 공모형 펀드와 사모형 펀드를 모두 조성할 수 있으며, 자산운용회사가 주도하여 펀드를 설계하고 모집할 수 있다. 이에 비해 해외자원개발투자전문회사는 상법상 합자회사로, 사모형 펀드만 조성할 수 있으며, 자원개발기업 중심으로 펀드를 설계하고 모집할 수 있다.

에너지펀드는 고위험-고수익(high risk-high return)의 특징을 나타내고 있다. 실제로 골드만삭스 상품지수(Goldman Sachs Commodities Index: GSCI)로 분석한 에너지 섹터의 연평균수익률은 199~2006년 동안에 17.5%로, 비철금속, 귀금속, 농산물 등 다른 상품에 비해 높은 것으로 나타나고 있다.

다음으로, 에너지펀드 중 하나로서 탄소펀드를 살펴보기로 한다. 탄소펀드는 온실가스를 감축하는 사업에 투자한 뒤 그 수익이나 탄소배출권 판매수익을 올려 배당하는 펀드라고 할 수 있다.

세계 탄소거래 시장은 2004년 이후 급성장세를 보이고 있으며, 2006년 현재 300억 달러 규모를 기록하고 2010년 까지 약 1,500억 달러 규모로 확대될 것으로 전망되고 있다.

〈표 9-2〉 GSCI 섹터별 10년간 연도별 수익률 비교

(단위: %)

	1997	1998	1999	2000	2001	2002	2003	2004	2005	2006	연평균 증가율
에너지	−23.2	−46.8	92.4	87.5	−40.4	50.7	24.6	26.1	31.2	−26.8	17.5
비철금속	− 2.7	−19.2	30.8	− 4.3	−16.5	− 0.6	40.1	27.6	36.3	60.9	15.2
귀금속	−14.0	− 0.7	3.9	− 1.2	0.5	23.3	16.3	8.6	18.6	24.1	7.9
농산물	4.7	−24.4	−18.7	− 1.1	−23.1	11.4	6.6	−20.2	2.4	13.4	− 4.9
GSCI Index	−14.1	−35.8	40.9	49.7	−31.9	32.1	20.7	17.3	25.6	−15.1	8.9

자료: Bloomberg, 굿모닝신한증권(2007)

한국의 탄소펀드 사례로서 2007년 8월 금융감독원에 등록된 '한국사모 탄소 특별자산1호 투자회사'를 들 수 있다. 동 펀드는 은행, 보험 등 기관투자자를 중심으로 사모형식으로 조성된 자금을 기반으로 하고 있다. 투자대상 사업이 확정될 때 마다 투자자에게 자금을 모집하는 '캐피털 콜(capital call)' 방식과 펀드 설정 이후 투자대상을 개별적으로 확정하는 '블라인드(blind)' 방식이 함께 적용되고 있다. 투자대상은 태양광사업, 폐열회수발전사업, 이산화탄소를 제외한 다른 온실가스, 즉 이산화탄소(CO_2), 메탄(CH_4), 아산화질소(N_2O), 수소불화탄소(HFCs), 과불화탄소(PFCs), 육불화항(SF6)저감사업, 바이오가스사업 등이 되고 있다.

다음으로, 탄소배출권펀드는 국제기구나 정부가 국가 및 법인에게 부여하

는 온실가스 배출권리인 탄소배출권을 기반으로 간접투자하여 수익을 올리는 펀드를 말한다. 탄소배출권 시장이 활성되면서 탄소배출권 조달비용도 대폭 감소될 것으로 예상된다. 탄소배출권의 종류는 교토의정서 상 감축의무국의 국가할당량인 AAUs(Assigned Amount Units), EU ETS(유럽연합 배출권 거래체제)에서 정한 할당량인 EUAs(EU Amounts), 청정개발체제(CDM)를 통한 온실가스 감축량인 CERs(Certified Emission Reductions , 공동이행제도(JI)를 통한 온실가스 감축량인 ERUs(Emission Reduction Units), 교토의정서 상 감축의무국의 조림사업 등을 통한 온실가스 흡수량에 해당하는 RMUs (Removal Units) 등을 포괄하고 있다. 세계 탄소배출권 시장은 2007년 현재 1조 6,400억원 규모로 추정되며, 2012년 3조 6,800억원 규모로 확대될 것으로 예상된다. 한국은 새로운 탄소감축 동력으로서 시장기구를 활용한다는 전략을 수립하고 있는데, 2007년 현재 탄소배출권 잠재시장은 1,500억원 규모로 추정되며 감축실적 수요창출 등을 통한 시장활성화와 해외시장 진출을 통해 2012년 4,500억원 규모에 달할 것으로 예상된다. 현재 세계적으로 10개 정도의 탄소배출권 거래소가 활동하고 있는데, 15,000 회원을 가지고 있는 유럽기후거래소, 100개 회원을 가지고 있는 시카고 기후거래소 등이 유명하다고 할 수 있다.

Ⅳ. 재생가능 에너지자원에 대한 금융시스템

다음으로 에너지 자원이 재생가능하거나 제조업, 그리고 에너지 체인으로 보는 시각에 대응하는 금융시스템에 대해서 논의하기로 한다. 에너지기업이 죽음의 계곡을 피하기 위해 가장 중요한 것은 창업 당시의 예측이 빗나가지 않고 계획대로 사업을 진척시키는 것이라고 할 수 있다. 즉 1~2년간 필요한 자금을 정확하게 예측하기 위해 사업계획서를 짤 때 대차대조표, 손익계산서, 자금수지계산서 등을 포함시킬 필요가 있다. 설립 시에는 선행투자가 필수적인데 비해 매출을 통해 이익을 올릴 때 까지는 시간적인 격차가 있으므로 죽음의 계곡을 극복할 수 있을 정도의 충분한 자금을 마련해 두는 것이 필요하다. 다음으로 설립 초기에 수입을 확보하기 위해 에너지기업이 보유하고 있는 지적재산권 중 일부를 제3자 기업에 전용실시권을 부여하여 로열티(royalty) 수입을 올리거나 대상 기술영역에 대한 풍부한 지식과 기술기획력이 있는 경우 수탁개발 등의 방법을 개발하는 것이 바람직할 것이다. 성장기에는 타 기업과 공동개발이나 공동판매 등 업무제휴를 도모하는 것이 중요하다. 개발한 제품을 타기업과 공동생산·판매하거나 licensing-out할 수 있으며, 요소기술을 직접 연구하지 않고 제품기획과 그에 필요한 기술이나 제품을 탐색하여 설계하되, 생산은 다른 곳에 의뢰하여 판매네트워크에 주력하는 등 여러 가지 확대전략을 구사하는 것이 요망된다. 또한 제품개발이나 연구를 수탁하거나 생산기술력이 있는 경우에는 제3자의 브랜드로 생산을 수탁하는 주문자상표부착 생산방식(original equipment manufacturing: OEM)을 통해 높은 설비생산가동률을 유지하여 고정비 부담을 낮추고 안정된 수익을 확보할 수도 있다. 연구개발, 생산과 판매 사이에 있을 수 있는 위험을 최대한 경감시키며 얼마나 빨리 수요자의 요구에 부응하는 신제품을 연구개발, 생산할 수 있는지에 대한 청사진을 가지고 있어야 한다. 높은 기술력을 갖고 있다면 설립 직후 제품이 완성되는 시점부터 고수익 모델이 되어 금융자금을 조달하는데 유리할 것이기 때문이다.

특히 에너지기업이 기술혁신의 전주기 중 자금소요가 큰 기간인 시제품 개발에서 생산에 이르는 사업화 단계에서 가장 심각한 자금 부족 애로를 겪는 것으로 나타났다. 미국 NIST가 분석한 벤처기업의 소요자금 변동모델을 보아도 동 기간이 가장 심한 죽음의 계곡에 해당되며, 기업은 극심한 자금고갈 상태에 빠져 있으며, 부족자금을 메꾸기 위한 갖은 노력을 실시하고 있다(<그림 9-2> 참조).

여기서 연구개발투자로 획득한 기술적 성과가 설비투자로 연결되고, 일정한 규모의 수익을 달성한 후 연구개발에 재투자하는 데 필요한 금융이 적기에 조달될 필요가 있다.

〈그림 9-2〉 미국 NIST의 벤처기업 소요자금 변동모델

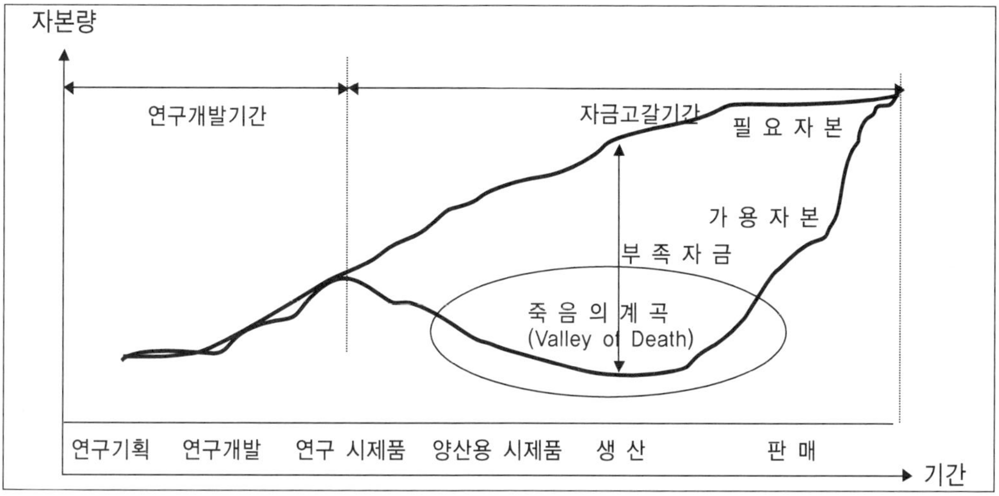

자료: 인터젠컨설팅그룹(2007).

이런 금융시스템의 구축 필요성을 기술혁신의 전주기별로 살펴보면, 연구개발 공정에서는 투자 대비 실적을 낼 수 있도록 연구개발투자를 확대하는 데 지원하는 금융시스템이 필요하다. 이는 기술혁신 과정에서 기술개발의 불확실성 등으로 인해 자금공급이 최적 수준보다 부족한 시장실패가 발생가능하기 때문이다. 이에 따라 기술혁신의 전 과정에서 기술력 위주의 평가를 통해 기술혁신형 기업들이 소위 죽음의 계곡을 극복할 수 있도록 기술금융을 통한 자금조달을 원활히 하기 위한 시스템이 모색되어야 한다. 더욱이 향후 도입될 것으로 예정된 신바젤 협약 등으로 금융기관의 자산건전성에 대한 규제가 강화됨에 따라 기술기업의 자금조달 여건은 더욱 악화될 것으로 우려된다. 신바젤협약은 필요자기자본비율을 일률적으로 적용하던 방식과 달리 차주의 신용위험에 따라 차등화 적용됨으로써 기업의 신용도에 따른 자금조달의 양극화가 촉발될 것으로 예상된다.

선진국들은 연구개발 각 단계별로 기술금융을 연계하는 시스템 개선에 노력하고 있다. EU는 리스본전략(2003)을 수정한 신리스본전략(2005)을 통해 연구개발 역량 및 기술혁신 성과의 제고를 목표로, 특히 금융환경 개선을 최우선 정책으로 제시하고 있다.[4)5)] 즉 Multiannual Program for Enterprises and Entrepreneurship(MAP)를 통해 벤처캐피털에 대한 자본제공을 통해 기술창업을 지원하고 중소기업 대출 금융기관에 대한 상호보증, 재보증, 직접보증 등을 위한 중소기업보증기금을 설치하고 있다.

이를 위해서는 첫째, 개발될 기술들이 시장 수요를 반영하는 적정 포트폴리오(portfolio)를 구성할 수 있어야 하며, 연구개발 단계에서 연구개발 결과가 생산성 제고를 위한 후속투자로 이어질 수 있도록 정부 지원 및 시장금융을 확보하는 금융시스템을 구축하여야 한다.

미국은 민간기업 중심의 기술개발 프로그램, 특히 기업간 공동연구 강화를 위한 Advanced Technology Program(ATP)과 연구개발 사업성 검증연구를 선행하는 Small Business Innovation Research(SBIR)을 운영하고 있다.

일본은 선도연구단계, 실용화개발단계와 아울러 시장에서 사업화 이전 실증연구개발단계를 설정하여 기술개발 사업화를 촉진하고 있다. 즉 각 단계별로 2~3년간의 연구개발기간을 두고, 선도연구단계에서는 개념인증(proof of concept) 개발에 100% 정부지원을 하고, 실용화 개발단계에서는 실용화를 위한 기술개발을 추진하는데 소요비용의 2/3 혹은 1/2를 정부지원하고 있다. 시장 사업화 이전 실증연구개발단계에서는 시장진입 전 신뢰성과 경제성 확보에 필요한 실증자료를 수집하고 기술 개선하는데 소요비용의 1/2를 정부지원하고 있다.

둘째, 개발된 기술을 대상으로 기술성 · 시장성 · 사업성 등을 종합적으로 평가하여, 투자 · 융자 등 민간 기술금융 공급에 활용하는 금융평가를 실시할 필요가 있다. 이와 아울러 개발된 기술을 거래할 수 있도록 기술거래 시장을 활성화하여 기술수요와 공급을 적극적으로 연계하고 이를 지원하는 금융시

4) 리스본전략은 EU가 미국에 뒤진 경제력을 회복하기 위해 경제성장, 완전고용, 사회통합을 동시에 추진하기 위한 전략이다.

5) 신리스본전략은 리스본전략이 경제상황 악화에 따라 추진동력을 잃고 있는데 대응하여 2010년 까지 경제성장률 3%, 600만명 고용창출을 목표로, ① EU역내 서비스, 에너지, 운송 등 시장 자유화, ② 대내외 시장개방, ③ 규제개선, ④ 인프라 개선, ⑤ 연구개발 투자 확대, ⑥ 혁신, 정보통신기술, 효율적 자원이용 장려, ⑦ 첨단산업의 경쟁력 강화, 지역 클러스터 조성 등 강한 산업기반 구축, ⑧ 고용 확대 및 사회보장제도 현대화, ⑨ 기업과 노동자의 적응성과 노동시장 유연성 개선, ⑩ 교육과 훈련을 통한 인적자원 투자 확대 등을 실행하는 계획으로서 제시되고 있다.

스템을 구축할 필요가 있다.

미국은 Stevenson-Wydler Technology Innovation Act(1980)을 통해 기술이전 및 사업화 촉진을 연방연구기관의 법적인 책임으로 규정하였으며, Federal Technology Transfer Act(1986)를 통해 기술이전을 위한 연방연구소 컨소시엄을 구성하고 있다. 공공기관으로서 National Technology Transfer Center(NTTC)와 민간기관으로서 Technology Transfer System(TTS)라는 기술거래 · 평가전문기관을 통해 기술평가 및 거래활동을 지원하고 있다. 특히 Energy Technology Transfer Act(2007)를 통해 에너지기술의 효과적인 이전을 위하여 비영리기구, 주 · 지방정부를 지원하는 프로그램을 신설하였다.

독일은 기술이전기관인 Steinbeis 재단을 통해 공공부문의 개발기술을 사업화하기 위한 기술이전시스템을 운영하고 있다. 일본은 Super Technology Licensing Office를 중심으로 산업체 · 대학 · 과학기술연구소 · 정부 간 긴밀한 연계 속에서 기업수요를 반영한 기술평가 및 이전 시스템을 구축하고 있다.

셋째, 에너지 기술의 고위험 · 고수익 구조에 적합한 기술금융 공급원으로서 금융기관의 기술금융(융자), 벤처 캐피털(venture capital)의 기술금융(투자), 시장형 공모펀드를 활용한 기술금융 등을 활용하는 금융시스템을 모색할 필요가 있다.

EU는 유럽투자기금(EIF)을 통해 벤처투자, 자산유동화증권 신용보강, 민간보증기관에 대한 재보증 등 간접적인 지원을 실시하고 있다. 특히 독일은 독일부흥금융공사(KfW)를 통해 PROMISE (Program for Mittelstand Loan Securitization), 즉 은행의 중소기업 대출자산에 내재된 신용위험을 공사가 신용위험교환(Credit Default Swap) 계약을 통해 인수하고 이를 유동화증권 등을 통해 시장에 매각하는 제도를 운영하고 있다. 또한 대기업이 참여하는 벤처 캐피털을 활성화하는 제도로 개선하고 있으며, 기술기업투자, 기술거래, 해외IPO 등을 통해 국내 벤처기업의 세계화를 지원하고 있다.

이스라엘의 요즈마펀드는 해외 벤처캐피털을 유치할 경우 정부가 펀드결성을 지원함으로써 이스라엘 벤처기업의 세계화 및 벤처 캐피털 업계의 선진화를 유도하고 있다. 특히 영국의 British Technology Group(BTG), 미국의 Competitive Technologies(CT), UTEK, SRS Lab 등과 일본의 샌턴과학기술인큐베이션센터(CASTI), 리쿠르트 Technology Management Department 등은 기술이전·사업화를 위해 기술보유·공급자와 수요자를 연계하는 네트워크를 보유하고 라이센싱 등을 통해 특성화된 기술거래 비즈니스 모델(business model)을 제시하고 있다.

다음으로, 재생가능 에너지자원의 개발 및 산업화를 효과적으로 달성하기 위한 또 다른 에너지 금융시스템으로 프로젝트 파이낸싱을 들 수 있다. 이러한 파이낸싱을 성공적으로 추진하기 위해서는 에너지 프로젝트의 기술성과 경제성에 대한 평가가 우선적으로 고려되어야 한다.

먼저, 에너지 관련기술의 기술성을 평가하기는 쉽지 않다. 그것은 본질적으로 에너지 기술의 특징에서 유래하기 때문이다. 첫째, 에너지 관련기술이 자원 개발 및 생산, 신재생에너지, 에너지효율성 향상, 온실가스처리 등 모든 기술들을 포괄하고 있어 그 범위가 매우 광범위하다. 이중 에너지 효율향상, 온실가스처리기술 등은 기술개발의 효과 및 시장규모를 추정하기 위한 수단의 하나로서 TOE 등을 활용할 수 있는 반면, 에너지 자원개발기술 및 생산기술에서는 기술개발 효과를 측정하는 기준으로 TOE 개념으로 환산하기 힘들다. 둘째, 에너지 기술이 새로운 단계로 발전하는데 걸리는 시간이 다른 제조업 관련 기술보다 길기 때문에 기술개발의 불확실성이 그만큼 커다는 것이다. 셋째, 에너지가 모든 산업의 생산에 투입요소로 활용되면서 에너지 기술의 파급범위가 매우 광범위하고 외부효과(externality)가 커서 그 효과를 측정하기 어렵기 때문이다.

그러나 이러한 기술성 평가의 어려움에도 불구하고 그 중요성에 비추어 특허분석을 통해 평가하는 방법이 동원되고 있다. 특허분석을 통해 기술성을 평가하는 방법으로는 다음 4가지를 들 수 있다.

① 특허활동 지수(National Patent Activity Index: NPAI)

이 방법은 에너지 관련 특허의 연도별 출원 추세를 분석하여 대상기술이 어느 시점에서 가장 활발하게 특허출원 활동을 하고 있는지를 평가하는 것이다. 이것은 세계 전체의 에너지 기술 특허건수에서 특정국가의 에너지 기술 특허건수가 차지하는 비중과 대비하여 특정 에너지 기술의 세계전체 특허건수에서 특정 국가의 특정 에너지 기술의 특허건수가 차지하는 비중을 비교한 값으로 측정될 수 있다.

$$NPAI_{ij} = \frac{\frac{NT_{ij}}{T_j}}{\frac{N_i}{A}}$$

여기서 A: 세계전체의 에너지기술 특허건수, Ni: 특정국가(i국)의 에너지기술 특허건수, Tj: 특정 에너지기술 (j기술) 관련 세계전체의 특허건수, NTij: 특정국가의 특정 에너지기술관련 총 특허건수 등을 대표한다. 특허활용도지수가 1 이상이면 특정 에너지기술에 대한 특허 활용도가 높은 반면, 1 이하이면 특허 활용도가 낮다는 것을 의미한다.

② 특허 영향력지수(Family Impact Index: FII)

국가별 에너지 기술의 기술적 중요도 및 혁신성과를 나타내는 지표로서, 특허권을 출원 또는 등록할 때 해당 특허 및 권리확장을 위한 Family 특허가 국가간에 혹은 국제적으로 어느 정도 영향을 미치고 보호를 받고 있는지를 측정한다.

$$FII_{ij} = \frac{F_i}{N_j}$$

여기서 Nj: 특정국가의 전체 특허건수, Fi: 특정국가의 Family특허건수를 지칭한다.

③ 기술순환주기 지수(Technology Cycle Time Index: TCTI)

특정 에너지 기술의 기술발전 속도나 혁신활동 등을 비교하는 지표로서, 특정 에너지기술개발이 최근의 연구성과를 기초로 한 것인지, 혹은 이전의 연구성과를 기초로 하고 있는지를 평가한다. 기술순환주기를 측정하는 방법으로는 인용특허(Forward Citation)들의 발행연도에 대하여 중간값을 활용한다.

$$TCTI_i = A_i - MEDIAN(F_i)$$

여기서 Ai: i번째 특허의 등록연도, MEDIAN(Fi): i번째 특허의 패밀리 특허 중 등록연도의 중간값을 나타낸다.

④ **특허당 피인용수**(Cites Per Patent: CPP)

특정 특허의 기술적 중요성과 특정 국가 또는 기업의 기술혁신 활동의 수준 및 혁신성과의 가치를 평가하는 지표로서, 특정 특허가 이후의 기술혁신 활동에 미친 영향을 측정한다.

$$CPP = \frac{\sum_{i=1}^{n_t} C_i}{n_t}$$

여기서 Ci: I특허의 피인용수, nt: t년도에 등록된 특허건수를 나타낸다. 특허당 인용정도가 많으면 기술개발 활동에 중요한 기여를 하고 있으며, 경제적 가치를 창출할 수 있는 분야로 인식되고 있다는 것을 의미한다.

다음으로 에너지 기술의 가치평가, 즉 경제성을 평가하는 방법을 살펴 보기로 한다. 여기서 공공정책의 타당성 평가 또는 개선방안을 마련할 때 활용되고 있는 비용편익분석방법이 가장 많이 원용되고 있다. 비용편익분석은 자원의 경제적 효율성을 평가하기 위한 기법으로서, 매년 발생하는 편익과 비용의 가치를 산정하고 미래 가치의 흐름을 적절한 비율로 할인하여 현재가치를 추정한다. 이 때 편익과 비용은 관련주체들이 주고 받는 금전적 비용과 편익뿐만 아니라 사회구성원 전체의 비용과 편익도 포함하여 계산된다.

에너지 기술가치 평가에서 비용편익분석이 유효한 이유는 에너지 기술이 파급범위가 넓고 외부효과가 커서 시장자료를 이용하여 기술개발효과를 추정하기 어렵기 때문이다. 또한 에너지 기술개발이 주로 공적기관에 의해 수행되거나 공적 자금의 지원을 받아 이루어지는 경우가 많아 공익의 측면을 고려한 타당성 평가가 필요하기 때문이다.

Breeze(2005)는 에너지 · 자원분야의 기술가치 평가방법으로 2가지를 제시하고 있다. 첫째, 경제적 접근법으로서 기술개발에 따른 부가가치 증대 효과나 비용절감 효과를 화폐가치로 평가하는 방법이다. 이 방법은 상업화된 기술의 개발효과를 측정하는 데는 유효한 반면, 외부효과가 큰 공공기술의 개발효과를 측정하는 데는 한계가 있다. 둘째, 생명주기비용(life cycle cost)접근법으로서 1단위의 화폐투자로 절약 또는 생성되는 에너지의 양을 측정하는 방법이다. 이 방법은 외부효과가 큰 공공기술의 개발효과를 측정하는데 적합하다.

신규 에너지 프로젝트는 투자수익률이 비용보다 클 경우에만 추진될 수 있다. 이 때 프로젝트의 비용은 자기자본에 의해 조달되는 경우와 타인자본을 차용한 경우로 구분된다(Gatti, 2008).

우선 자기자본비용은 자본자산가격산정 모델(Capital Asset Pricing Model: CAPM)을 통해 산정될 수 있다.

$$\text{자기자본비용}(k_e) = r_f + \beta \times [r_m - r_f]$$

여기서 r_f: 위험이 없는 정부주식 수익률, r_m: 장기 주식시장의 수익률를 나타내며, 이에 따라 $[r_m - r_f]$: 주식시장에서 초과수익률을 의미한다. β는 특정회사 주식의 프리미엄($k_e - r_f$)과 시장위험 프리미엄($r_m - r_f$)간 상관관계를 나타내고 있다. 이 β 상관관계가 낮을수록 특정회사의 주식이 시장 포트폴리오(예: 증권거래소 지수로 대표되는 포트폴리오 등)에서 회피할 수 없는 위험을 보호할 가능성이 높아져 해당 주식의 가격이 높아지게 된다. CAPM은 특정 에너지 기술을 활용하고 있는 회사의 주식이 시장에서 어느 정도의 위험 프리미엄(risk premium)을 나타내고 있는가를 평가하는 것으로서, 기존 시장에 신기술을 적용한 제품이나 신 시장에 신기술을 체화하고 있는 제품을 평가할 때 활용되고 있다.

다음으로 타인자본을 차용할 경우 프로젝트 비용은 자본의 가중평균비용(Weighted Average Cost of Capital: WACC)방법을 통해 계산될 수 있다.

$$WACC = k_e \times [NC/(NC + D)] + k_d \times [D/(NC+D)]\,(1-t)$$

여기서 NC: 신규투입 자기자본 비용, D: 타인자본 비용, t: 소득세율, k_d: 은행에서 일류기업에 적용하는 표준금리(prime rate)에 분산(spread)를 고려한 금리 등으로 표현된다. 에너지 기업은 차입된 자본의 수익률이 자본의 가중평균비용보다 클 때 신규 프로젝트를 추진할 것이다. WACC는 바꾸어 말하면 특정 회사의 재무구조를 바탕으로 채권자와 투자자들의 요구 수익을 만족시킬 수 있는 수익률을 표시한다. 따라서 기존의 회사가 기존 에너지 기술을 활용하여 기존 제품을 생산하고 기존의 시장에서 판매하는 제품을 평가할 때 활용되고 있다.

10

산업기반 인프라스트럭쳐

산업기반 인프라스트럭쳐

제 10 장

Ⅰ. 인력 양성

최근 에너지산업이 급격히 재편되고 있는데 비해, 에너지 관련 교육은 전통적인 분야인 자원공학, 전기, 원자력, 화공, 기계 등을 위주로 이루어지고 있어 전문 인력의 양성에 한계가 있는 것으로 나타났다. 특히 청정생산 전문인력, 신재생 에너지 기술개발 인력 등에 대한 수급에서 불일치가 심각한 것으로 조사되었다.

이에 따라 최근 에너지 기술(ET)과 정보통신기술(IT), 생명공학기술(BT), 극소미세기술(NT) 등의 융·복합화 기술의 개발에 관한 인력 양성이 시급한 실정이다. 또한 이러한 기술개발과 동시에 사업화를 촉진할 수 있도록 공학과 경영 · 경제 등 사회과학을 동시 전공한 인력을 양성할 필요가 있다.

또한 에너지 · 자원부문의 정보화를 위해 현재 추진되고 있는 석유 e-marketplace 설립은 거래방법 등에 대한 business architecture, 석유사업법 상의 거래 구비요건, 거래소 자체의 사업 가능성 및 상업성 등에 대하여 검토할 필요가 있다. 구체적으로 거래방식, 석유품질 기준 및 품질보장 문제, 공급확보에 대한 보장방안, 저장 배송 등 물류문제, 전자결재제도 등에 대한 정비가 필요하다고 할 수 있다. 또한 에너지효율을 제고하기 위한 정보시스템이 절실히 요망된다.

세계 각국은 수소경제 등 에너지 신기술 및 신산업 창출, 에너지 산업의 경쟁시장화, 지속가능 발전 등에 대응하여 혁신주체인 전문 인력의 양성과 활용에 노력하고 있다. 미국은 Advanced Energy Initiative(2006), 일본은 신국가에너지전략(2006), 중국은 국가 제11차 5개년 계획(2006~2010) 등을 통해 적극적으로 인력양성에 나서고 있다.

이와 같이 환경친화적 에너지 수급구조로 전환에 합당한 기술개발, 통합에너지서비스, ET · IT · BT · NT 등과 접목한 에너지 전문가 양성 등이 강화되어야 한다. 구체적으로 에너지 전문인력 양성을 위해서는 에너지 구성(mixture) 비전과 국가 에너지 · 자원 기술개발 로드맵(roadmap) 등과 연계한 인력 수급계획이 필요하다.

다음으로 교토의정서 이후 변화하는 환경에 맞추어 에너지 인력양성의 방향을 전환할 필요가 있다(<표 10-1> 참조). 종래에는 에너지관련 사업이나 서비스에 중점을 둔 인력양성이었다고 할 수 있다. 예를 들면, H/W의 개발, 설계, 생산을 담당하는 기술인력 양성에 주력하였다. 그러나 이제는 고객 수요에 대응하여 H/W, S/W, 융 · 복합형 engineering능력을 갖춘 인력양성이 필요하다. 구체적으로 신에너지 시장에서는 연구개발·조달 · 생산 · 마케팅에 이르는 value-chain 전반에 걸친 소양이 필요하다.

〈표 10-1〉 에너지 교육내용의 변화

종래 에너지 교육 내용	교토의정서 이후 에너지 교육 내용
• 설계(기본, 상세) • 생산관리 • 설비관리 • 시설건설 및 영업 • 재료 등 조달 • 프로젝트 관리 등	• 시스템 설계 • 컨소시엄 조성 • 프로젝트 관리 • 사업경영 • maintenance service • risk management • 외주관리 • sales engineering • 사업계획 등

자료: 井熊 均 편저(2006), 「교토의정서 이후 가속화되고 있는 에너지 비즈니스」, 일간 공업신문사: 동경. 일본

즉 융합기술의 개발 및 산업화 인력, 기술과 경영을 동시전공한 인력, 국제적 에너지 · 자원 개발과 제조업 간 분업효과를 극대화할 수 있는 인력 등 에너지산업의 upstream-midstream-downstream 등 전부문에 걸쳐 인력양성을 추진해야 한다. 또한 세계적(global) 연구개발 및 사업화의 역동성을 이해하는 국제적 인력 등을 양성할 필요가 있다. 특히 국제협력을 통한 글

로벌 에너지 혁신체제에 동참할 수 있는 인력을 양성하여 APEC, IEA, 아·태 에너지파트너쉽 등에서 주도적 역할을 수행할 필요가 있다. 그리고 기후변화협약 등 협상 관련 통상 전문 인력의 양성이 시급하게 필요하다.

II. 에너지 과학기술 문화

국민경제에 차지하는 에너지산업의 중요성과 파급효과가 확대되면서 에너지에 대한 사회적 관심이 증대하고 있다. 사회적 관심은 에너지의 안정적 공급, 에너지절약, 대체에너지의 기술혁신, 나아가 핵발전 및 폐기물 문제, 환경오염 등에 까지 걸치게 되었다. 이러한 사회적 관심에 따라 에너지산업 및 기술과 사회 간 관계에 대한 논의가 생겨나고 이들을 연결하는 다양한 활동이 전개되게 되었다. 이러한 활동들은 주로 기술과 사회를 연결하는 기술문화활동을 통해 이루어지고 있다.

선진국들은 일반 대중의 에너지산업에 대한 이해도를 향상시키고 과학적 합리성이 일상생활의 기반이 될 수 있도록 하기 위해 많은 정책적 노력을 기울이고 있다. 특히 영국, 미국 등 주요 선진국들은 기술에 대한 이해, 기술에 대한 지식함양, 기술지원에 대한 지지기반 확보 등을 위한 활동을 활발히 추진하고 있다.

국가별로 미국에서는 '과학기술 식자율(science literacy) 제고', 영국에서는 '대중의 과학이해(public understanding of science)', 일본에서는 '과학기술에 대한 국민이해 증진', 유럽에서는 '연구·기술개발 문화(Research and Technological Development Culture)'를 향상시키기 위한 형태로 나타나고 있다. 각국에서 실제로 수행되고 있는 기술문화활동을 정리하면, 과학적 사고 형성을 위한 활동, 과학·기술 친화적 분위기 조성, 과학·기술 식자율 제고를 위한 활동, 과학·기술 지원에 대한 사회적 지지기반 형성을 위한 활동, 과학·기술의 사회적 책임성 강화와 사회 신뢰도 제고를 위한 활동 등으로 구성되어 있다.

주요 선진국들의 기술문화활동을 보면, 기술문화정책의 우선 목표를 일반 대중의 과학적 지식과 과학적 사고력 향상으로 정하고, 이를 실현하기 위하여 정부뿐만 아니라 민간이 공동으로 노력하고 있다. 21세기에 들어서면서 이들 국가들은 기술문화정책을 적극적으로 수립하고 집행하는 특성을 보이고 있다(<표 10-2> 참조).

〈표 10-2〉 주요 국가의 기술문화활동의 목표 및 추진체제

국가	목표	추진체제
미국	• 국민의 과학기술식자율 향상 • 과학기술자와 정책입안자의 협조강화 • 과학기술성과의 홍보	• 정부, 공공부문, 민간부문의 적절한 역할분담
EU	• 과학자의 책임성제고 및 과학기술의 시민참여 • 과학기술교육 및 여성인력 양성 • 대중의 과학이해	• 유럽집행위원회 중심으로 추진 - Framework프로그램 - 각종 위원회 및 국가간 네트워크 조직 활용
영국	• 우수한 과학기술 인력확보 • 과학기술투자 지지기반 확보 • 과학기술에 대한 신뢰증진	• 과학기술단체 중심의 기술문화활동 • 1990년대 이후 정부 역할 증대
독일	• 과학과 사회의 대화 • 참여적 과학기술정책문화 형성 • 기술혁신마인드 함양	• 민간주도에 연방정부의 적극적 지원
일본	• 청소년의 이공계진출 촉진 • 과학기술의 사회적 지지 확보 • 과학기술과 사회의 채널구축	• 정부기구와 공공기관이 주도 • 1999~2001년 동안 과학기술이해증진 3개년 운동 추진
중국	• 과학교육 • 과학기술의 보급 강화 • 국민의 과학적 문화소양 제고	• 정부주도(중국과학기술협회 활용) • 과학기술보급법 제정

구체적으로, 선진국의 기술문화활동은 특히 교육부문에 적극적으로 투자하고 개선을 위해 노력하고 있다. 미국은 프로젝트 2061, 영국은 과학교육프로그램, 독일은 혁신을 위한 파트너, 일본은 수퍼사이언스 하이스쿨 등의 프로그램을 통해 다양한 과학교수법을 발굴하고 청소년의 과학적 지식과 관심을 제고하기 위해 노력하고 있다. 또한 과학자, 기술자 등 연구자들이 대중과의 커뮤니케이션 스킬 향상을 위한 과학커뮤니케이션활동에 대한 지원을 지속적으로 강화하고 있다. 예를 들어, 미국의 과학커뮤니케이션활동, 유럽연합의 과학커뮤니케이션 시나리오 주말합숙프로그램과 미디어프로그램, 영국의 미디어 펠로우쉽(media fellowship), 독일의 과학커뮤니케이션 상 등이 그것이다.

〈표 10-3〉 주요국의 기술문화 프로그램 현황 및 주요 내용

국가	운영기관		주요 프로그램	주요 내용	비 고
미국	연방정부	과학재단(NSF)	■ISE프로그램 ■NSTW→"Finf Out Why"	■소외계층, 성인을 위한 과학기술문화활동 프로젝트 지원 ■과학컨텐츠 제작, 배포하는 웹사이트	■ISE예산: 6,213만$('04)→5,000만$('05)
	민간	과학진흥협회(AAAS)	■Science 발간 ■Project2061 ■대중과학의 날 ■과학커뮤니케이션 활동	■과학 잡지 ■과학교재, 교수법 등 과학교육 혁신 캠페인 ■과학기술 전시/관람회 ■커뮤니케이션 과정지원, 각종 시상	■영국의 BAAS 도입 ■각종 협회의 모델 ■정부, 민간 공동
	연방정부	상무부의 기술본부(TA)	■GetTech ■국가기술상 ■발드릿지프로그램	■수학·과학관련 정보제공 웹사이트 ■우수발명기술 혁신에 대한 시상 ■국가품질상	■기술문화영역
유럽연합	집행위원회	6차 프레임워크 프로그램	■과학관·자연사박물관 네트워크 지원 ■과학커뮤니케이션 프로그램 ■미디어프로그램	■전시표준 설정·상호교류, 과학교육프로그램 개발 ■과학자가 대중과 의사소통 방식에 대한 교육프로그램 ■과학기술언론전문가 양성, 컨텐츠 개발 및 보급	■정부주도
영국	과학기술청(OST)	PUSET팀	■대중이해지원프로그램	■대중의 과학이해에 대한 지원	
			■전국과학공학기술주관 ■젊은 엔지니어 클럽 ■WISE프로그램 ■과학교육프로그램 ■시민패널	■매년3월에 전국적인 이벤트 ■청소년이 엔지니어클럽을 결성하여 산업계 프로젝트 참여 지원 ■여학생의 이공계진출 촉진 ■과학교사를 위한 과학기술 추세 및 교수법 교육 ■과학기술정책 의견수렴을 위한 포커스그룹	■정부주도의 정책
	민간	과학진흥협회(BAAS)	■전국과학축전 ■BAYS ■미디어펠로우쉽	■매년 8~9월경 전국대학순례 개최 ■청소년 과학탐구활동을 위한 과학반 조직·지원 ■과학·기술자·이공계생의 미디어인턴 지원	
	민간	왕립연구소	■크리스마스 과학강연	■매년 크리스마스에 개최하는 극장식 과학강연	
	민간	왕립학회	■과학박람회	■프로젝트 지원/성과 전시. 일류과학자의 강연	
독일	연방정부	연방교육연구부	■FUTUR ■청소년(학생)과학경진대회 ■Girls day	■과학기술관련 정책입안시 대중의 참여를 유도하는 연구대화프로그램 ■청소년(또는 학생)대상 과학·기술·수학 분야의 경진대회 ■여학생을 과학·기술현장에 초청, 과학자의 대화	■<과학과 사회의 대화>이니셔티브('99) ■'90년 이후 정부주도
			■미래를 생각하는 청소년 ■혁신을 위한 파트너	■산학연관 합동으로 학교와 기업을 1:1 연계시켜 청소년이 기술혁신과정을 체험케 함	
	민간	독일학술재단협회	■PUSH프로젝트지원프로그램 ■과학커뮤니케이션상 ■과학도시	■대중의 과학·기술 이해와 관련된 연구, 행사기획 프로젝트 지원 ■과학커뮤니케이션에 기여한 과학자, 역시학자, 인문학자 등 전분야 포상 ■독일시의회와 연합으로 과학도시 선정	
	민간	대화하는 과학(재)	■여름과학축전 ■가상사이언스센터/과학핫라인	■각종 과학행사 및 문화이벤트 ■학습용 웹사이트/과학자-일반인간 온라인 토의	

국가	운영기관		주요 프로그램	주요 내용	비 고
일본	과학기술청	일본 과학기술 진흥기구 (JST)	■수퍼사이언스 하이스쿨 ■풀뿌리과학기술문화활동 촉진 ■Science Ranger 프로그램	■과학교육 특화 고등학교를 지정, 과학·수학 특화 커리큘럼 제공 및 특성화 지원 ■지방과학관의 체험형 프로그램 개발,지원 ■은퇴과학자, 교사 등 자원봉사자들(레인저)의 과학실험(쇼) 지원	■정부주도
	정부	과학기술 진흥재단 (NSF)	■기초과학연구지원, 과학기술인력 양성 등	■과학관을 활용한 실험, 과학강좌, 심포지움 등 과학문화지원	■정부지원금와 민간 기부금으로 운영
중국	정부	중국과학 기술협회 (CAST)	■과학주간 ■청소년 과학보급 ■과학교육활동 ■과학기술자 전기편찬	■31개 성, 자치구, 직할시 각각 과학주간 설정 ■초중대상의 생물학적 연구결과 컨테스트, 대학생 및 교사들의 과학지식 함양을 위한 과학교육 ■국내외 과학기술자에 대한 전기편찬	■정부주도

또한 발달된 IT기술을 과학기술활동에 도입하여 인터넷을 통한 과학기술 정보 제공도 강화하는 추세를 나타내고 있다. 예로서, 미국의 "Find Out Why", 독일의 과학핫라인, 일본 JST의 과학기술정보 확산 등을 들 수 있다.

이러한 문화활동과 더불어 첨단기술에 대한 대중의 관심과 과학 · 기술 혁신 정책에 대한 일반 대중의 참여를 적극적으로 유도하고 있다. 특히 최근 IT, BT, NT 등 첨단기술분야에서 신기술 출현은 그 자체로 사회적 이슈거리를 생성하고 있고, 이러한 문제에 대한 일반 대중의 관심이 자연스럽게 증대하고 있다. 미국과학진흥협회의 연례모임, 영국의 시민패널, 독일의 FUTUR 등은 이러한 동향에 대해 적극적으로 대응하고 있다.

이와 같은 기술문화활동의 목적과 대상을 중심으로 몇 가지 유형으로 분류하는 것은 기술문화활동을 이해하는데 매우 유용한 수단이 된다.

우선, 기술문화활동의 목적은 크게 '일반 대중에 대한 계몽과 과학기술 유용성 홍보(계몽과 홍보)', '과학기술 식자율(識者率) 제고', '사회 윤리 및 책임성 제고' 등 3가지로 구분할 수 있다. 다음으로, 기술문화활동의 대상은 각각의 기술문화활동이 누구를 대상으로 수행되는지에 따라 '학생 및 청소년', '성인 및 소외계층', '과학기술전문가 및 단체' 등 3가지로 구분할 수 있다. 이러한 목적과 대상에 따라 기술문화활동들을 재구분하면, <그림 10-1>과 같이 9개 분면(categories)로 구분할 수 있다.

〈그림 10-1〉 기술문화활동의 목적-대상에 의한 유형 구분

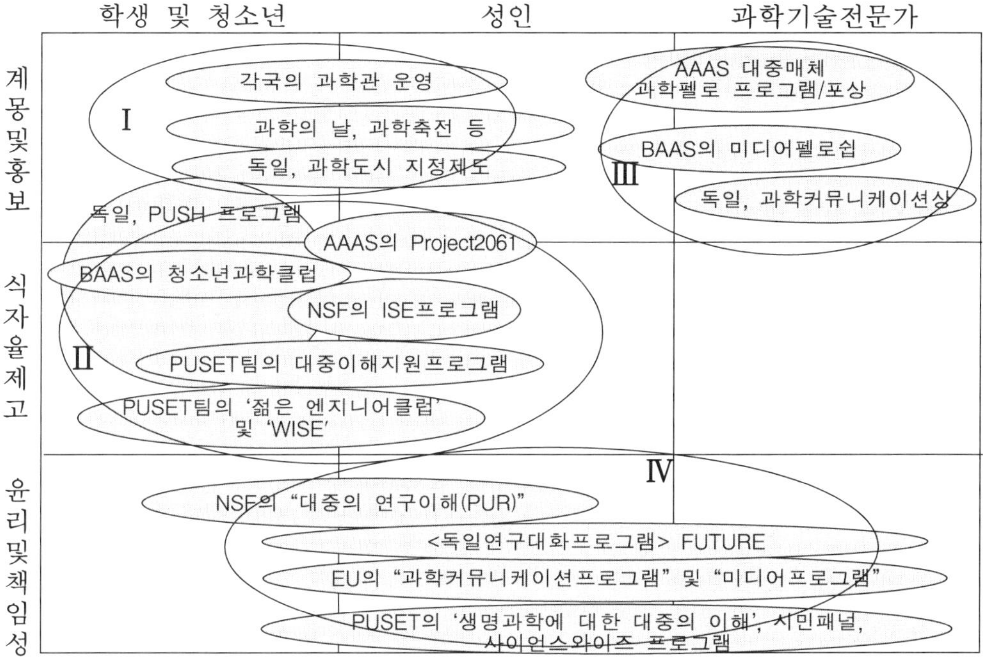

이러한 틀에 따라 현재 진행되고 있는 선진 각국의 기술문화활동을 재배치하면, 주로 4개 영역에서 일어나고 있는 것을 알 수 있다. 유형Ⅰ으로서 학생과 청소년, 성인을 대상으로 계몽 및 홍보를 목적으로 하는 활동으로, 기술문화공간 및 행사라고 할 수 있다. 주로 과학·기술관련 정보를 종합적으로 제공하고 흥미와 관심을 유발하는 활동으로, 과학기술관련 전시를 통해 과학기술에 대한 흥미와 관심을 유발시키기 위한 기술문화공간으로써 대부분의 국가에서 과학(박물)관을 운영하고 있다. 이와 더불어 자국의 과학기술의 우수성을 알리고 과학기술지원의 지지기반을 확보하기 위해서 다양한 기술문화행사를 개최하고 있다.

다음으로, 유형 Ⅱ는 기술 컨텐츠의 확충단계로서, 학생 및 청소년, 일반시민을 대상으로 식자율 제고, 즉 기술지식의 함양과 참여형 기술문화활동을 장려하기 위한 문화활동이라고 할 수 있다. 유형 Ⅲ은 과학기술 전문가들을

대상으로 계몽 및 홍보를 주로 하는 과학커뮤니케이션 단계로서, 과학계와 비과학계의 커뮤니케이션 능력 향상을 지원하고 활성화를 유도하는 내용을 담고 있다. 유형 Ⅳ는 학생 및 청소년, 일반대중, 과학기술전문가 등 모든 대상에 대하여 과학기술의 윤리 및 책임성을 강조하는 단계로서, 과학기술정책과 방향에 대한 국민들의 참여를 적극 유도하는 활동으로 구성되어 있다.

에너지 문화활동의 예로서 일본의 원자력문화활동을 들 수 있다. 일본의 원자력홍보 전문기관인 일본원자력문화진흥재단(Japan Atomic Energy Relations Organization)은 원자력의 평화적 이용에 대한 지식의 계발 및 보급, 원자력에 대한 인식 향상을 통한 밝은 문화사회 형성에 기여하는 것을 목적으로 <표 10-4>과 같은 원자력문화 활동을 하고 있다.

〈표 10-4〉 일본원자력문화진흥재단의 원자력문화 활동

유 형	프로그램	핵심 내용	주요 내용
원자력 문화 공간 및 행사	원자력 상설전시관 운영	학생 및 일반인을 대상으로 한 전시관 운영	- 재단에서 운영 중인 미래과학기술정보관(문부과학성 위탁사업)의 원자력관을 통하여 교육 및 홍보
	"원자력의 날" 행사 개최	"원자력의 날"인 10월 26일에 기념행사 개최	- 전 국민을 대상으로 "원자력의 날"인 10월 26일에 패널토론, 포스터 공모 등의 기념행사를 개최
	신문홍보	인쇄매체의 네 개 특성을 활용한 홍보	- 정보전달능력 및 신뢰성이 뛰어난 신문 등에 주간컬럼(talk on energy) 및 기획기사 기고와 함께 광고
	정기간행물 발간	지식정보를 공유할 수 있는 수단인 월간지 발행	- 월간 「원자력문화」를 원자력지식과 다양한 문화교양정보를 수록하여 제공
	홍보자료 제작	다양한 홍보자료를 통하여 국민이해 도모	- 일반인의 이해가 어려운 원자력에너지를 원리, 개념을 알기쉽게 풀어 홍보책자, 홍보만화, 팸프렛 등으로 제작, 배포
	IT홍보	인터넷 환경을 활용한 홍보	- 온라인홍보를 통하여 의견 및 정보 공유를 추구
원자력 교육 및 콘텐츠 확충	원자력교실 강사파견	어린학생부터 어른까지 국민 누구나 원자력에 대한 교육	- 대학교수 등 재단의 강사진이 초중고 및 교사, 일반인들에게 원자력교육을 실시하는 원자력교육
	세미나,정보제공 모임, 강의 개최	지역에서 세미나, 정보제공 모임, 강의 개최	- 지역주민과 원자력에 대한 이해를 증진시키기 위해 세미나, 정보제공모임 등을 개최
	국내외 원자력 시설 현장교육	원자력시설을 직접 보게 함으로서 필요성과 안전성을 확인	- 국회의원, 공무원, 사회단체, 종교계, 언론인, 교육계 등 여론주도층에서 부터 초중고 학생에 이르기까지 국내외 원자력발전소를 포함한 시설을 직접 보게 하고 원자력에 대한 강의를 듣게 함
	방사선 교육	초등학교, 중학교 고교생을 위한 방사선교육	- 고교생을 위한 실습세미나 등, 초등학교, 중학교, 고등학교에서의 방사선교육 추진
	교육자료 활용	원자력교육자료 제작, 배포 및 활용	- 홍보에니메이션, 등 교육자료를 전문케이블TV, 베너광고, 전문극장에 방영하고 인쇄매체 등을 전국공공기관에 배포
	원자력공모전	청소년의 재능에 기초하여 창조성을 길러주는 교육문화 사업	- 중학생을 대상으로 하는 원자력작문 모집, 고등학생을 대상으로 하는 원자력논문 모집
	학생을 목표로 하는 IT홍보	인터넷 환경을 활용한 홍보	- 온라인"NUCPAL"를 통하여 학생의견 및 교육정보 공유를 추구

최근 활성화되고 있는 이러한 기술문화활동의 특징을 살펴보면, 우선 과학기술자는 공급자, 일반시민이나 대중은 수요자라는 일방적인 방향에서 쌍방향으로 전개되고 있다. 기술문화활동의 초기단계에서는 합리적 마인드형성과 기술지지기반 구축을 위한 일방향 기술문화가 강조되었다. 그러나 과학기술의 사회적 책임성이 부각된 쌍방향 기술문화가 강조되는 단계로 들어서고 있다.

다음으로, 기술문화활동의 내용(contents) 구성이 다변화되고 있는 특징을 나타내고 있다. 이것은 기술혁신이 가져온 생활의 편리성을 심취해 있던 일반인들이 에너지자원의 조기고갈, 환경오염, 질병 등과 같은 산업화의 부작용을 경험하면서 미래 발생할지도 모를 기술적 위험에 대해 직접적으로 관심을 표출하고 있는데 기인한다.

이와 같이 기술문화활동에 대한 시민사회의 능동적 참여가 이루어지며 산업계와 문화계가 기술문화 콘텐츠와 상품 공급을 통해 기술문화의 새로운 주체로 부상하여 이전의 과학기술계의 일방향 문화에서 대중 또는 사회로부터의 피드백이 형성되는 쌍방향 문화로 변모하게 되었다. 일반 시민사회는 단순히 콘텐츠를 공급받는 일방적 수용자 입장에서 벗어나 정책결정에 대한 참여를 통해 과학기술계에, 기술문화 상품 취사선택을 통해 기술문화 콘텐츠 공급주체에 자신의 요구를 반영하게 되었고, 뿐만 아니라 직접 콘텐츠를 개발하거나 과학·기술활동에 참여하기도 한다.

또한 일반 대중들이 과학·기술 및 과학·기술 관련 의사결정에 대한 다양한 참여를 통해 과학·기술에 대해 자기 주장을 하고 있다. 기술문화를 매개로 과학·기술과 사회가 쌍방향 의사소통 및 상호작용을 하는 시스템이 형성되고 있다. 이에 따라 과학·기술의 사회적 책임과 신뢰도 제고가 중요한 기술문화활동으로서 자리를 잡게 되었다.

이와 같이 활성화되고 있는 기술문화활동을 에너지 분야에서 촉진하기 위해서는 에너지 문화활동의 궁극적인 목표를 에너지 기술혁신을 통한 국가 경쟁력 강화로 귀결시키는 노력이 필요하다. 이를 위해 ① 정부의 에너지 기술부문에 대한 지원의 정당성 확보, ② 에너지 기술분야에서 우수인적자원 확보, ③ 에너지 기술에 대한 신뢰성 확보, ④ 에너지 마인드 형성 등의 분야에서 다양한 프로그램으로 구체화시킬 필요가 있다. 다음으로, 에너지정책의 결정과정에 일반 국민 및 시민사회의 참여를 확대할 필요가 있다. 에너지 기술이 사회에 미치는 영향과 파장이 커짐에 따라 에너지 기술관련 정책결정 과정에 대한 국민의 관심과 지지, 참여가 필요하기 때문이다. 최근 주요국의 대안에너지 개발과 방사선폐기물 건설 과정에서 볼 수 있듯이 일반 국민의 지지와 참여가 없으면 국가적인 차원의 정책수립과 결정이 쉽지 않게 되었다.

Ⅲ. 에너지에 대한 사회적 수용성 제고

다음으로 에너지 문화와 관련하여, 21세기 들어 지구온난화로 대표되는 지구환경문제, 에너지 수급불균형문제, 고유가 등에 대한 실질적이면서 현실적인 대안 에너지원에 대한 인식이 선진국을 비롯하여 개발도상국으로 확산되고 있는 점을 유의할 필요가 있다. 세계 각국은 다양한 이해관계자의 참여 하에 중장기적인 관점에서 대안에너지 정책을 수립하고 있다.

대안에너지 산업의 중요성에 대한 사회적 관심이 어느 때보다 높아지고 있는 시점에서, 국민들의 동의를 얻지 못하는 에너지 정책은 아무리 잘 만들어졌다 해도 시행되기 어려울 수밖에 없고, 커다란 사회적 갈등으로 비용을 증대시킬 수 있다. 이에 따라 에너지문제와 관련된 국민들의 합의, 즉 사회적 수용성(social acceptance)을 이끌어내는 일이 무엇보다도 중요한 과제가 되었다고 할 수 있다.

사회적 수용성은 사회 전체와 개별 집단(소비자, 생산자 등)이 특정 에너지 프로젝트에 대해 수동적 동의와 긍정적 참여 사이에서 광범위하게 나타내는 인지도 및 수용도를 의미한다(Williams and Mills, 1986; Sauter and Watson, 2007). 이와 같이 사회적 수용성은 개인적인 감정이나 위험과 수익에 대한 인지일 뿐만 아니라 사회적 과정이라고 할 수 있다. 사회적 수용성의 정도는 미디어 등을 통해서나 정부, NGO 등 사회적 전문가들에 의해 이용가능해진 정보에 의존한다. 이해관계당사자들(stakeholders)은 상호작용을 통해 서로 영향을 미치고 있다. 이제 사회적 수용성은 신기술, 특히 새로운 인프라스트럭처(infrastructure)를 선택하고 도입하기 전에 미리 살펴보아야 할 조건이라고 할 수 있다.

위에서 지적한 바와 같이 에너지산업에 있어서 사회적 수용성에 대한 분석의 중요성과 당위성에 따라 선진국에서는 원자력, 신재생에너지, 탄소획득 및 저장 등에 대해 사회적 수용성에 대한 분석이 활발히 이루어지고 있다.

에너지산업에 있어서 사회적 수용성은 1980년대 에너지 기술을 둘러싼 사회적 갈등이 격렬하게 일어나면서 이를 해결하기 위한 대안으로서 분석되기 시작하였다. Hisschemoller and Midden(1999)와 Renn et al.(1995) 등은 신에너지 기술들이 성공적으로 실천되기 위해서는 기술발전과 경제적 이익 등 여러 가지 요인들을 고려하여야 하지만 사회적 수용성도 중요한 요인이 되고 있다고 분석하고 있다. 그들은 신에너지 기술에 대한 사회적 반대는 중요 과제들을 지연시키거나 달성되지 못하게 하고 있다고 검증하고 있다. Sauter and Watson(2007)은 영국의 재생에너지 기술프로젝트에 대한 설문조사를 통해 사회적 수용성이 수동적(passive)으로 나타났으며, 미래 에너지 공급 포트폴리오 구성에 있어서 소형발전기술의 잠재적 중요성과 정책결정자들의 관심이 점증함에 따라 좀 더 적극적으로 바뀌어야 한다고 주장하고 있다.

에너지 신기술에 대한 사회적 수용성은 원자력과 같은 대규모 기술프로젝트의 위험성 등에 관해 논의되어 왔다(Semadeni et al., 2004). 재생에너지 중에서는 풍력에 대한 국민들의 인지도가 중요한 과제가 되었다(Kaldellis, 2005). 그리고 에너지산업에 있어서 대규모 인프라스트럭처 시설에 대한 저항은 지역기피현상(NIMBY)으로 나타났다. 그러나 새로운 대규모 재생에너지 프로젝트에 대한 사회적 수용성에 대한 논의에 비해 태양광(photovoltaics: PV)이나 소형 풍력 등에 대한 사회적 수용성 과제는 별로 연구되지 못하고 있다(Faiers and Neame, 2006). 대규모 인프라스트럭처 프로젝트를 추진할 때 컨설팅하는 과정에서 국민들이 참여하긴 하지만 대부분 수동적으로 이루어졌다.

그러나 미래 잠재에너지 기술로 점점 더 관심을 끌고 있는 소형발전 기술은 국민 개인의 환경에 대해 영향(좋은 경치를 망가뜨리거나 소음 등)을 미칠 뿐만 아니라 이러한 기술을 자신의 집에 설치할 수 있기 때문에 좀 더 적극적인 수용이 필요하다. 이러한 보다 적극적인 참여는 시설물에 대해 부지를 제공하거나 자본투자를 하거나 행동의 변화 등으로 표현될 수 있다(IEA, 2002; Pehnt et al., 2006).

또한 발전원별로 사회적 위험도, 즉 환경파괴, 경제피해, 사회변화, 생활피해 등에 대한 상대적 심각성을 측정하기 위한 분석도 이루어지고 있다. 조성경 등(2002)은 원자력시설 및 정책의 수용성에 영향을 미치는 직접적인 요인으로서 원자력에 대한 인식의 중요성을 제시하고, 원자력의 필요성, 기대편익 및 비용, 통제가능성, 체감위험수위, 미래세대와의 공평성에 대한 인식에 영향을 미치는 인자로서 원자력에 대한 지식과 신뢰를 도출하고 있다. 원자력에 대한 지식은 정보와 교육, 경험 등을 통해, 그리고 신뢰는 현실에 대한 정당성, 소통, 보상, 참여, 그리고 미디어를 통해 구성된다고 분석하고 있다. 이재은 등(2007)은 원자력과 화력(석탄, 중유, 천연액화가스) 및 신재생에너지(수력, 풍력, 태양광)를 포함하는 발전원별 사회적 위험도에 대한 상대적 심각성을 측정하고 있다. 즉 발전원별 관련 전문가들을 대상으로 실시한 설문조사에 대한 AHP기법 분석을 통해 피해가 미치는 영향의 범위가 광범위하며 거시적이고 구조적인 차원까지 이르는 경우 심각성을 상대적으로 높으며, 특정지역이나 미시적 차원에 국한되는 경우에는 그 심각성을 상대적으로 낮게 인식하고 있다고 분석하고 있다.

대안에너지에 대한 사회적 수용성은 일반적으로 인식(recognition) → 태도(attitude) → 행동(behavior)으로 나타나고 있다. Sauter and Watson(2007)은 영국 재생에너지 기술프로젝트에 대한 사회적 수용도를 평가하면서 태도(attitude), 행동(behavior), 투자(investment) 등의 지표를 사용하고 있다. 여기서 태도는 동기(motives), 이미지(image), 흥미 또는 관심(interest) 등으로 표현되고 있으며, 투자는 이와 같은 태도의 차이에 따라 달리 나타나고, 정보와 실시간 환류(feedback)에 따라 행동의 변화가 나타나는 것으로 설정되어 있다. 예를 들어, 원자력에 대한 사회적 수용성은

6가지 항목, 즉 원자력에 대한 관심도, 원자력에 대한 좋은 이미지 정도, 원자력발전소에 대한 안전도, 원자력 분야 종사자에 대한 신뢰도, 원자력 이용에 대한 찬성도, 원자력 이용분야에 대한 확대 정도 등으로 구성될 수 있다. 이를 인식(recognition) → 태도(attitude) → 행동(behavior)에 적용하면 원자력에 대한 관심도 → 좋은 이미지 정도, 원전 안전도, 종사자에 대한 신뢰도 → 이용에 대한 찬성, 확대 정도로 정리할 수 있다(<표 10-5> 참조).

〈표 10-5〉 원자력에 대한 사회적 수용성 지표 구분

구 분	인 식 (recognition)	태도, 판단 (attitude)	행 동 (behavior)
해당문항	원자력에 대한 관심도	좋은 이미지 정도, 원전안전도, 종사자에 대한 신뢰도	이용에 대한 찬성, 확대 정도

다음으로, 사회적 수용성은 대안에너지에 대한 정보의 환류(feedback)와 경제적 후원(incentive)이 방문자의 인식과 태도, 행동에 미치는 영향을 분석하고 있다. Sauter and Watson(2007)은 신재생에너지의 설치 전과 후에 걸쳐 소비 통계를 근거로 행동변화를 분석하고 있다.

다음으로, 대안에너지에 대한 사회적 수용성은 현장방문자들의 원자력에 대한 이해도의 차이에 따라 달라질 수 있다. Fischer(2004)는 에너지 소비자그룹을 하나의 연관된 집단으로 간주하여서는 안되며, Rogers(1995)와 Villiger et al.(2000) 등에서 주장된 바와 같이 새로운 에너지에 대한 태도에 따라 몇 개의 그룹으로 나누어 설명되어야 한다고 주장하고 있다. 또한 이러한 차별화가 새로운 기술혁신의 목표집단을 찾고 사회적 수용성을 높이기 위한 적절한 모델을 만드는데 도움이 되고 있다고 지적하고 있다. Mallett(2007)는 멕시코 시에서 재생에너지 기술혁신에 대한 사회적 수용성을 이해관계 당사자들이라고 할 수 있는 기술자, 산업계, 지방정부관료, 사회저명인사, 최종소비자 등으로 구분하여 설문조사를 통해 분석하고 있다. 그는 단순한 기술이전을 넘어서 각 집단의 적극적인 기술협력을 이끌어낼

수 있을 때 사회적 수용성은 제고된다는 주장하고 있다. Huijts et al.(2007)는 탄소획득 및 저장(carbon capture and storage: CCS)에 대한 사회적 수용성을 일반시민과 정부, 산업계, 환경NGO 들로 구성된 전문가그룹으로 나누어 평가하고 있다. 잠재적 저장장소 근처에 살고 있는 시민들에 대한 설문조사 결과, 공중들의 태도는 일반적으로는 약간 긍정적이었지만, 바로 근처에 저장한다는데 대한 태도는 약간 부정적으로 나타났다. 일반 대중들은 이산화탄소 저장에 대한 지식이 적고 보다 많은 정보에 대한 열망도 나타내지 않았다. 이러한 환경에서 전문가들에 대한 신뢰가 특히 중요한 것으로 나타났는데, 그 중에서도 NGO들이 가장 신뢰를 받고 있는 반면, 산업계가 가장 신뢰도가 낮은 것으로 조사되었다.

Hallahan(2001)은 대안에너지에 대한 지식(knowledge)과 관여도(involvement)에 따라 <표 10-6>와 같이 4개 공중집단으로 구분하고 있다. 즉 대안에너지에 대한 지식의 정도는 낮으나 관여도가 높은 대안에너지시설 현지주민 등을 각성공중으로, 대안에너지에 대한 지식의 정도와 관여도가 모두 높은 환경단체 등을 활동공중으로, 대안에너지에 대한 지식의 정도와 관여도가 모두 낮은 일반국민을 비활동공중으로, 그리고 대안에너지에 대한 지식의 정도는 높으나 관여도는 낮은 학계·언론계·정계 등을 인지공중으로 구분하고 있다.

〈표 10-6〉 4개 공중집단 구분

관여도 \ 지식	저	고
고	각성공중 (aroused publics)	활동공중 (active publics)
저	비활동공중 (inactive publics)	인지공중 (aware publics)

자료: Hallahan(2001)

사회적 수용성에 대한 대부분의 연구는 우편 설문조사나 전화 인터뷰에 의존하거나 때로 전문가집단을 활용한다. 영국의 재생에너지에 대한 서베이(London Renewables, 2003)나 Oxera(2005) 등은 개별 집단의 대표 표본을 활용하고 있으며, 다른 연구는 조기 채택자나 참여자 등과 같은 특별한 소비자 집단을 활용하기도 한다.

여기서 사회적 수용성 지표에 대한 타당성과 신뢰도 등은 요인분석과 신뢰도분석을 통해 이루어지고 있다. 여기서 지표의 타당성(validity)은 해당지표가 측정하고자 하는 것을 제대로 측정하고 있는가를 나타낸다. 여러 가지 타당성 중에서 측정지표가 실제로 무엇을 측정하였는가, 또는 조사자가 측정하고자 하는 추상적인 개념이 실제로 측정지표에 의해서 적절하게 측정되었는가를 검증하기 위한 방법으로 구성개념 타당성(construct validity)이 있다. 구성개념 타당성을 측정하는 방법으로 다속성·다측정방법(multitrait·multimethod matrix)과 요인분석(factor analysis)방법이 있다. 요인추출은 일반적으로 측정된 요인의 선형결합인 주성분분석(principal component analysis: PCA)을 통해 이루어지며, 초기에 구한 요인의 명확한 해석을 위해 요인회전은 직각회전인 varimax 방식을 이용한다. 변수와 요인간의 상관관계정도를 나타내는 요인적재량(factor loading)은 일반적으로 단일차원에 대한 요인분석의 경우 0.60이상이면 통계적으로 유의하다고 할 수 있다(임종원, 1992).

다음으로, 신뢰성(reliability)은 측정대상을 여러 번 측정하였을 때에도 동일한 결과가 나타나고, 어떤 지표를 구성하는 항목들 간에 일관성(internal consistency)이 있다는 것을 의미한다. 다중항목척도를 사용한 측정지표의 신뢰성을 검증하는 방법으로는 항목분석(item analysis)을 사용할 수 있으며, 항목분석 방법으로는 여러 방법이 있으나 다중항목 중 신뢰도를 저해하는 항목을 찾아내어 측정도구에서 제외시킴으로서 측정도구의 신뢰도를 높이기 위한 방법인 크론바하 알파계수(Cronbach's α)가 주로 이용된다. 신뢰성계수에 대한 유의성은 0.60이상이면 통계적으로 유의하다고 할 수 있다(Hair 외, 1998).

이후 대안에너지에 대한 이해도의 차이를 파악하기 위해서 설문응답비율에서는 교차분석을, 그리고 각 공중집단별 평균수준의 차이분석에서는 일원배치분산분석(ANOVA)을 이용하고 있다. ANOVA에서 유의미한 차이가 나타나는 경우, Duncan의 사후검증을 통해 차이를 보이는 집단을 파악한다. 그리고 각 공중집단별로 대안에너지에 대한 이해도의 변화 정도에 대한 유의성을 파악하는데는 t-test를 적용한다. 한편, 모든 변수의 데이터는 설문변수 간 차이에 따라 유발되는 문제점을 제거하기 위해 척도를 표준화(normalize)하는 Z값으로 전환하여 사용한다.

이와 같은 분석을 통해 대안에너지에 대한 사회적 수용성을 제고하는 노력이 매우 필요하다. 이것은 국민들의 동의를 확보하지 못한 에너지 정책이 사회적 갈등으로 비화하여 막대한 비용을 지불할 수 있으며, 역사적으로 세계 각국은 이러한 경험을 가지고 있기 때문이다.

Ⅳ. 에너지기업의 사회적 책임

에너지 산업의 경영환경을 둘러싸고 최근 등장하고 있는 새로운 요인은 기업의 사회적 책임(corporate social responsibility: CSR)이라고 할 수 있다. CSR은 기업들이 영업활동의 기반인 사회에 대해 부담하는 책임으로서, 일상의 기업활동 중에서 사회적 공정성이나 윤리성, 환경에 대한 배려 등에 적극 나서는 것을 말한다. CSR은 에너지산업 및 기업경영활동의 문화를 형성하는 기반이 되고 있다고 할 수 있다. Kapp는 구체적으로 에너지자원의 조기고갈, 대기 및 수질의 오염 등을 CSR의 내용에 포함시키고 있다.

실제로 지구온난화문제 등이 심각해지면서 기업에 의한 환경파괴에 대한 책임추구도 강해지고 있다. 1989년에 엑손사의 발데즈호가 알래스카만에 좌초하고, 대량의 원유유출로 해안의 생태계가 심각한 피해를 받은 사건이 발생함에 따라 세계 각지에서 엑손사에 대한 강한 비판의 소리가 높아졌다. 이 사건으로 기업의 환경관리책임이 부각되었으며, CERES(환경책임주의 경제연합 : coalition environmentally responsible economics) 원칙과 같은 환경문제에 관한 국제적 규범이 제정되는 계기가 되었다. CERES는 "기업과 그 주주는 환경에 직접적인 책임을 가진다"라는 이념을 기초로 하여 발디스원칙을 발표하였다. CERES 원칙에 서명한 기업은 엑슨, 맥도날드, 다우케미칼, American Airlines, Bank of America Corporation, Bethlehem Steel Corporation, Body Shop International PLC, Coca Cola USA, Ford Motor Company, General Motors, Polaroid Corporation 등 40여개 대기업이 참여하고 있다. 발디스원칙의 구체적 내용은 ① 생물권 보호, ② 천연자원의 지속적 활용, ③ 폐기물 처리와 그 양의 삭감, ④ 에너지의 이용과 보전, ⑤ 리스크의 감소, ⑥ 안전한 상품과 서비스의 제공, ⑦ 손해 배상, ⑧ 정보 공개, ⑨ 환경 문제 전문 임원의 임명, ⑩ 평가와 감사 등이다.

또한 UN의「환경과 개발에 관한 세계위원회」가 1987년에 공표한 보고서인 'Our Common Future'에서 '지속가능한 개발'의 개념이 제창되었고, 이 개념은 그 후 세계적인 지지를 받아 환경과 개발의 문제를 고려하는 중심 개념으로 정착하였다. 1992년 리우데자네이루에서 개최된「환경과 개발에 관한 UN회의」에서 채택된 「리우선언」(Rio earth charter)에서는 지속가능한 개발을 달성하기 위한 27항목의 원칙이 합의되고, 행동계획「AGENDA 21」도 채택되었다. 10년 후인 2002년에는 활동성과의 검증이나 행동계획의 수정을 의논하는 '지속가능한 개발에 관한 세계 수뇌회의'가 남아프리카의 요하네스부르크에서 개최되었다. 이러한 과정을 거쳐 지속가능한 개발, 지속가능성(sustainability)이란 용어는 환경문제의 핵심단어가 되었으며, 기업도 경영활동의 중심에 지속가능성을 고려하지 않으면 안되게 되었다.

고전적인 기업의 경영활동에서는 기업의 목적이 좋은 제품이나 서비스를 제공해서 이익을 올리는 것에 있었고, 기업은 그 범위를 넘어선 사회적 문제에 관여할만한 것은 아니라고 생각되었다. 그러나 기업의 활동영역이 확대되고, 사회에 미치는 영향이 다양화되면서 오히려 사회가 기업의 CSR

행동을 요구하게 되었다. 기업의 CSR에 대한 평가와 정보를 제공하는 NGO(비정부기구)와 NPO(비영리단체)의 국제적인 제휴와 CSR에 관한 국제적인 행동규범을 만들려는 움직임도 나타나고 있다. 인권 · 고용 · 환경 · 지역사회공헌 등에 관한 회사의 행동규범을 채택하고, 그들의 문제에 적극적으로 몰두하고, 환경보고서, 지속가능성보고서 등의 CSR에 관한 정보를 공시하는 기업도 계속 늘어나고 있다.

기업의 사회적 책임에 대한 이론적 논의 역시 기업의 CSR이 주주의 이익을 감소시킬 수 있다는 시각에서 주주를 포함한 이해관계당사자들(stakeholders: 주주, 종업원, 소비자, 공급자, 지역사회)의 이익을 제고하고 나아가 주주와 이해관계당사자간 이익을 모두 증가시킨다는 쪽으로 진화하고 있다.

에너지기업들이 추구하는 CSR의 구체적 내용은 기업의 사업내용이나 사업활동을 하는 나라, 지역, 시장의 특성, 시대의 요청 등에 따라 다양하다. EU위원회는 2001년 그린 페이퍼(green paper) 「*Promoting a European framework for Corporate Social Responsibility*」를 통해, "CSR이란 기업들이 사회 및 환경에 관한 배려를 영업활동 및 이해관계자간 상호관계 중에 자발적으로 도입하는 개념"으로 정의하고 있다. 즉 기업활동과 사회 및 환경에 대한 배려가 하나의 프로세스로 통합되는 산업기반으로 규정하고 있다.

EU위원회의 정의에 나타나 있듯이, CSR의 핵심 키워드는 기업의 영업활동, 이해관계자(stakeholder)간 상호작용, 자발성 등이라고 할 수 있다.

① CSR의 대상영역은 자금조달, 종업원의 채용, 원재료의 구입 및 제조, 그리고 판매와 폐기 등에 이른 기업활동의 모든 프로세스에 걸쳐 있으며, 모든 과정에서 CSR이 요구된다는 것이다(<표 10-7> 참조). 따라서 CSR은 이익의 일부를 기부하는 등의 형태로 사회에 환원하는 운동이나 본업 이외의 사회봉사 활동 등과는 차원이 다른 개념이라 할 수 있다.

〈표 10-7〉 CSR의 범위

연구자	내 용
Eilbert & Parket	①교육기관 공헌 ②사회생태적 관심 ③소수민족 채용 ④소수민족 훈련 ⑤문화예술 공헌 ⑥중견층 채용 ⑦중견층 훈련 ⑧시민권 ⑨지역개발 ⑩소비자 고충처리 ⑪이해하기 쉬운 회계제표 ⑫광고의 진실성 ⑬제품의 품질 안전화 ⑭제품보증 ⑮알기 쉬운 제품설명서
Corsin & Steiner	①경제성장 및 경제효율 ②교육 ③고용 및 훈련 ④시민권 및 평등기회 ⑤도시개발 및 재개발 ⑥공해의 제거 ⑦관리보존과 레크리에이션 ⑧문화 및 예술 ⑨의료상의 배려 ⑩정부
Kapp	①생산에 따르는 노동력의 상해 ②대기오염 ③수질오염 ④동물자원의 감소와 멸종 ⑤에너지자원의 조기 고갈 ⑥기술변화에 따르는 손실 ⑦실업과 유휴에 따르는 비용 ⑧소매경로의 중복과 같은 유통비용 ⑨허비되는 수송비용 ⑩비능률 낭비와 같은 과학연구상의 비용 ⑪과점에 의한 비능률
미국 회계사협회	①지역사회와의 관계 ②인적 자원 ③물적 자원 ④환경상의 공헌 ⑤제품 또는 서비스 면에서의 공헌
일본 통산성	①기업의 기본적 동기의 수행 : 소비자, 지역사회, 종업원, 관련기업, 일반사회 ②기업활동의 자제 : 소비자 ③기업능력의 사회적 활용 : 지역사회, 종업원, 관련기업, 일반사회 ④사회와의 대화 : 소비자, 지역사회 ⑤기업의 내부문제 : 종업원, 주주
기업경영자 인식조사	①공해, 결함상품, 사고와 같은 사회의 부정적 영향 제거 ②양질의 제품을 저렴한 가격으로 공급 ③기업의 일상적 활동을 통해 사회에 공헌 ④기술축적을 통해 사회에 공헌
일본 통산성 위탁조사	①연구조성 ②육영교육진흥 ③환경보호 ④보건의료 ⑤사회복지 ⑥국제친선 ⑦문화행사 ⑧스포츠진행 ⑨출판·영화 ⑩회사시설 개방
野田一夫	①공해 ②환경보전 ③재해 ④문제상품 ⑤부당표시 ⑥기업지배력 ⑦소비자물가 ⑧노사간의 임금분쟁 ⑨노사간 기타의 문제 ⑩계약 및 권리상의 분쟁 ⑪모랄 ⑫기타의 분쟁 ⑬행정적 분쟁
황윤식	①산업재해 예방 ②공해방지 ③종업원의 교육 ④종업원의 복리후생 ⑤진실한 광고 ⑥품질 개선 ⑦교육사업 지원 ⑧지역사회의 보건 ⑨불우이웃 돕기 ⑩문화활동 지원
경제정의 연구소	①기업활동의 건전성 ②기업활동의 공정성 ③사회봉사 기여도 ④환경보호 만족도 ⑤소비자보호 기여도 ⑥종업원 만족도 ⑦경제발전 기여

자료 : 한은경(2003).

② CSR의 대상은 종업원·소비자·구입자·투자가·지역사회·환경 등 기업을 둘러싼 이해관계자들이며, 각각의 이해관계자로부터 요청받은 경영활동이 각 기업 CSR의 내용이 된다. 말하자면 CSR은 기업과 기업을 둘러싼 이해관계자와의 상호관계에 의해 규정된다.

③ CSR은 법적의무로서 강제되어지는 것이 아니라 기업이 스스로의 이익에 합치한다고 판단해서 자발적으로 채용하는 행동이라는 것이다.

이러한 CSR에 대한 국제적 논의는 더욱 활발해지는 추세를 보이고 있다. 먼저 UN은 1999년 '세계인권포럼'에서 기업의 행동규범에 인권, 노동, 환경 등에 관한 9개 원칙을 담은 'Global Compact'를 주창했다.

현재 세계 47개국 648개 기업들이 UN 행동규범에 참여하고 있다. OECD도 1976년부터 다국적기업 가이드라인을 통해 CSR에 대한 규범을 제시하고 있다. 동 규범은 이후 4차례 개정을 거치면서 노동관계, 환경, 뇌물방지, 소비자 이익 등에 대한 기업행동준칙을 제시하고 있는데, 법적 구속력은 갖고 있지 않다.

나아가 CSR을 규격화하려는 움직임도 활발하다. 호주에서는 AS3806, 미국은 비정부기구(NGO)가 제정한 SA8000 등을 규격화하자는 논의가 있다. ISO의 소비자정책위원회(COPOLCO)는 기업의 사회적 책임에 관한 기준을 만들고 있다. 기업의 사회적 책임에 관한 기준은 기존의 ISO 9000(품질경영기준), ISO 14000(환경경영기준)과 함께 기업의 경영관리 시스템에 관한 기준으로서 중요한 역할을 하게 될 것으로 보인다. ISO의 규범화 동향에 대응하여 각국 정부는 국제기준에 대비한 국내기준을 산업정책적 차원에서 마련하려는 움직임을 보이고 있다.

1997년 CERES와 UN환경보고(UNEP)가 공동으로 발족한 GRI (Global Reporting Initiative)는 <표 10-8>와 같이 지속가능성을 평가하는 지표들을 설정하고 있다.

〈표 10-8〉 GRI 지속가능성보고서 성과 지표

<table>
<tr><th colspan="3"></th><th>필수지표</th><th>임의지표</th></tr>
<tr><td rowspan="7">경제</td><td rowspan="5">직접적 영향</td><td>고객</td><td>2</td><td>0</td></tr>
<tr><td>공급업자</td><td>2</td><td>1</td></tr>
<tr><td>종업원</td><td>1</td><td>0</td></tr>
<tr><td>투자가</td><td>2</td><td>0</td></tr>
<tr><td>공공부문</td><td>3</td><td>1</td></tr>
<tr><td colspan="2">간접적 영향</td><td>0</td><td>1</td></tr>
<tr><td colspan="2">소계</td><td>10</td><td>3</td></tr>
<tr><td rowspan="11">환경</td><td colspan="2">원재료</td><td>2</td><td>0</td></tr>
<tr><td colspan="2">에너지</td><td>2</td><td>3</td></tr>
<tr><td colspan="2">물</td><td>1</td><td>3</td></tr>
<tr><td colspan="2">생물다양성</td><td>2</td><td>7</td></tr>
<tr><td colspan="2">배출물·방출물·폐기물</td><td>6</td><td>3</td></tr>
<tr><td colspan="2">공급업자</td><td>0</td><td>1</td></tr>
<tr><td colspan="2">제품과 서비스</td><td>2</td><td>0</td></tr>
<tr><td colspan="2">법령준수</td><td>1</td><td>0</td></tr>
<tr><td colspan="2">수송</td><td>0</td><td>1</td></tr>
<tr><td colspan="2">기타 전반</td><td>0</td><td>1</td></tr>
<tr><td colspan="2">소계</td><td>16</td><td>9</td></tr>
<tr><td rowspan="22">사회</td><td rowspan="5">노동관행과 공정한 노동조건</td><td>고용</td><td>2</td><td>1</td></tr>
<tr><td>노동자와 경영자의 관계</td><td>2</td><td>1</td></tr>
<tr><td>건강과 안전</td><td>4</td><td>2</td></tr>
<tr><td>교육훈련</td><td>1</td><td>2</td></tr>
<tr><td>다양성·기회</td><td>2</td><td>0</td></tr>
<tr><td rowspan="8">인권</td><td>전략·관리</td><td>3</td><td>1</td></tr>
<tr><td>비차별</td><td>1</td><td>0</td></tr>
<tr><td>단체조직 자유 · 단체교섭</td><td>1</td><td>0</td></tr>
<tr><td>아동노동</td><td>1</td><td>0</td></tr>
<tr><td>강제노동</td><td>1</td><td>0</td></tr>
<tr><td>징벌</td><td>0</td><td>2</td></tr>
<tr><td>안전관리</td><td>0</td><td>1</td></tr>
<tr><td>선주민의 권리</td><td>0</td><td>3</td></tr>
<tr><td rowspan="4">사회</td><td>지역사회</td><td>1</td><td>1</td></tr>
<tr><td>뇌물</td><td>1</td><td>0</td></tr>
<tr><td>정치헌금</td><td>1</td><td>1</td></tr>
<tr><td>경쟁·가격설정</td><td>0</td><td>2</td></tr>
<tr><td rowspan="4">제조물 책임</td><td>소비자의 건강과 안전</td><td>1</td><td>3</td></tr>
<tr><td>제품, 서비스</td><td>1</td><td>2</td></tr>
<tr><td>광고</td><td>0</td><td>2</td></tr>
<tr><td>프라이버시 보호</td><td>1</td><td>1</td></tr>
<tr><td colspan="2">소계</td><td>24</td><td>25</td></tr>
<tr><td colspan="3">합계</td><td>50</td><td>47</td></tr>
</table>

이러한 CSR에 대하여 기업 CEO의 94%가 기업경영과 수익 제고에 도움이 되고 있는 것으로 평가하고 있다(Ernst & Young survey, 2002). 세계적인 CEO의 1/3이 CSR로 인해 판매가 증가할 것이라고 생각하고 있다(Hill & Knowltons's Corporate Reputation Watch, 2002). 또한 CEO의 71%가 주주(shareholder)의 이익을 단기적으로는 희생할 수 있지만 장기적으로는 보장받을 수 있다고 생각하고 있는 것으로 조사되었다(Pricewaterhouse Coopers annual CEO survey, 2002).

그리고 CSR이 실제로 기업경영비용을 감소시킬 수 있는가에 대해서도 CSR을 통해 높은 효율성을 유발하여 비용을 감소시킬 수 있는 것으로 나타났다. 예를 들어 에너지와 천연자원의 사용에 있어서 효율성이 증가하며, 휘발유배출물을 감소시켜 폐기물 처리비용이 감소되고, 재활용 물질을 판매할 수 있다. 유럽의 Dow Chemical은 폐기물 감소를 통한 비용감소, 에너지 효율성, 오염방지, 자원 생산성 등을 달성하여 26개 중독성 화학물을 감소시켰다. 이 회사는 310만 Euro 투자로 1년동안 540만 Euro를 절감한 것으로 조사되었다.

이와 같이 기업들이 CSR을 수행하는데 있어 경영활동 고유의 수익 극대화 동기도 작용하지만, 기업윤리도 상당히 중요한 것으로 분석된다. CSR 활용사례를 보면, 기업들이 CSR을 추진하면 할수록 더 경쟁력이 생기며 외부충격에도 잘 대처할 수 있고 소비자와 종업원들에게 더 신임을 얻을 수 있는 것으로 나타나고 있다.

기업들은 "기업시민(corporate citizenship)", "지속가능한 발전(sustainable development)", "기업청렴(corporate integrity)", "세가지 기본규정(triple-bottom line)"의 개념을 CSR에 포함시키고 있다. 여기서 기업시민이란 기업이 사회적 존재라는 개념이 도입되면서 기업도 한 시민으로서 사회적 책임과 의무를 져야 한다는 것이다. 세 가지 기본축(triple bottomlines)은 경제적 수익성, 사회적 윤리성, 환경적 건전성 등을 의미한다. CSR과 세가지 기본규정 간에는 기업 의사결정이 도덕적 가치와 법에 순응하고, 인간, 지역사회, 환경에 대한 존경을 갖추어야 한다는 것을 내포하고 있다.

구체적인 내용을 살펴보면, 첫째, 제품과 서비스 자체뿐만 아니라 제품의 생산 및서비스의 과정에서 모두 CSR이 중요하며, 둘째, 기업의 중요한 의무는 소비자, 노동자, 노동자의 가족, 공급자, 지역사회, 환경, 투자자, 주주, 정부 등의 사회적인 이해관계자들에 대한 의무이다. 셋째, 법을 준수하는 것은 본질적이며, CSR은 법에 명시하지 않은 부분에 대해서도 요구할 수 있다. 넷째, 투명성, 책임, 이해관계자에 대한 보고가 중요하다는 내용이다.

21세기 들어 CSR은 사회책임투자의 중요한 부분으로 더욱 강조되고 있다. 사회책임투자란 지속가능경영의 삼대축인 경제, 사회, 환경의 성과가 높은 기업에 투자하는 방식으로서 환경, 인권, 지역사회, 소비자 등을 골고루 배려하는 기업이 지속가능한 기업이고 장기투자할 만한 가치가 있다는 점을 전제로 하고 있다. 사회책임투자는 체계적인 평가방법론의 개발과 함께 미국과 영국에서 활발히 이루어지고 있으며 규모와 종류가 최근 몇 년간 급증하는 추세를 보이고 있다.

11

에너지산업의 발전전략 재모색

에너지산업의 발전전략 재모색

제 11 장

I. 왜 중요한가?

산업의 고부가가치화를 촉진하는 과정에서 첨단기술, 융·복합 기술개발 및 산업화의 중요성이 높아지는 만큼 에너지의 역할 또한 강화되고 있다. 우선, 신제품·신기술의 에너지원으로서 적합한 신에너지가 중요하다. 일본 산업이 1990년대 잃어버린 10년 이후 경쟁력을 회복하는데 에너지 원으로서 연료전지가 중요한 역할을 하고 있는 것은 주지의 사실이다. 에너지산업 자체도 차세대 성장동력산업으로, 고부가가치산업으로 자리를 잡고 있다.

다음으로, 에너지 자원이 경제의 바탕으로서, 급변하는 세계시장 속에서도 안정적인 수급을 확보하는 것이 매우 중요하다. 2003년 이후 세계 에너지시장은 고유가 시대로 고착화되는 새로운 패러다임에 직면하고 있다고 할 수 있다. 이러한 현상은 석유의 공급능력은 제약받는 반면, 세계적인 수요는 지속적으로 증대하고 있는데 기인한다. 실제로 석유개발협력기구(OPEC)의 생산능력은 1979년 3,800만 b/d에서 2005년에는 3,400만 b/d로 축소되고 있다. 여기에 선진국을 포함하여 개도국의 경제규모가 확대되고 높은 에너지소비 성향 등으로 인해 고유가로 인한 수요억제 효과는 크지 않다.

이러한 세계 에너지 수급구조는 에너지 확보를 둘러싸고 세계 에너지 안전보장을 위협하는 위험요인으로 작용할 수 있다. 실제로 OPEC를 중심으로 한 석유동맹, 러시아를 중심으로 한 가스동맹 등이 나타나고 있으며, 에너지 민족주의가 다시 창궐할 가능성도 높아지고 있다. 에너지의 안정적 확보를 통한 수급에서 애로요인을 해소하고 에너지 안보도 도모하는 전략이 매우 필요하게 되고 있다.

이러한 수급구조로 인한 문제 외에 에너지를 둘러싸고 기후변화협약 이후 지구 온난화를 방지하기 위한 이산화탄소(CO_2) 절감은 국가 에너지 원의 구성(mixture)에 매우 긴급한 과제가 되고 있다. 에너지 절약 노력도 중요하지만 CO_2 절감이 더욱 중요한 과제가 되었다.

우리나라 에너지산업이 세계적인 고유가와 CO_2 절감 등의 환경변화에 적극적으로 대응하지 못할 경우 경제발전 및 경쟁력 강화에 어려움을 겪게 될 우려가 있다. 이것은 국가 에너지 정책이 에너지 자원의 안정적 확보에 치우쳐 있고 기후변화협약에 대한 대응이 미진하기 때문이다.

여기서 새로운 대응정책으로서 에너지를 산업, 제조업으로 보는 발상의 전환이 필요하다고 생각한다. "결코 끝나지 않을 것 같은 에너지 위기를 끝낼 수 있는" 에너지산업의 육성이 중요하다고 하겠다(Ballonoff, P., 1997). EU집행위원회는 2007년 화석연료를 덜 쓴 저탄소경제개발이라는 포스트 산업혁명을 제시하고 있다. 미국의 실리콘 밸리의 산업구조 역시 현재 신재생 에너지기업들로 전환되고 있다고 할 수 있다. 빌 게이츠 마이크로소프트사(MS)회장은 바이오 에탄올 공장 5곳에 8,400만 달러를 투자하고 있다. 인터넷 기업인 구글사(Google) 역시 태양전지기업에 적극 투자하고 있다. 벤처 캐피탈과 사모펀드들이 신재생에너지 분야에 2006년 71억 달러를 투자하면서 2005년 27억 달러에 비해 2.6배 투자를 증가시키고 있다. 우리나라에서도 21세기 들어 전력시장의 구조개편 이후 에너지기업이 급속하게 진입하고 있다. 이러한 상황 변화를 반영하여 에너지의 산업화, 제조업화의 필요성을 강조하면서 에너지기업의 비즈니스 모델의 구축을 살펴보기로 한다(부록 사례 참조).

II. 어디로 가야 하는가?

에너지 자원이 부족한 한국이 에너지정책의 기본목표를 에너지 수급의 안정적 확보에 둘 경우 경제발전 과정에서 지속적으로 에너지 안보의 위기에 봉착할 수 있을 것으로 예상된다. 이제 에너지 산업을 경제성장 초기단계에서 제조업과 같이 유치산업(infant industry)으로 간주하고 적극적으로 육성할 필요가 있다. 선진국들은 거의 모두 에너지 효율 제고산업과 신재생에너지 산업을 육성하고 있다.

2007년 현재 국내에서 에너지산업에 종사하면서 신용평가 정보가 정확하게 파악되는 기업의 수는 약 600개 정도로 추정된다. 이중 신재생 에너지전문기업이 약 절반 정도를, 다음으로 에너지절약기업(ESCO)으로 등록된 기업이 15% 정도를 차지하고 있다. 그리고 설립연도로 보아 2000년 이후 설립기업이 약 9할을 차지하고 있어 한국전력시장의 구조개편이 에너지기업을 창출하는데 영향을 미친 것으로 평가된다.

매출액 규모로 보아서는 30억원 미만의 기업이 절반 정도를 차지하고 있는 반면, 30억~250억원에 걸친 기업이 1/3 정도인 것으로 조사되었다(서울산업대학교 에너지환경대학원, 2007). 매출액 대비 경상이익률은 6% 미만의 기업이 절반 정도이며, 전혀 수익을 거두지 못하고 있는 경우도 발생하고 있는 것으로 조사되었다. 기업의 규모, 종업원 수, 매출액 규모, 매출액 대비 경상이익률로 보아 한국 에너지 기업들은 주력제품에서 규모의 경제효과를 거두지 못하고 있는 것으로 조사되었다.

한국에너지 산업은 에너지 관련 기술개발과 내수 확보를 서두르고 있는 것으로 나타났다. 한국에너지 기업들은 70% 이상이 1~2년 이내에 상업화가 가능한 개발연구에 해당하는 기술(제품)을 자체개발하고 있는 것으로 조사되었다. 기업들은 매출액 대비 연구개발 투자액으로 평균 6%를 사용하고 있으며, 신기술을 개발하거나 세계 최고수준의 기술을 따라잡기 위해서는 연구개발투자가 미흡한 것으로 조사되었다. 한국 에너지기업들은 기술개발 이후 매출액은 비교적 충분히 확대되는 효과를 거두고 있는 것으로 나타난 반면, 수출확대 효과는 부족한 것으로 조사되었다. 이에 따라 현재 한국에너지 산업은 제품수명주기 상 초기 진입단계에 들어서 있는 것으로 평가된다.

한국 에너지산업을 제조업 차원에서 성장산업으로 진흥하기 위해서는 정부는 에너지 기업들이 비즈니스 모델을 갖출 수 있도록 지원할 필요가 있다. 에너지기업들이 기술개발에서 부품조달-생산-마케팅에 이르는 각각의 부가가치창출공정에서 죽음의 계곡에 빠지지 않도록 에너지산업 혁신정책의 수립이 필요하다.

Ⅲ. 어떻게 달성할 것인가?

1. 에너지 기업의 대형화 유도

에너지 산업을 진흥하기 위해서는 그 계기(momentum)를 제공할 수 있는 에너지 특유의 기술혁신체계(energy-specific innovation system)를 마련하여야 한다. 현재 통합에너지자원 기술개발 기본계획을 수립하여 15년 까지 석유 자주개발률 18% 달성, 에너지소비량 5% 절감, 이산화탄소 발생량 10% 감축 등의 목표를 설정하고 있다.

그러나 기술개발에 많은 투자가 이루어졌지만 성과가 미흡하고, 특히 산업화의 성과가 낮은 것에 대한 대안이 필요하다. 기술개발 프로젝트는 분산화되어 시스템화하기 위한 실질적인 기술개발이 이루어지지 않고 있으며, 특히 에너지 기술개발이 원천기술, 융·복합 기술 등 첨단기술화해 가는데 대응이 미흡하다. 또한 이러한 에너지 기술개발을 위한 산·학·연 연계가 아직 단선적 구조, 즉 기초연구는 대학이, 응용연구는 연이, 개발연구는 산이 담당하는 체제를 이루고 있어 효과적이지 못한 것으로 분석된다. 그리고 에너지 인력 교육 역시 전통적인 분야인 자원공학, 전기, 원자력, 화공, 기계 등을 위주로 이루어지고 있어 전문인력의 양성에 한계를 나타내고 있다. 또한 전력기반, 신재생에너지, 에너지 기술분야별로 다양한 인력양성 프로그램을 실시하고 있으나, IT, BT, NT 등의 기술진보와 국제화 추세에 부응하는 인력은 부족하고 에너지 기업의 수요에 부합되는 인력의 수급 대응체계가 취약한 것으로 분석된다.

따라서 에너지산업에서 효율과 효과를 제고하기 위해서는 에너지 기술개발 프로젝트의 대형화, 융·복합, 그리고 산업화 까지를 고려한 시스템이 모색되어야 한다. 에너지 효율향상, 온실가스처리, 자원기술, 신재생에너지, 전력기술 등 에너지기술 등을 상호 연계한 종합프로그램의 추진이 절실하다. 이를 위해서는 산·학·연 복합체(complexity)를 구성하고 산이 주도하고 학·연이 협력하는 체제를 형성할 필요가 있다. 또한 국가 에너지자원 기술개발 로드맵 등과 연계하여 인력 수급계획을 마련하고 하드웨어(H/W), 소프트웨어(S/W), 융·복합형 엔지니어링 능력을 갖춘 인력, 글로벌 연구개발 및 사업화 인력 등을 양성하는 정책이 필요하다. 세계 각국은 수소경제 등 에너지 신기술 및 신산업의 창출, 에너지산업의 경쟁시장화, 지속가능 발전 등에 대응하여 혁신주체인 전문인력의 양성과 활용에 노력하고 있다. 미국의 Advanced Energy Initiative, 일본의 신국가에너지전략, 중국의 국가 제11차 5개년 계획 등이 그것이다.

이러한 기술혁신이 수요창출과 선순환 구조가 형성될 때 현재의 문제점을 해결할 수 있을 것이다. 특히 에너지는 특성상 현재의 구조에 고착(lock-in)되어 경로의존적(path-dependent) 기술개발 및 산업화체제가 형성되고 있다. 이를 효과적으로 극복하고 창조적 파괴(creative destruction)의 길로 들어서는 계기를 마련하는 것이 절실하다.

2. 기술기반 에너지 해결체제로 전환

이와 같이 융·복합형 에너지 기술개발과 산업화를 달성하기 위해서는 이에 관련된 이해관계 당사자들 간에 새로운 생태계가 조성되어야 한다. 생태계는 산·학·연·관을 포함한 기술개발 공급자와 수요자, 기술 및 사업화 가치평가자, 금융기관과 벤처 캐피털 등 파이낸싱 관련자 등으로 구성되며, 생태계 내에서 이들 간 경쟁과 협력을 통해 가장 적격자가 탄생하는 시스템이다. 특히 에너지 관련 프로젝트가 융·복합화, 대형화되는데 대응하기 위해서는 새로운 생태계가 필요하다.

현재까지 한국의 에너지 기술개발 시스템은 분화되어 있으며, 이해관계

당사자 간 협력이 아니라 갈등만 심화되어 있고 해결책이 보이지 않고 있다. 특히 기술개발이 산업화로 연계되어 있지도 않다.

따라서 현재까지 에너지 시스템을 구성하고 있는 각 기능, 또는 활동인자(actors) 들의 활성화에 기여해온 정책기조를 전환하여, 이들이 생태계 내에서 value-chain에 걸친 콘소시엄(consortium)을 형성하고 콘소시엄 간 경쟁을 통해 종합 · 체계화되는 지배구조(governance)를 구축할 수 있도록 하여야 한다.

정부는 에너지 고효율화, 온실가스 감축, 신재생 에너지 관련기술 등이 제조업에서의 산업구조 첨단화와 수출 증대, 환경문제의 해결 등에 기여할 수 있도록 에너지 정책을 중심으로 산업정책과 무역정책, 환경정책 등을 연계시켜 종합적인 정책을 모색하는 것이 매우 중요하다. 92년 리우환경개발회의에서 채택된 "환경적으로 건전하고 지속가능한 개발" 개념은 에너지 및 환경정책이 경제정책과 대등하게 추진되어야 한다는 것을 반증하고 있다.

정부는 에너지 기술로드맵(roadmap)을 통해 기술개발의 방향을 설정하는 역할을 충실히 시행할 필요가 있다. 즉 기술개발 roadmap에 맞추어, 국내 자체개발이 가능한 분야를 추출하고, 이러한 기술개발기반과 관련된 인력양성, 산 · 학 · 연 협력, 지역기술혁신체제, 표준 등 인프라 등에 대한 roadmap 등을 패키지(package)로 작성함으로써 기술개발 포트폴리오(portfolio)의 다각화와 효율성 제고를 서둘러야 한다. 그리고 국내 자체개발이 어려운 분야에 대해서는 국제 공동연구개발 등을 적극적으로 추진해야 한다.

이러한 기술개발 노력과 함께 개발된 기술에 대한 시장형성과 수익성을 창출하는데 기여하는 정책을 빼놓아서는 안된다. 특히 국내 에너지기업이 기술개발-부품조달-생산-마케팅에 이르는 부가가치창출공정에서 죽음의 계곡에 빠지지 않도록 자금조달에 적극 지원할 필요가 있다. 바이오 매스 산업에 실패한 것으로 분석된 네덜란드의 경우에도 정책적 시사점으로서 정부정책은 기술 로드맵(roadmap)을 통한 기술선택 지도, 시장형성, 자원

조달 등 3가지 기능을 강화하는데 초점을 두어야 하는 것으로 분석되었다(Negro, S.O., Hekkert, M.P., and Smits, R.E., 2006).

3. 에너지 수요관리와 공급체계 간 에너지 체인 활성화 필요

에너지 산업 생태계가 활성화되는 가운데 현재 수요관리와 공급체계에서 발생하고 있는 갈등을 해소하는 것이 가능할 것으로 생각된다. 현재 에너지 수요측면에서, 「국가에너지기본계획」, 「에너지이용합리화기본계획」, 「에너지원단위개선3개년계획」 등을 수립하여 전력, 열, 가스, 석유 등 에너지원을 통합한 수요관리정책을 추진하고 있다.

그러나 이를 통하여 달성하여야 할 저감목표가 명확하게 설정되지 않은 채 단순한 프로그램의 나열에 그치고 있다. 또한 에너지 기술개발을 통한 에너지 기기 및 설비 등 에너지 H/W의 효율화와 산업, 수송, 가정·상업용 등 부문별 보급 및 확대가 미흡하다. 그리고 정책별 평가를 통한 feed-back이 이루어지지 않음으로써 에너지 원간 수요가 효율적으로 구성되지 못하고 갈등을 빚고 있다.

선진국의 에너지 수요관리는 효율 향상(energy efficiency)과 수요 대응(demand response) 프로그램으로 구분하여 추진되고 있다. 미국은 에너지효율자원표준(Energy Efficiency Resource Standard)을 통해 에너지 공급자의 효율향상 의무화를 시행하여 공급자별 절감목표를 지정하고 시장경제에 거래시스템을 도입하여 목표 달성에 노력하고 있다.

현재 우리나라의 효율적이지 못한 수요 구성은 다시 공급에서 에너지원간 갈등을 촉발하고 있다. 현재 전력, 석유, 가스, 집단에너지 사업 등은 관련 법률에 따라 사업허가가 이루어지고 있으나, 자격요건을 갖춘 모든 잠재적 사업자에게 사업권을 부여하는 형태가 아니다. 2000년 이후 전력, 가스, 열에너지 등 망 에너지산업에 대한 구조개편을 추진하였으나, 현재 중단된 상태이다.

따라서 이러한 수급에 있어서 갈등은 에너지 수요에 맞춤형 공급 시스템을 연계하는 에너지 생태계, 즉 에너지 체인(energy chain)을 평가하고 최적의 에너지 네트워크를 선택함으로써 해소될 수 있을 것으로 생각된다. 에너지산업 구조개편 역시 이해관계자간 논란이 많은 민영화보다는 시장별 자유화에 초점을 맞추어 실행가능하고 확고한 에너지 체인을 수립하는 것이 바람직하다. 선진국의 경험에 비추어볼 때, 민영화는 성공적인 자유화의 필요조건이 아니다.

4. 에너지·경제·생태(환경)를 종합한 지속가능 시스템 형성

21세기 들어 강조되고 있는 바와 같이, 경제발전과 에너지 확보, 환경보호 등 상호 모순된 목표들을 동시에 달성함으로써 지속가능 발전체제를 구축하는 것이 매우 중요하게 되었다. 에너지 저소비형 또는 환경친화적 산업구조의 형성을 위해 EU는 통합제품정책(integrated product policy)을, 미 · EU · 일 · 캐나다 등은 지속가능한 생산기술개발 및 자원순환형 경제시스템의 구축을, 미 · 일 · 독 · 덴마크 등은 생태 · 경제적 산업공단(eco-industrial park)를 조성하고 있다. 또한 기후변화협약에 대응하기 위해 온실가스 저감과 에너지 절약 신기술 개발, 청정개발체제(CDM)사업과 공동이행(JI)사업 진출, 원자력 발전의 새로운 역할 논의, 미국의 Advanced Energy Initiative, 일본의 Cool Earth계획, EU의 Joule-Thermie, SAVE Program과 European Strategic Energy Technology Plan 20/20 등을 추진하고 있다.

이에 비해 우리나라는 「에너지원단위저감3개년계획」, 「청정생산기술도입」 등을 추진하고 있으나, 경제 · 생태 · 에너지의 통합성, 체계성, 추진력 등의 측면에서 아직 취약한 구조를 나타내고 있다. 이러한 애로사항을 극복하기 위하여 산업의 발전과 환경보전을 동시에 달성할 수 있도록 통합산업환경정책이 추진되어야 하며, 친환경 에너지 결합(mixture) 등 중장기적으로 온실가스 저배출형 사회 및 경제구조로 전환이 촉진될 필요가 있다.

다음으로, 지속가능 시스템의 형성을 위해 현재 선진국의 에너지 체인의 특징이라고 할 수 있는 「지역에서 생산된 에너지를 지역에서 소비한다」는 기조를 국내에 구축할 필요가 있다. 즉 앞에서 설정한 에너지 체인을 경제성을 확보할 수 있는 일정한 범위의 지역을 대상으로 형성해 보자는 것이다. 이를 통해 환경 보전의 중요성을 인지하면서 지역을 지지하고 있는 경제의 발전을 동시에 추진하는데 에너지 수급의 활성화를 달성할 수 있을 것으로 생각되기 때문이다.

현재까지 우리나라에서는 지역산업이라는 의미에서는 에너지산업의 역할은 충분하지 않았다. 그러나 이제 지역에서 생산된 에너지를 수요처가 있는 지역 내에서 사용하도록 하지 않으면 안되게 되었다. 단, 현재 지역 에너지산업에서 생산된 에너지자원은 화석연료에 의한 에너지자원보다 불안전하기 때문에 이를 보완하기 위한 조치가 필요하다.

다음으로 고려할 사항은 지역 내에 구축된 신에너지 비즈니스의 노하우를 지역 외, 특히 세계로 진출하여 확산하는 단계로 발전하는 것이 필요하다. 여기서 에너지의 생산 및 사용은 국지적, 지역적, 지구적 외부비경제 효과를 초래하므로 이에 대한 체계적 접근이 요망된다. 특히 에너지 이용에 따른 다국간 환경오염과 지구적 환경오염 문제를 다루고 있는 기후변화 협약에 대한 효과적 대응이 중요하다. 이를 위해 교토의정서 이후 세계적으로 비즈니스 모델이 형성되고 있는 CDM, JI 등의 사업을 감축의무가 시행될 것으로 예상되는 2013년 이후까지 기다리지 말고 지금부터 촉진할 필요가 있다.

이러한 에너지자원의 수출과 해외투자를 활성화하기 위해서 지적 재산권을 정비하지 않으면 안 된다. 발전 등 에너지 체인의 구성과 그것을 움직이기 위한 소프트웨어를 특허로 권리화하는 것이 필요하다. 지역 내에서 모든 설비와 자금을 조달하는 것은 불가능하기 때문에 기술을 가진 지역내외의 기업과 제휴도 빠뜨릴 수 없다.

5. 해외 에너지·자원 개발 확대

앞에서 분석한 바와 같이 국내에서 에너지의 제조업화를 통해 생산된 에너지자원이 아직 불안전하고 이에 따라 에너지 수급에서 불균형이 발생될 수 있는데 대응하는 정책이 필요하다. 즉 현재 추진되고 있는 해외 화석연료의 개발과 해외조달을 적극적으로 추진할 필요가 있다. 이는 에너지자원을 확보하고 자원보유국의 자원민족주의와 소비국의 자원확보 경쟁에 대응하여 에너지 안보를 지키기 위한 노력의 일환이라고 할 수 있다.

미국은 자국내 석유생산 감소로 석유의 대외의존도가 확대되는데 대응하여 에너지 안보를 우선정책으로 추진하고 있다. 일본은 석유의 자주개발률을 '05년 9.8%에서 '30년 40% 까지 확대할 계획을 가지고 있다. 중국 역시 자원확보를 위해 공격적 투자를 시행하고 있다. 이에 비해 한국은 해외자원개발기본계획을 수립하고 융자, 채무보증, 자원외교 등을 통해 꾸준히 추진하고 있으나 목표 대비 자주개발율의 실적은 미흡하다. 그리고 자본, 기술, 광구정보 등 자원개발 관련 인프라가 부족하다.

이러한 과제를 극복하기 위해 국내·외 에너지자원개발을 활성화할 필요가 있다. 특히 해외자원개발을 위해 해외자원의 탐사-개발-생산-유통에 이르는 부가가치창출망에서 경쟁력을 가진 분야로 특화하면서 전체를 통합 조정할 수 있는 역할을 확대할 필요가 있다. 이 과정에서 자원보유국과 상품뿐만 아니라 기술에 대한 국제분업을 확대하는 노력도 중요하다. 또한 지역적으로는 남북한을 포함한 동아시아 지역 내 에너지자원을 둘러싼 갈등을 사전에 예방하여 공동번영을 위한 상호 협력의 틀을 마련할 필요가 있다. 나아가 에너지자원을 둘러싸고 자원보유국과 미보유국간, 다소비국가와 저소비국가간, 그리고 국가 내의 계층간 에너지 접근성에 대한 격차를 줄이기 위한 국제회의를 조직할 필요가 있다.

그러나 여전히 중요한 것은 이러한 공익성을 목적으로 한 에너지자원의 개발 및 조달이 국내 에너지산업에 종사하는 기업들에게 제약조건으로 작용하여서는 안된다는 점이다.

<부록: 사례>

에너지산업 및 기업화를 성공적으로 유도하기 위한 사례로서, 경제와 환경을 양립시키는 신에너지산업을 진흥하고 있는 독일의 Hans-Jurgen Schnell사를 분석한다.

일본을 비롯한 다른 나라들의 경우 환경보전을 위한 인프라는 대규모 시설과 이것을 건설할 수 있는 기업의 노하우에 의존해온 측면이 있는 반면, 독일에서는 소규모분산형의 설비가 보급되어 왔다. 예를 들면, 가축배설물을 대상으로 한 바이오에너지에서는 일본이 대량의 배설물을 처리하는 대형의 시설을 검토하고 있는 것에 반해, 독일에서는 농가마다 소규모 시설을 보급하고 있다. 앞에서 분석한 바와 같이, 신에너지 비지니스는 화석연료 비지니스에서의 대규모 집중형보다는 소규모 분산형 비즈니스가 적절하다.

독일의 Hans-Jurgen Schnell사는 1990년대 초반 바이오가스 관련장치의 제조회사로서 창업되었다. 현재 슈넬사가 주로 하고 있는 비지니스는 바이오가스와 화석연료를 혼합 연소시키는 듀얼 · 퓨엘 · 엔진(Dual Fuel Engine)이다. 이미 세계에서 1000대 가까운 납품 실적이 있다. 이러한 경영실적을 가져온 슈넬사의 성장엔진에는 몇 가지의 특징이 있다. 첫째, 착화 성능이 약한 바이오가스에 디젤연료를 첨가하는 것으로 연료의 순도와 안정성을 확보하고 있다는 것이다. 100% 바이오에너지 이용보다도 안정되게 사용할 수 있다는 것을 중시하고 있다고 할 수 있다. 둘째, 세계적으로 보급하고 있는 선박용 디젤엔진을 기초로 하고 있다는 것이다. 선박용 엔진은 성능 면에서 이미 성숙되어 있어 엔진 자체의 신뢰성과 가격의 안정을 기할 수 있는 장점을 가지고 있었기 때문이다. 셋째, 엔진의 라인업(line-up)을 한정하고 있다는 것이다. 쉬넬사는 바이오가스가 발생하는 개별수요처의 요구에 맞추는 것이 아니라 가장 수요가 많은 층에 맞춘 범용품을 만들었다. 이러한 제품전략에 따라 사업자원을 집중적으로 투입하였으며, 사업의 효율성을 개선해 왔다. 또 디젤엔진에 추가로, 바이오가스 정제장치를 단 컨테이너형의 패키지도 판매하고 있다. 정제장치는 바이오가스에 포함되는 유화(硫化) 수소와 수분 등을 효율적으로 제거하고 있다. 이러한 주변기기를 강화하는 것도 바이오가스용 디젤엔진의 경쟁력을 높이는데 기여하고 있다.

슈넬사의 사업전개에서 교토의정서 이후 신에너지 비지니스로서 몇 가지의 우수한 점을 지적할 수 있다. 첫째, 투자효율의 향상이다. 발전 시스템 중에서 가장 고가로 개발 부담이 드는 것이 엔진이라고 할 수 있는데, 신뢰성이 증명된 선박용 엔진을 사용함으로써 투자부담을 절감하는데 성공하고 있다. 둘째, 경영자원을 집중하고 있는 것이다. 엔진본체에 범용품을 사용하는 것으로 엔지니어링 자원을 연료의 혼합을 포함한 조정부분에 집중하고 있으며, 이것이 효율적인 연료시스템과 연료 혼합 시스템의 개발로 이어지고 있다. 셋째, 바이오엔진을 주력제품으로 하는 상품 라인업의 정비이다. 정제장치를 붙이거나, 컴팩트한 셋업을 하는 것으로 상품경쟁력을 향상시키고 있다. 넷째, 사업규모는 작지만, 경영과 엔지니어링을 관리하고 있는 인재의 질이 높다. 즉 높은 자질을 가진 인재를 고용하고 경영자원을 줄이고 있다.

참고문헌

〈국내 문헌〉

강승진 외, 『온실가스 저감기술』, 환경관리공단, 2003.

국무총리실 기후변화협약 대책위원회, 『기후변화협약 대응 제3차 종합대책』, 2005.

김동원, "한국인의 원자력발전소 현장방문 전후의 사회적 수용도 변화 분석", 서울산업대학교 에너지환경대학원 석사학위 논문, 2008.

김병윤, 『전환 및 전환관리: 배경과 논리』, STEPI Working Paper 2008-07, 과학기술정책연구원, 2008.

김정한, "한국의 천연가스확보를 위한 국제분업 분석", 서울산업대학교 에너지환경대학원 석사학위 논문, 2008.

김근배, "한국의 과학기술자와 아카이브", 『과학기술정책』, 제11권 제5호, pp. 26-35, 2001.

대통령직 인수위원회, 『기후변화 위기를 경제성장의 기회로』, 2008.

박동오 · 송위진, 『지속가능한 기술을 향한 새로운 접근: 전략적 니치관리(Strategic Niche Management)』, STEPI Working Paper 2008-05, 과학기술정책연구원, 2008.

박중구, "한국 제조업의 기술수준 결정요인 분석", 『公共經濟』, 제9권 제1호, 2000.

산업연구원, 『한 · 중 · 일 제조업 경쟁력 비교분석을 통한 경쟁과 협력방안 모색』, 2003.

산업자원부/에너지경제연구원, 『기후변화협약 대응 실천계획 수립을 위한 연구』, 1999.
산업자원부/에너지경제연구원, 『기후변화협약 및 교토의정서 대응전략 연구』, 2003.
산업자원부, 2005년도 기술문화확산사업 추진계획』, 2004.
산업자원부/에너지관리공단, 기후변화협약과 우리의 대응, 2005.
산업자원부, "에너지산업 해외진출 활성화 방안", 2005.
산업자원부, "제3차 해외자원개발 기본계획", 2007.
성태경, 혁신시스템 이론의 비교분석과 정책적 시사점, 정책자료, 과학기술정책연구원, 2005.
송성수 · 김동광, "과학기술대중화를 보는 새로운 시각", 『과학기술정책』 제10권 제2호, pp. 26-37, 2000.
송성수 · 김범성 · 최진아, 『과학기술문화활동의 진화와 특성에 관한 국제비교: 시스템 접근』, 과학기술정책연구원, 2004.
송성수 · 김병윤, "주요 이슈별 과학기술문화활동의 모범사례", 『과학기술정책』 제13권 제3호, pp. 70-80, 2003.
양춘승, "탄소시장의 출현에 대한 한국 제조업의 대응 비교 연구", 서울산업대학교 에너지환경대학원 석사학위 논문, 2006.
에너지경제연구원, "동북아 에너지협력 연구–동북아 국가의 에너지 산업 비교우위 분석", 2003.
에너지경제연구원, "에너지 국제협력 및 협상대응방안 연구", 2003.
에너지관리공단, "국내외 신재생에너지 보급 현황", 2006.
이재득, "남북한 무역결합도와 교역구조 분석", 『동북아경제연구』, 제16권 제2호, 2004.
이재득, "한국과 중국 간의 무역구조 분석" 『국제·지역연구』, 제16권 제2호, 2007.
원장묵, "에너지기술 R&D 추진전략", 에너지공학회 추계학술대회 특별강연, 2007.
최영식, "한국의 에너지 자원개발 사례분석", 서울산업대학교 에너지환경대학원 석사학위 논문, 2008.

최인수, "한·일 가스산업의 생산성 비교 분석", 서울산업대학교 에너지환경대학원 석사학위 논문, 2008.
한국공학한림원 에너지자원위원회, "미래에너지의 국가 어젠다", 2007.
한은경, 기업의 사회적 책임의 지수화에 관한 연구, 2003.
UNEP 한국위원회, 『교토의정서』, UNEP Press., 2002.

<국외 문헌>

Anderson, P.W, Arrow, K.J, and Pines, D.eds., *The Economy as an Evolving Complex System*, Addison-Wesley Publishing Company, Redwood City, CA, 1988.
Arrow, K.J. *Welfare and the Allocation of Resources for Invention*, in R. R. Nelson (ed), The Rate and Direction of Inventive Activity: Economic and social Factors, Princeton University Press, New Jersey, pp. 602-625, 1962.
Audretch, D.B. and Feldman, M.P., *Knowledge Spillovers and the Geography of Innovation and Production*, presented at the Fifth Conference of the International J.A.Schumpeter Society, Munster, Germany, 1994.
Banerji, K. and Sambharya, R.B., "Vertical Keiretsu and International Market Entry : The Case of the Japanese Automobile Ancillary Industry", *Journal of International Business Studies*, First Quarter, pp.89-113, 1996.
Ballonoff, P., *Energy: Ending the Never-Ending Crisis*, Cato Institute, 1997.
British Petroleum, Statistical Review of World Energy, 2007.
Caniels, M.C.J. and Romijn, H.A., *Strategic Niche Management as an Operational Tool for Sustainable Innovation: Guidelines for Practice*, paper for the Schumpeter Conference 2006, Nice,

France, pp. 21−24, 2006.

Carlsson, B. and Stanckiewicz, R., "On the Nature, Function and Composition of Technological Systems," *Journal of Evolutionary Economics*, Vol. 1. No. 2, pp. 93−118, 1991.

Carlsson, B. ed., *Technological Systems in the Bio Industries: an International Study*, Kluwer, Boston, 2002.

Caselli, F. and Coleman II W.J. *The World Technology Frontier*, Working Paper, Harvard University, 2003.

Cooke, P. ed., *Knowledge Economics − Clusters, Learning and Cooperative Advantage*, Routledge, London, 2002.

Dosi, G. "Procedures and Microeconomic Effect of Innovations", *Journal of Economic Literature*, Vol. 26. No. 3, pp. 1120−1171, 1998.

Dutch Ministry of Economic Affairs, *Innovation in Energy Policy: Energy Transition: State of Affairs and Way ahead*, 2004.

EIA, International Energy Annual Report, 2006

EIA, System for the Analysis of Global Energy Markets, 2007.

Eisenhardt, K. M. and D.c. Galunic, *Coevolving: at Last, a Way to Make Synergies Work*, Harvard Business Review, pp. 91−101, 2000.

European Commision, *Special Eurobarometer: Europeans, Science and Technology*, 2005.

Freeman, C., *Japan: a New National System of Innovation?*, in Dosi et al.(eds), 1988.

Fukao, K., I. Hikari, K. lto, & Y. Yoshiike, *Vertical Intra Industry Trade and Foreign Direct Investment in East Asia*, ADB Institute Research Paper Series No. 51, December, 2002.

Godoe, H. and Nygaard, S. "System Failure, Innovation Policy and Patents: Fuel Cells and Related Hydrogen Technology in Norway

1990-2002," *Energy Policy*, Vol. 34, pp. 1697-1708, 2006.

Goldman, C.A. and Dayton, D., *Future Prospects for ESCOs in a Restructured Electricity Industry*, Proceedings of the 1996 ACEEE Summer Study, American Council for an Energy-Efficient Economy, Vol. 10, Washington DC, 1996.

Goldman, C.A., Hopper, N.C., and Osborn, J.G., "Review of US ESCO Industry Market Trends: an Empirical Analysis of Project Date", *Energy Policy*, vol. 33, 2005.

Gregory, J. and S. Miller, *Science in Public: Communication, Culture and Credibility*, Perseus Publishing, New York [국역: 이원근 · 김희정 옮김, 『두 얼굴의 과학: 과학과 대중은 어떻게 커뮤니케이션하는가』 (지호, 2001)], 1998.

Grossman, G.M. and Helpman, P. *Innovation and Growth in the Global Economy*, MIT Press, Cambridge, 1990.

Grubel, H. G. and P. J. Lloyd, *Intra-Industry Trade: The Theory and Measurement of International Trade in Differential Products*, Macmillan, London, 1975.

Hirsch. R. L, "Mitigation of maximum world oil production: Shortage scenarios", *Energy Policy*, Vol. 36, pp. 881-889, 2008.

Holland, J.H. *The Global Economy as an Adaptive Process*, in Anderson, P. W., Arrow, K.J. and Pines, D. eds., The Economy as an Evolving Complex system, Addison-Wesley Publishing Company, Redwood City, CA, 1988.

Ikuma Hitoshi 편저, *교토의정서 이후 가속되고 있는 에너지 비즈니스*, 일간공업신문사, 제4장, 2006.

IEA, *Beyond Kyoto: Ideas for the Future, International Energy Agency*, 2003

IEA, World Energy Outlook: 2004, 2006.

IEA, Energy Balances of OECD Countries: 2004~2005, 2007.

IPCC, *Climate Change 2001: The Third Assessment Report on Climate Change*, 2001.

IPCC, *Climate Change 2007: The Physical Science Basis(Summary for Policy Makers)*, 2007.

IPCC, *Climate Change 2007: Climate Change Impacts, Adaptation and Vulnerability (Summary for Policy Makers)*, 2007.

Jacobsson, S. and Bergek, A., "Transforming the Energy Sector: the Evolution of Technological Systems in Renewable Energy Technology," *Industrial and Corporate Change*, Vol. 13. No. 5, 2004.

Jacobsson, S. and Jacobsson, A., "The Diffusion of Renewable Energy Technology: an Analytical Framework and Key Issues for Research," *Energy Policy*, Vol. 28. No. 9, 2000.

Kamien, M.I. and Schwartz, N.L., *Market Structure and Innovation*, Cambridge University Press, Cambridge, 1982.

Kemp, R., Schot, J. and Hoogma, R., "Regime Shifts to Sustainability Through Processes of Niche Formation: The Approach of Strategic Niche Management," *Technology Analysis & Strategic Management*, Vol. 10. No. 2, 1998.

Kemp, R. and Loorbach, D., *Transition Management: a Reflexive Governance Approach*, in Voss, J., Uauknecht, K., and Kemp, R., Reflexive Governance for Sustainable Development, Edward Elgar, 2006.

Kotabe, M., *Global Sourcing Strategy: R&D, Manufacturing and Marketing Interfaces*, Quorum Books, New York, 1992.

Lewenstein, B.V., et al., *When Science Meets the Public, Washington, DC: American Association for the Advancement of Science* [국역: 김동광 옮김, 『과학과 대중이 만날 때』(궁리, 2003)], 1992.

Lundvall, B., *National Systems of Innovation: Toward a Theory of Innovation and Interactive Learning*, Pinter, London, 1992.

Malerba, F., *Sectoral Systems of Innovation: Concepts, Issues, and Analyses of Six Major Sectors in Europe*, Cambridge University Press, Cambridge, 2004.

Mourki, R. and Raven, R.P.J.M., *A Practioner's View on Strategic Niche Management*, Energy Research Center of the Netherlands Report, 2006.

Negro, S.O., Hekkert, M.P, and Smits, R.E, "Explaining the Failure of the Dutch Innovation Systems for Biomass Digestion - A Functional Analysis," *Energy Policy*, Vol. 34, 2006.

Netherland, Energy and Society in 2050, 2004.

Nelson, R.R. and Winter, S.G. "The Schumpeterian Tradeoff Revisited," *American Economic Review*, Vol. 72. No. 1, 1982.

OECD, *Dynamising National Innovation Systems*, OECD, Paris, 2002.

Pew Center on Global Climate Change, *International Climate Efforts Beyond 2012: A Survey of Approaches*, 2004.

Rotmans, J., Kemp, R. and van Asselt, M., "More Evolution than Revolution: Transition Management in Public Policy," *Foresight*, Vol. 3. No. 1, 2001.

Sagar, A.D. and Zwaan, B., "Technological Innovation in the Energy Sector: R&D, Deployment, and Learning-by-Doing," *Energy Policy*, Vol. 34, pp. 2601-2608, 2006.

Scherer, F.M., *Industrial Market Structure and Economic Performance*, Rand McNally, 1980.

Schot, J., Hoogma, R., and Elzen, B., "Strategies for Shifting Technological Systems: the Case of Automobile System," *Futures*, Vol. 26. No. 10, 1994.

Snow, C.P., *The Two Cultures*, Cambridge: Cambridge University

Press [국역: 오영환 옮김, 『두 문화』(사이언스북스, 2001)], 1959.

Sturgeon, T.J. and Lee, J.R. *Industry Co-evolution and the Rise of a Shared Supply-base for Electronics Manufacturing*, presented at the meson and Winter Conference, May 21, 2001.

UNFCCC, *The Marrakesh Accords and The Marrakesh Declaration*, 2001.

Warnecke, H., The Fracted Company: a Revolution in Corporate Culture, Spring-Verlag, 1993.

Wirl. F, "Why do oil prices jump (or fall)?" *Energy Policy,* Vol. 36. No. 3, pp. 1029-1043, 2008.

Womack, J.P, Jones, D.T, and Roos, D., *The Machine that Changed the World*, Macmillan Publishing Company, New York, 1993.

國際變化戰略小委員會, *Climate Regime Beyond 2012: Key Perspectives, 2nd interim report*, 日本 環境省, 2005.

<참고 websites>

무역협회 무역통계자료 http://stat.kita.net/main/stat/main.jsp
일본과학기술진흥기구 http://www.jst.go.jp
일본 문부과학성 http://www.mext.go.jp
한국과학문화재단 http://www.scienceall.com
한국산업기술재단 http://www.kotef.or.kr
한국원자력문화재단 http://www.knef.or.kr
Carbon Disclosure Project http://www.cdproject.net
Inter-government Panel on Climate Change http://www.ipcc.ch/
International Emission Trading Association http://www.ieta.org
International Energy Agency http://www.iea.org/
NCAR & UCAR http://www.ucar.edu/
UNFCCC http://unfccc.int/

UNFCCC, CDM http://cdm.unfccc.int
US Energy Information Administration http://www.eia.doe.gov
US Environment Protection Agency http://yosemite.epa.gov/oar/

에너지 경제학

A-JIN

지은이와 협의 인지 생략

인　　쇄	2009년 1월 5일
발　　행	2009년 1월 10일
저　　자	박중구
발 행 처	도서출판 아진 135-010 서울시 강남구 논현동 148-19 한미빌딩 201호 TEL:02-737-0663 FAX:02-737-0664 Homepage:ajin.to E-mail:kgb@ajin.to
발 행 인	김 근 배
기 획 처	서울산업대학교 에너지기술인력양성센터
등록번호	제300-1995-56호
I S B N	978-89-5761-265-1 93320

– 본 도서는 산업자원부 지정 서울산업대학교
에너지기술인력양성센터에 의해 편찬되었습니다. –

가격 20,000원